Study on Modern Japanese
Exchanges in China
(1906–1945)

中外经济比较研究

近代日本在华交易所
（1906~1945 年）

孙建华 ◎ 著

社会科学文献出版社
SOCIAL SCIENCES ACADEMIC PRESS (CHINA)

"中外经济比较研究"丛书总序

　　"文革"后，中央财经大学的经济史研究一直在进行，因专职人员调离学校受到过一定的影响。进入 21 世纪以来，随着经济系，特别是经济学院的建立，经济史学科受到校、院各级领导的高度重视，学校开始有意识地加强经济史学科人员的培养。随着中央财经大学理论经济学被确立为国家一级学科，经济史博士点很快成立。为此，经济学院专门设立了经济史研究中心和中外经济比较研究中心。在此基础上，经济学院在 2014 年专门设立了经济史学系，目前有 8 人专职从事经济史的研究；加上分布在金融学院、财政学院、财经研究院、马克思主义学院等从事经济史研究的同仁，已达 20 人，初步形成了一个知识结构完整、老中青结合的经济史学科团队。

　　自 2014 年以来，以经济学院经济史学系为主体的研究团队，立足学科前沿，以全球化的视野，初步建立了三个学术研究与交流平台：一是设立"经济史与制度经济学"论坛，邀请国内外著名经济史学者来校做讲座，如陈争平、武力、萧国亮、贺耀敏、魏明孔等；二是举办以经济史为主题的学术研讨会，如 2015 年举办了"清朝以来中外金融制度变迁学术研讨会"；三是开办双周论坛，邀请国内外中青年经济史学者来校开展以论文交流为主的学术活动，促进了经济史学科的发展。

为了促进经济史学科的发展和研究水平的提升，中央财经大学科研处在经过多方论证后，确定了以中外经济比较研究为主题的史学研究系列丛书的写作。本套丛书由兰日旭负责，计划出九本：兰日旭的《中外金融组织变迁：基于市场-技术-组织视角》，路乾的《美国银行业开放史：从权利限制到权利开放》，徐华的《从传统到现代：中国信贷风控的制度与文化》，伏霖的《经济转型与金融制度变迁：日本经验的中国镜鉴》，孙菁蔚的《欧洲金融组织演化史》，孙建华的《近代日本在华交易所（1906~1945年)》，肖翔的《中苏（俄）银行体制演变史：从"大一统"到市场化》，马金华的《英国金融组织变迁》，徐华、徐学慎的《中国企业的资本结构、公司治理和文化基因》。

在这些研究的基础上，我们致力于打造具有中央财经大学特色的经济史学术研究平台，将经济史学科建设得更好。

兰日旭

2016 年 6 月

内容提要

本书以近代日本在华取引所（交易所在日本被称为取引所）为研究对象，回顾日本在华交易所 39 年的历史，重新审视日本取引所在华的活动，一分为二看待其影响，梳理和评析日本在华取引所与中方交易所之间的关系，探究近代日本取引所在华经营不成功的原因，总结日本取引所早期国际化经营的经验与教训。希望以史为鉴，更好地推进我国交易所的制度建设及国际化经营，促进中日两国交易所的合作，以此为切入点，密切两国互利共赢的经贸关系，维护地区和平与稳定。

按照以上研究目的和写作思路，本书的内容分为五个部分。

第一章介绍近代日本取引所发展简史。该章共分四节。第一节介绍交易所的起源及其传播，首先是概述 1906 年之前交易所在欧洲、美洲、非洲、大洋洲及亚洲产生和传播的情况。其次是介绍交易所的分类、特点与职能，重点阐述会员制交易所与股份制交易所各自的特点与优缺点，指出欧美国家交易所与日本早期取引所发展类型存在的差异。第二节介绍明治维新后日本取引所产生、发展与变迁的历史，将第二次世界大战结束前日本取引所的历史分为殖产兴业时期、产业革命时期、经济萧条与整理时期、战时经济统制时期四个阶段，对日本取引所设立、发展、整顿及向海外扩张、直至衰亡的历程做了回顾。第三节归纳近代日本取引所发展的特点，指出近代日本取引所的发展具有以米谷取引所为主体、主要采用股份组织、取引所兼营证券与物品的情况长期存在、日本政府强力干涉取引所的发展等特点；还阐述了这些特点对日俄战争后日本取引所在华设立与营业的影响。第四节介绍取引所在近代日本崛起中的作用与影响，指出日本的取引所具有稳定米价和社会、维持劳动力的再生产，便利企业融资、支持产业经济发展，充当经济"晴雨表"，支持和服务财政等作用，因而成为辅助日本国内经济发展、支持日本经济对外扩张的工具。

第二章阐述近代日本在华取引所产生、发展与衰落的历史。该章共分三节。第一节介绍日本在华设立取引所的背景与原因，指出在华设立交易所是日俄战争后日本对华经济扩张的要求，日俄战争前日本国内就已酝酿了在华设立取引所等贸易金融机关的企图，在华设立物品取引所、株式取引所（即股票交易所）和物券取引所还是日本对华贸易和投资发展的现实需要。第二节回顾近代日本在华取引所兴起、整改与衰亡的过程，分三个阶段介绍了日本在中国东北和关内地区设立的官营取引所和民营取引所的变迁情况及其原因。第三节总结日本在华取引所组织、经营与管理的特点，将日本在华取引所的特点主要归纳为六个方面：日本取引所的数量众多而且分布区域集中；以兼营特产物的综合类取引所为主体；在华取引所多采用公司组织；官营取引所较多，与官方联系密切；关东厅和外务省对在华取引所实行双线监理；日本取引所在华设立与经营引发的纠纷多，营业不稳定。另外，本节还对日本在华取引所组织、经营与管理特点的成因及影响做了评析。

第三章回溯近代日本取引所在华的商业活动与其他活动。该章共分五节。第一节以大连特产物取引所、大连株式商品取引所和青岛取引所为例，回顾日本取引所在华的物品买卖活动，介绍日本取引所在华买卖农特产品、其他农产品和工业品的情况及其危害。第二节以大连钱钞取引所、青岛取引所为例，回顾日本取引所在华买卖金银钱钞的活动，介绍日本取引所在华从事金银钱钞买卖的目的、概况及其危害。第三节以哈尔滨取引所、满洲取引所、大连株式商品取引所、青岛取引所、上海取引所为例，回顾日本取引所在华的证券交易活动，介绍日本取引所在华买卖有价证券的目的、方式、概况及其影响。第四节以青岛取引所、上海取引所和汉口取引所为例，回顾日本取引所在华开展的其他商业活动，介绍日本在华取引所从事的仓库货柜经营、货物保险、货物运输、资产租赁、投资并购等其他非主营的商业活动。第五节以青岛取引所、汉口取引所、上海取引所、大连取引所为例，回顾日本取引所在华从事的其他不法活动，介绍日本在华取引所操纵行市、进行商业贿赂、抹黑中伤同业竞争对手、参与贩毒等非法的商业活动，指出日本在华取引所尤其是官营取引所是带有政治、政策职能的非纯粹的商业组织。

第四章重新梳理和审视近代日本在华取引所与中方交易所关系的多样性。该章共分四节。第一节以上海取引所和上海证券物品交易所的关系为例，介绍日本在华取引所与中方交易所之间的示范学习关系。第二节以上海取引所与上海棉纱交易所之间的关系为例，回顾日本在华取引所与中方交易所之间的同业往来、人事参与、业务合作、商业并购等关系。第三节以青岛取引所和青岛物品证券交易所的关系为例，揭示日本在华取引所与中方交易所之间的商业竞争与矛盾关系。第四节以青岛取引所和青岛物品证券交易所的关系为例，揭示日本在华取引所与中方交易所之间超越经济的敌对关系。

第五章是日本取引所在华活动的历史评价与启示。该章共分两节。第一节是历史评价与反思，以史为据，指证近代日本在华取引所的活动具有两面性，一方面违法活动，粗暴践踏中国主权与商权，另一方面在客观上刺激了中方交易所的产生与发展。中日双方交易所存在既对抗又合作的复杂关系。日本取引所在近代中国的经营活动是日本取引所早期国际化发展的主要内容，但总体说来不成功。第二节是史海钩沉得出的启示。一是应该因地制宜、与时俱进地选择或改革国内交易所的组织制度。二是我国交易所可以考虑在公司化和上市的基础上开展业务联营与商业并购。三是我国可在"一带一路"框架下考虑和推进交易所的国际化经营与合作。四是中日两国可以以双方交易所的合作为抓手去密切两国的经济联系，增进互信，改善两国的政治关系。

本书有以下几个主要观点。一是不同国家、同一国家不同时期和不同地区的交易所可视本地商情的不同而选择不同的组织制度，交易所的组织制度要与时俱进、因地制宜地进行变革。二是公司制交易所具有竞争性、成长性和开放性，更适合在开放、竞争及成长的市场环境下发展，公司化和上市是未来我国交易所组织制度变革的方向。三是市场的深度开放和竞争会促进国内外交易所开展联营或并购等活动，以营利为目的、更具开放性的公司制交易所更容易发起和实现交易所的联营或商业合并。四是中国经济的强势崛起必然会推动国内交易所经营的国际化以及中外交易所之间合作的发展，而中外交易所之间的合作，必须以良好的国际关系以及东道国人民的善意为基础，必须尊重彼此国家的主权、商权与法律，依照平等互利的原则，携手推进。五是交易所是商业组织，应该秉持在商言商的原则，保持经营的独立性和自主性，避免涉足政治，以免国际政治纷争干扰交易所的国际化经营与商业合作。六是正常的商业往来与合作对中日双方交易所都是有利的。即使是在中日政治关系严重对抗并导致经济关系极端恶化的历史时期，两国交易所仍有合作的需要与空间。由此推知，未来中日两国交易所肯定有业务往来与商业合作的空间与可能。双方交易所可以以史为鉴，在平等互利的基础上建立面向未来的合作关系。

Abstract

The book researches into modern Japanese exchanges in China
and retrospect their activities and influences dichotomously in line with
their 39-years history. The relationship between Chinese and modern
Japanese exchanges based in China are also analyzed, and causes of
their unsuccessful operation are examined. Summarizing the experience
and lessons in early international management, it is hoped that the
analysis can provide useful insights for the institutionalization and
internationalization of Chinese exchanges, promoting cooperation
between Chinese and Japanese exchanges, in a bid to enhance win-
win trading and economic ties, to boost mutual trust, and to preserve
regional peace and stability.

In accordance with the above-mentioned purposes and methodology,
the book is divided into five chapters.

Chapter I, consisting of four sections, recounts a brief history of
exchanges in modern Japan. Section I describes the origin and spread of
exchanges: first an overview of the origin and spread of exchanges in

Europe, America, Africa, Oceania, and Asia; then the classification, features, and functions of exchanges, extending to the differences between membership and joint-stock exchanges and the merits and demerits of each, which are the focus of this section; and last the discrepancy of early exchange types between Europe, America, and Japan. Section II presents the history of the emergence, development and changes of Japanese exchanges in the post-Meiji restoration era. It divides the history of the Japanese exchange into four stages: the Shokusan Kōgyō, the Industrial Revolution, the Economic Recession and Rehabilitation, and the Wartime Economic Control Period before the end of WWII. It also looks back at Japanese exchange history, starting from its rise, to its development, adjustments, overseas expansion, and its fall. Section III points to the characteristics of Japanese exchange development; taking the rice exchange as the mainstay, being organized mainly by stocks and shares, the long-term existence of securities of goods, and being influenced by the Japanese government. It also sets forth the influence of these features on the establishment and operation of Japanese exchanges in China after the Russo-Japanese War. Section IV introduces the impacts of the rise of exchanges in modern Japan, especially the role taken by the exchanges in stabilizing rice price and society as a whole, maintaining labor-force reproduction, fostering convenient financing for enterprises, supporting industrial economic development, posing as a barometer for economic performance, sustaining and serving finance, and being an instrument for Japanese economic growth and its expansion.

Chapter II, comprised of four sections, is an exposition on the emergence, rise, and fall of modern Japanese exchanges in China. In addition to the background and causes of the establishment of Japanese exchanges in China. Section I states that setting up exchanges in China met with Japan's demand for economic expansion to China in post-Russo-Japanese War. In the pre-war period, the government had been flirting with the idea of setting up such financial institutions as exchanges in China, and the post-war period further saw a practical need of establishing goods, stock, and voucher exchanges in China for the sake of trading with and investment in China. Section II is divided into three phases to introduce changes and causes that Japan set up state-owned and private exchanges in the northeast of China and inside Shanhai Pass. Section III boils down the features of the development of exchanges in modern Japan to six aspects: (1) the numerousness and concentrated distribution of Japanese exchanges; (2) most were comprehensive exchanges that also engaged in specialty business; (3) most were company-based; (4) most were state-owned, closed connected with the authorities; (5) supervision on Japanese exchanges in China by both Kanto Office and Ministry of Foreign Affairs; (6) it caused conflicts between state-owned exchanges and private exchanges abounds and their operation is unsteady. Section III also comments on the reasons and effects of the organizational, operational, and managerial features of Japanese exchanges in China.

Chapter III, having five sections, backtracks the commercial and other activities of modern Japanese exchanges in China. Section I takes as examples Dalian Specialty Exchange, Dalian Commodity Exchange Ltd. , and Qingdao Exchange, looks back on the commodity trading in modern Japanese exchanges in China. And describes the trade of agricultural specialties and other agricultural products and industrial products. Section II takes as examples Dalian Money and Metal Exchange and Qingdao Exchange, looks back on their money and metal trading and their purposes and harms. Taking as examples Harbin Exchange, Manchuria Exchange, Dalian Commodity Exchange Ltd. , Qingdao Exchange, and Shanghai Exchange. Section III looks back upon the securities trading of Japanese exchanges in China and their purposes, methods, and effects. Taking as examples Qingdao Exchange, Shanghai Exchange, and Hankou Exchange. Section IV offers an induction to other non-core commercial activity in modern Japanese exchanges in China including warehouse container operation, cargo insurance and deliveries, capital lease, investment and acquisition. Section V cities as examples Qingdao Exchange, Hankou Exchange, Shanghai Exchange, and Dalian Exchange, and recounts other illegal activity in modern Japanese exchanges in China, such as exchange manipulations, commercial bribery, discredit, competitor and drug trafficking, pointing to the fact that the exchanges, state-owned in particular, are not pure commercial organizations, but instead with political functions.

With four sections, Chapter IV re-combs and re-examines multiple relations between Chinese exchanges and modern Japanese exchanges based in China. Taking as examples Shanghai Exchange and Shanghai Securities and Commodity Exchange, Section I describes the relationship between Chinese and Japanese exchanges as demonstrating-learning or instructor-student. Section II takes as examples Shanghai Cotton Yarn Exchange and Shanghai Exchange, and looks back upon the relationship between the two countries' exchanges such as same business communication, personnel participation, business collaboration, and acquisition. In the light of Qingdao Exchange and Qingdao Commodity and Securities Exchange, Section III demonstrates the competition and contradictions between them, while Section IV reveals their super-economic.

Chapter V, two sections in total, deals with historical evaluation of and enlightenment to the activities of Japanese exchanges in China. Section I is historical evaluation and retrospection. In terms of history, it indicates the activities of Modern Japanese Exchanges in China are double-edged: illegal activity tramples on China's sovereignty and business rights, while it also stimulates the emergence and rise of Chinese exchanges. A bewildering co-existence of confrontation and cooperation between the Chinese and Japanese exchanges. The operation of exchanges in China, is a major step toward internationalization for the Japanese, yet not successful on the whole. Section II discusses several enlightenment from history: (1) China should adopt or reform the organization of domestic exchanges in line with local conditions and the times; (2) On the basis of corporatization and listing, China's exchanges may consider same business communication and commercial mergers and acquisitions; (3) China may consider promoting the internationalization in the operation of exchanges under the One Belt One Road Initiative; (4) Cooperation in exchanges may be a breakthrough point in enhancing the economic ties, mutual trust, and political relations between the two countries.

Main points of the book are as follows. First, in terms of different countries, regions, and time, an exchange should adopt different organizations. Second, corporate exchanges are competitive, growing, and open in nature and thus more suited to the environment. Corporatization and listing represent our direction of organizational reforms. Third, an open and competitive market will stimulate joint ventures and acquisitions among exchanges at home and abroad, which is more likely to be fulfilled by profit-oriented and open corporate exchanges. Fourth, the rise of China's economy will no doubt prompt the internationalization of domestic exchanges and facilitate cooperation between Chinese and foreign exchanges, which shall be built upon sound international relations, goodwill from the host country, mutual respect for sovereignty, business rights, and laws, and the principle of equality and mutual benefits. Fifth, as a business organization, the exchange should adhere to the principle that "business is business" and maintain the independence and autonomy of operation, staying away from politics, so as to avoid interference of international political disputes in international operation and business cooperation. Sixth, business communication and cooperation is beneficial to exchanges from both countries even in the historical moments when the extreme deterioration of economic relations was caused by serious political confrontations between the two countries. A conclusion can be drawn that in the future, exchange from both countries are bound to have space for and possibility of business communication and commercial cooperation. We shall take lessons from history while opening the door for future cooperation on the basis of equality and mutual benefits.

目　录

Contents

序 言

一 问题的提出及研究意义

交易所是有组织的、标准化交易的物券市场，因其具有便利交易、流转货物、调剂金融、平准市价、引导游资、维持财政等功能而成为重要的商业辅助机关。交易所是市场体系的核心，在各国经济和金融发展中具有突出的地位与作用。

交易所产生于中世纪晚期的欧洲，是商品经济发展和战争金融的产物。16世纪以后，随着欧洲资本主义经济的兴起和对外扩张，交易所得以发展并传播到欧洲以外的地区。日本的交易所在其国内被称为取引所（以下采用此称谓），发源于本国原有的米谷期货交易制度，但真正意义的取引所是仿效欧美各国，在1876年后设立和发展起来的。到20世纪初，日本取引所的发展已经取得了长足的进步并形成了自身的特点，在辅助日本经济发展、维持政府财政、支持日本对外扩张等方面具有显著的作用。日俄战争及第一次世界大战后，日本经济强势崛起并促进了日本取引所的国际化发展，1906年日商在中国东北地区设立株式会社牛庄取引所，掀开了早期日本取引所在华活动的历史。

日本取引所在华活动的领域较广，既有商业活动又有非商业活动。商业活动包括正常的主营业务和非主营业务经营，还有非正常的商业投机、商业贿赂、抹黑中伤同业等经营行为；而非商业活动主要是参与毒品贩卖，资助日本关东军和日本特务土肥原贤二开展侵害中国主权及领土完整的活动。

日本取引所在华的活动具有正反两方面的影响：一方面是非法设立与违法活动，侵害中国的主权与商权，掠夺中国的资源，倾销日本的工业制品，扰乱中国的金融秩序，支持日本对华的经济扩张和军事侵略；另一方面是向中国输入了先进的交易制度和经营方法，对近代中国交易所的产生与发展具有刺激和示范的作用。

日本取引所在华活动的 39 年，正是中日两国关系最为恶劣的时期。此时，中国人对日本取引所在华的商业活动抱持抵制和参与的矛盾心态，而中方交易所与日本在华取引所之间则存在复杂多样的关系，例如"师生"关系、同业往来关系、人事参与关系、业务联营关系、商业合并关系、商业冲突关系、超经济的敌对关系。换句话说，即使是在中日两国关系极端冲突和对抗的环境下，双方交易所仍然存在商业合作的空间与可能性。

日本取引所在华的活动是早期日本取引所国际化发展的重要组成部分，它经历了进入与扩张、收缩与整理、撤并与衰败三个阶段。日本取引所在华活动的 39 年间，其钱钞买卖业务、物产买卖业务、证券买卖业务相继被取消或终止。钱钞取引所或取引所的钱钞部、商品取引所或取引所的物产部、株式取引所或取引所的证券部也先后停业或解散。日本在华取引所的数量从 1922 年高峰时期的至少 20 家减少到 1945 年的 1 家，1941 年前后取引所的分布区域也从大连、开原、铁岭、奉天、辽阳、营口、牛庄、安东、四平街、长春、公主岭、吉林、哈尔滨、天津、汉口、青岛、济南、上海等地收缩至哈尔滨、安东、奉天、大连、青岛。日本在华民营取引所和部分官营取引所的经营寿命也不长，脆弱性较高。整体说来，日本取引所在华的经营活动即日本取引所早期的国际化发展是不成功的，这有其深层的历史原因，值得分析、梳理与总结。近代日本经济的崛起和海外扩张促进了日本取引所早期的国际化发展，而当下中国经济的强势崛起以及"一带一路"倡议的实施也给中国交易所的国际化发展注入了动力。他山之石，可以攻玉。日本取引所早期的国际化实践即日本取引所在华的活动，虽然整体说来不成功，但是也给中国交易所的国际化经营提供了某些有益的思路和可资借鉴的反面教材。

交易所职能的正常发挥有赖于其组织制度的合理选择。交易所的组织制度主要有会员制与公司制两种形式，各有利弊，也各有其设立的约束条件：前者适合于垄断程度高或交易商信用良好的市场，后者适合于竞争度高或交易商信用欠佳的市场。历史上不同国家、同一国家不同时期、同一时期不同地区的交易所视地方商业情形及买卖物品种类而选择的组织制度不尽相同。今天，经济与金融已全球化发展，各国市场也在深度开放，市场的竞争度不断提高，这对交易所的竞争力、成长性和开放性都提出了新的要求。而公司制交易所制度安排上的特点使其更富有竞争力、成长性和开放性，能够适应产业经济发展和市场竞争的需要，因此欧美国家、日本等国交易所的组织制度又出现公司化和上市的趋势。既然会员制与公司制的交易所各有利弊，分别适合于不同环境条件下的市场，那么我国监管部门和交易所也有必要审时度势，从中国物券市场国际化发展以及竞争日益激烈的趋势去认识国内交易所组织制度的变革问题。梳理、总结和借鉴历史上日本在华取引所及中方交易所组织制度选择的经验与教训，可以启发国内交易所根据现实和未来市场竞争、交易商信用状况及产业经济发展的需要，与时俱进地变革自身的组织制度，在实现自身发展的同时更好地履行其辅助经济发展的职能。

20 世纪 20～40 年代，日中双方的交易所为应对市场竞争、摆脱经济危机的冲击、适应官方政策变迁的需要，已经有了业务联营、商业性合并、政策性整合等活动。进入 21 世纪以后，各国物券市场日益开放，国际市场竞争日趋激烈，中国内地交易所、港澳台交易所、外国交易所之间也有业务联营与商业并购的需要及空间。回顾日本取引所在华活动的历史，梳理日本取引所与中方交易所之间的关系，总结双方交易所正常的业务往来及商业合作的经验，对我国交易所依法开展境内或跨境的交易所联营活动也是有启示作用的。

二　研究目的

中日两国互为重要邻国，又同为亚洲和世界主要的经济体。两国关系是和平则两利，且有利于地区的繁荣与发展，对抗则两伤，且不利于维护亚洲的和平与稳定。目前我国正在大力推进"一带一路"倡议的实施，积极拓展与"一带一路"沿线国家的经贸合作，发展互利共赢的中日经贸关系也符合该倡议的精神及日中两国的国家利益。中日两国都实行市场经济体制，而交易所是市场体系的核心及重要的商业辅助机关，对两国经济和金融发展均有重大影响。近代日本取引所在华活动的历史表明，即使是在两国严重对抗的情况下，双方商人或交易所仍有一定的商业往来与在商言商的合作。

由此推之，在现今中日两国关系从"政冷经热"恶化为"政冷经冷"的表象之下，肯定也存在两国交易所可以互利共赢的合作空间与可能。在交易所经营国际化发展的趋势下，日中两国要妥善处理双方交易所之间的竞争与合作关系，也需要投"史"问路。双方交易所应以史为鉴，本着自愿互利的原则，探寻多样化的合作方式。通过双方交易所的携手合作去发展两国间互利共赢的经贸关系，扩大双方共同的经济利益，为改善两国间的政治关系创造条件。

第一章

近代日本的取引所

第一节　交易所在欧洲的起源及其传播

一　早期交易所的产生

交易所是有组织的标准化的大宗商品或金融资产交易的场所。作为商品经济发展到一定历史阶段的产物，交易所这种商业组织或交易制度首先在中世纪后期的欧洲产生。

13 世纪末，欧洲人口恢复增长；城邦国家和文艺复兴运动在意大利兴起，欧洲人的思想得到解放，以逐利为目的的商业活动的桎梏被打破；圣殿骑士团崛起为财力雄厚的金融组织并在更广阔的范围内拓展信贷活动。这些变化使得 13 世纪末以后欧洲的商业得以振兴和发展，意大利的威尼斯、佛罗伦萨、热那亚，比利时的布鲁日，英国的伦敦等城市发展为商业中心。战争结束后欧洲的商业探险家减少了外出活动，贸易经纪人和经纪行业兴起，香槟集市等原有的临时性交易集会衰落，而布鲁日等欧洲常设的国际贸易市场逐渐兴起。商业的发达，促进了欧洲有组织的市场建设。

早在 13 世纪末和 14 世纪初，在欧洲所有的贸易中心里都出现了现在交易所的雏形，甚至在贸易大都市布鲁日已经存在专门经营"交易所"（Van der Beurse）的家族了。法国国王拿破仑一世时期创立了法国乃至世界最早的交易所——巴黎交易所（Change de Paris），至 1726 年该交易所改组时，其各项制度已臻完备①。1371 年为满足人们投机国债的需要，意大利设立了佛罗伦萨证券交易所。

15~17 世纪，欧洲进入重商主义和殖民扩张时期，交易所随着贸易经济的扩张而有了新的发展。1531 年比利时设立安特卫普交易所，从事商品（含期货）和金融证券的交易。1558 年德国设立最早的证券交易所——汉堡证券交易所。1571 年英国最早的交易所——皇家交易所（Royal Exchange）正式开幕，该交易所属于商品交易所，由托马斯·格雷欣模仿安特卫普交易所出资设立。17 世纪的荷兰成为"海上的马车夫"，为适应商业和金融业发展的需要而在 1608 年设立阿姆斯特丹证券交易所，开始证券期货和期权的交易。

18~19 世纪世界资本主义处于上升阶段，随着产业革命的推进以及股份经济的进一步发展，物券交易更加活跃，交易所在欧美亚非洲及大洋洲均有新的发展。在欧洲，英国在设立皇家交易所之后又设立了伦敦商品水运交易所（1745 年）、利物浦棉花公会（1812 年）、利物浦谷物贸易公会（1853 年）、伦敦谷物贸易

---

① 杨荫溥：《中国交易所论》，上海商务印书馆，1932，第 15~18 页。

公会（1878年）等商品交易所。随着股份经济和证券业的发展，18世纪初在伦敦的交易街形成了露天的证券交易市场；1773年在伦敦的司威丁街成立了伦敦证券交易所；截至1910年，英国的证券交易所已发展到20家。俄国在1703年设立圣彼得堡证券交易所，截至1914年俄国的证券及商品交易所已发展到了115家。1771年奥地利设立了维也纳证券交易所。爱尔兰分别在1793年和1845年设立都柏林证券交易所和科克证券交易所，前者为爱尔兰首家证券交易所。1801年比利时设立布鲁塞尔证券交易所。1819年挪威设立奥斯陆证券交易所。1826年法国设立巴黎证券交易所。1831年西班牙设立马德里证券交易所，随后又分别在巴塞罗那、毕尔巴鄂、巴伦西亚建立证券交易所。瑞士分别在1850年、1876年和1877年设立了日内瓦证券交易所、巴塞证券交易所和苏黎世证券交易所。瑞典则在1864年设立斯德哥尔摩证券交易所。希腊在1876年设立雅典证券交易所。

在美洲，美国分别在1790年和1863年设立了费城证券交易所和纽约证券交易所。19世纪中叶美国出现采金热和投机矿物公司证券的热潮，投资银行和证券业兴旺，以致东西部城市涌现出100多家证券交易所。1848年美国设立北美洲最大的谷物市场——芝加哥谷物交易所，该所足以操纵欧亚非及南美诸洲的谷物市价。1862年纽约州议会特许设立纽约物品交易所，从事谷物、棉籽油等十几种商品的交易；1907年后该所还兼营证券买卖。1871年纽约棉花交易所设立，其国际地位和影响力仅次于利物浦棉花公会。1845年巴西设立里约热内卢证券交易所。1850年阿根廷设立布宜诺斯艾利斯证券交易所。加拿大分别在1852年、

1874 年、1899 年、1907 年成立了多伦多证券交易所、蒙特利尔证券交易所、多伦多股票和矿业交易所、渥太华证券交易所。智利分别在 1892 年和 1893 年设立了法尔巴拉索证券交易所和圣地亚哥证券交易所。

澳大利亚先后在墨尔本（1865 年）、悉尼（1871 年）、布里斯班（1884 年）、阿德莱德（1887 年）、霍巴特（1891 年）、佩斯（1891 年）建立了 6 家证券交易所。新西兰在 1869 年设立了奥克兰、泰晤士、达尼丁、累福顿证券交易所。南非则在 1886 年设立了约翰内斯堡证券交易所。

在亚洲，英属殖民地的印度在 1875 年设立了孟买证券交易所，1895 年后又设立了多家证券交易所[1]。1874 年日本公布取引所条例，1876 年成立了大阪堂岛米谷取引所，此后取引所陆续设立，截至 1912 年日本取引所的数量已增至 48 家[2]。

二 交易所的分类、特点与职能

世界上的交易所按不同的分类标准有多种类型。不同类型的交易所，其使命与职能、组织管理与经营的方式，买卖的标的物，运营的特点及优缺点、适合其发展的环境与条件不尽相同。

（一）交易所的分类

交易所按照买卖标的物的不同可以分为物（商）品交易所、证券交易所、货币交易所、物券综合经营的交易所。物（商）品

---

① 孙建华:《近代中国金融发展与制度变迁》，中国财政经济出版社，2008，第 162~167 页。
② 杨荫溥:《中国交易所论》，上海商务印书馆，1932，第 6 页。

交易所是专营某种主要物品的有组织的市场，"凡为流通货物，平准市价及增进同业利益，而设之大宗物品交易市场，称为物品交易所"。证券交易所是专营政府公债、公司债券、公司股票等有价证券的市场，"凡为便利买卖，平准市价而设之国债票，股份股票，公司债票，及其他有价证券交易之场所，称为证券交易所。"物品证券交易所是兼营证券与物品的有组织的市场，"此类混合式之交易所，性质复杂，交易广泛，经营非易"①。物券交易所在许多国家交易所发展史上都出现过，明治维新后日本设立的交易所中就有物券交易所，到 1915 年的时候日本国内还有株式会社神户米谷株式取引所等 7 家兼营证券与商品的交易所②。受日本取引所制度建设与运营方式影响，近代中国也先后在东北及关内诸多商埠设有至少 85 家物券交易所③，基本上属于违法经营。货币交易所是专营各类货币买卖、平准货币比价以稳定贸易收支、促进贸易发展的有组织的市场。早期许多国家境内货币不统一，流通货币复杂多样，因而形成货币兑换或买卖的市场，以适应商品经济发展和市场扩大内生的货币收付及贸易融资的需要。建立有组织的集中交易的货币交易所能够以更高效、更低风险、更低成本的方式达此目的。1885 年以前，日本国内货币尚未统一。日本自"开港以来洋银相场（即行市）浮沉，海上贸易时有

---

① 投资周刊社：《证券交易所》，中国文化服务社，1947，第 7～8 页。

② 内阁：《临时国民经济调查会参考资料第九号·取引所一览附关系法规》，第 1～6 页。《各种调查会·委员会公文书·临时国民经济调查会》，内阁档案，大正 7 年（1918 年）9 月；亚洲历史资料中心，A05021037700；日本国立公文书馆，委 00247100。

③ 洪葭管、张继风：《近代上海的金融市场》，上海人民出版社，1989，第 155～158 页。

摇动，其弊甚大"，1877 年后国内纸币价格下跌，而洋银价格暴涨。明治政府"恐空相场之纷乱也，欲公许之取引所，起而矫其弊，于明治 12 年创立洋银取引所于横滨"①。近代中国流通货币长期纷乱不一，日本及中国投资者也在中国各地设立了大连钱钞取引所等货币交易所或大陆物券货币交易所等物券货币兼营的交易所。

　　交易所按照组织形式的不同，可以分为会员制交易所、股份制交易所、信用合作制交易所，但以会员制和股份制交易所为常见，合作制交易所很少见，例如 1909 年日本人在南满铁路沿线的辽阳设立的信用组合取引所就属于合作制交易所。此外还有些交易所介于会员制和股份制交易所之间，例如 1933 年 2 ~ 7 月在天津设立的商业经济所"其组织似公司组织又似会员组织，总而言之组织上颇不健全"②，属于不合规的交易所，因而后来被国民政府依法取缔。1943 年 7 月 1 日，日本政府合并国内证券交易所而成立的日本证券交易所则为半官方的营团特殊法人，既非民法上的法人，又非商法上的股份公司。会员制与股份制这两种交易所的组织形式，各有利弊，分别适合于不同环境条件下的市场。不同国家、同一国家不同时期和不同地区、同一时期同一地区不同的交易所基于各种考虑而选择的组织形式不尽相同。交易所组织形式的选择是否恰当，对于特定时期特定市场环境下交易所运营的绩效及交易所事业的发展，会产生较大的影响。

---

① 〔日〕付岛八十六编《开国五十年史》，开国五十年史发行所，1909，第 1146 页。
② 敬：《交易所巡礼》，《法商半月刊》1934 年第 1 卷第 1 期，第 2 页。

（二）不同组织交易所的特点与优缺点

会员制交易所与股份制交易所各有其特点。

早期会员制交易所具有以下特点。一是交易所的经营者即为所内从事交易的会员，交易所与会员之间的关系，与俱乐部及其会员的关系相似。会员可以基于共同的利益而拥有并利用交易所共同的设备，会员的主要权利是取得会员席位这种财产权，并且可以自由转让该会员席位。二是交易所的一切开支，由会员出资（会员费）分担。会员费的征收方法是以每年交易所的营业范围或雇用人数多少为标准来决定会员应分担的会员费。交易所不以营利为目的，因此其征收的会员费仅以满足开支为限度。三是交易所对本所的交易不负担保责任。交易上的一切责任全由买卖双方自行负责，交易所对交易违约造成的损失不负赔偿责任。

相较于会员制交易所，早期股份制交易所具有以下特点。一是交易所设备的供给另有其他商事公司负责，与在所内做交易的经纪人无关。经纪人虽然可以是股东，但是交易所股东的股东资格与经纪人的资格绝然不同，二者不存在法律关系。二是交易所以营利为目的，可以征收经手费，而经手费多少以交易所交易额的大小为标准。三是交易所对本所的交易负有担保责任。对于买卖双方交易违约造成的损失要负赔偿责任。因此，交易所必须预交营业保证金于国库并向经纪人征收交易保证金。法律要对交易所的最低资本做出规定，政府可依法要求交易所追加资本金。

不同组织的交易所因其制度安排上的特点而内生出各自的优缺点。

　　早期会员制交易所具有下列优点。一是可以启发会员的责任心，使会员基于自身安全考虑而不滥做交易。交易上一切责任，既由买卖双方自行负责处理，则在买卖过程中交易商对于心术不正或信用不良的会员，就会敬而远之，不愿多与之往来。这在无形中会置信用不佳的会员于不利地位。如此则可以养成交易双方注重信用的良好风气，并杜绝滥做交易的恶习，维护市场信用。二是可以减少交易的费用。会员组织的交易所不以营利为目的，因此交易商除了交纳一定会员费之外，其应担负的费用并不随交易所交易额的增加而增多。如此则交易所与其会员可视为一体，交易所即为会员自己的交易组织，会尽可能降低会员的费用负担；而一般委托人所需的一切费用也因之可以相对低廉。三是可以杜绝公司制交易所的经纪人在交易中的舞弊行为。公司制交易所因为负有担保交易的责任，所以出现交易一方违约的情况，另一方可以向交易所要求赔偿。因此，公司制交易所的经纪人往往故意违约，甚至居奇垄断，操纵市场，逼使对方陷入绝境而无法交割，以便向交易所谋取交易违约损失的赔偿款。会员组织的交易所因为不负赔偿责任，所以此种弊端就无从发生。

　　会员制交易所也有其不足。一是交易所不负担保交易的责任，会使得买卖双方容易产生交易不安全的心理。交易所不仅从事现货交易，而且从事定期（远期和期货）交易。定期交易，从契约订立日起至履行日为止，历时较长。其间难保不因为经济界的变动而发生交易上违约的事情。公司制交易所因为对本所的交易负有担保责任，其最低资本额及公积金动用的方法，由法律做出明确的规定，因此经纪人都可以安心地进行交易。会员制交易所则强调交易商的信用，法律并无强制担保的规定，在此情况下，即使会员自定规约，以其所提储的共同公积金充当交易违约的赔偿金，因为公积金的积累需要较长的时间，而且大规模交易违约发生后的赔付额巨大，区区公积金也不够赔付。这样，会员因交易风险难以控制而不愿进场交易，这不利于交易所的功能发挥。二是在交易上存在不公平。交易所是社会公共的经济机关，应以社会全体公众的利益为前提；而作为会员制交易所组成分子的会员，往往视交易所为自己私有财产，于是对于会员的名额竭力限制，对新会员的进入设置较高的门槛和条件，这使得会员制交易所具有较高的封闭性和垄断性。在缺乏竞争的情况下，会员制交易所索要的交易经手费可能较高，进而转嫁并加重一般生产者和消费者的负担。这种弊端，公司制交易所虽然也有，但会员制交易所尤甚。三是会员制交易所因为具有封闭性，对会员的资金实力和信用要求较高，竞争性和成长性受到限制。

与会员制交易所不同，股份制交易所具有以下优点。一是资本社会化，容易获得交易所设立所需的资本和设备。二是对于交易所中的买卖双方容易做出相对公正的处置。会员制交易所的经营管理者是从事交易的会员的一部分，难免会偏袒照顾关系会员。而公司制交易所的经营管理者从法律上说是与经纪人无关的股份公司理事，遇有交易争执，容易保持中立的立场而做出相对公正的处置。三是交易所对本所交易负有担保责任。这可以使在所交易的经纪人不问对方为何人而安心从事交易，有助于活跃市场，发挥交易所的功能。四是交易所具有开放性和成长性，有助于提升交易所的竞争力和未来的发展。

股份制交易所也有其内在的缺点，其局限性主要体现在以下几个方面。一是交易所与经纪人虽然利益相关，但终究不完全一致，代表股东利益的交易所理事可能利用市场管理权来压迫经纪人，影响经纪人的自治权力。二是交易所为营利组织，在管理上存在道德风险，可能会提高向经纪人征收的交易经手费而与经纪人发生利益冲突。三是容易助长不健全的投机，可能为了股东利益和活跃交易、多收经手费而放松管理，甚至违规操纵本所的交易。

不同组织的交易所需要适合其生存和发展的市场环境和经济条件，否则其经济使命和职能就难以完成，甚至难以生存和发展。由于不同国家、同一国家不同时期和不同区域在商品经济发展水平、收入水平、制度健全程度、市场竞争度、社会信用秩序优劣等方面存在差异，以致不同组织交易所发展所需的环境条件不尽相同且有变化。因此，大多数国家在发展本国的交易所时或曾并行会员制与公司制两种组织制度，但有所侧重；或审时度势，适时进行交易所制度的改革以有效发挥其服务于财政经济的作用。从近现代经济史来看，欧美国家交易所的组织制度经历了从会员制到公司制的变迁过程。这些国家资本主义经济发展起步较早，经济发达、交易商实力和信誉较好，因而其早期设立的交易所，大多采用会员组织；但随着经济和金融的国际化发展以及物券市场竞争的加剧，不少交易所又纷纷改组为股份公司组织，通过公司化、上市及股份制交易所之间的并购重组来提升竞争力并谋求新的发展。与欧美国家不同，日本取引所的组织制度经历了从股份制到会员制与股份制并存、再到特殊法人的营团组织、而后又过渡到股份制与会员制并存、回到股份制的变迁过程。

明治维新期间和维新之后，日本作为一个后进的资本主义国家，其经济发展水平相对落后于欧美国家，国内在相当长时期缺乏有实力的、信誉卓著的交易商，设立和发展会员制交易所的条件尚不完备，因而其国内设立的交易所在相当长时期是以股份有限公司组织为主的。近代中国与日本同属经济后进国家，在发展商品经济和资本主义经济方面有诸多相似之处；此外，中日两国关系虽错综复杂但经济金融关系密切。因而日本富国强兵的经验包括交易所发展的经验、道路及经营模式等对中国交易所制度的建设有诸多影响。

（三）交易所的职能

交易所发展之初，尤其是对于经济落后国家而言，官方与民间对于交易所的认识通常分为两类：一类认为交易所有助长投机博弈、流毒于社会的弊害，应该严禁。另一类则认为交易所可以确立行市的标准，属于经济发展所必需的商业组织[1]。而欧美资本主义发达国家交易所运营的实例说明，各类交易所虽有其缺点，但又具有组织和管理交易、提供交易场所及服务、调剂货物供求、平准市价、周转资金、便利产业融资和增进生产、维持财政等使命和功能[2]，对信用经济的发展实在是利大于

---

① 〔日〕付岛八十六编《开国五十年史》，开国五十年史发行所，1909，第 1146 页。
② 投资周刊社：《证券交易所》，中国文化服务社，1947，第 4～6 页。

弊。因此，许多商品经济后发的国家都重视和利用交易所来推进本国的经济发展，立法规定并允许投资人可以在本国商业繁盛的区域设立物品、证券、货币或物券交易所①。明治初年，日本政府也是在经过多轮朝堂讨论之后才决定采取政府特许的方针，从欧美国家引进交易所制度来保障"殖产兴业"政策的实施。

第二节 明治维新后日本取引所的
产生、发展与变迁

交易所在日本被称为取引所，股票交易所叫作株式取引所。②日本的取引所起源于明治维新前各地政府为了维持米价稳定而在米谷集市实施的按米期票来买卖米谷期货的制度。不过，日本股票交易所的设立虽然发源于本国原有的米谷期货交易制度，但其办法实际上是仿效于泰西各国③。1874 年明治政府即发布取引所条例，提倡设立交易所，1876 年设立株式会社大阪堂岛米谷取引所。从明治维新后至二战结束，日本的取引所制度大体经历了殖产兴业、产业革命、经济萧条与整理、战时经济与金融统制等历史阶段的演进。

---

① 郑爱诹：《交易所法释义》，世界书局，1930，第 1 页。
② 关于取引所，日本人认为 1905 年上海众业公所创设之前"中国未有此制，故无适当名词。无已当译作公证买卖处，即设一公司而做香港所谓炒股份生意者也"（〔日〕高山林次郎等编《日本维新三十年史》，古同资译，华通书局，1931，第 416 页）。
③ 张玉法编《法政学报》，经世书局，1985，第 89~91 页。

一　殖产兴业时期取引所开始设立

明治政府成立后至 1886 年产业革命开始的这段时间是日本资本主义经济形成的时期，也是殖产兴业政策施行的时期。1868年明治政府成立后，决心向西方学习，誓与欧美列强为伍。为此，明治政府推行富国强兵、殖产兴业、文明开化三大政策。为求知识于世界，从 1871 年 12 月至 1873 年 9 月日本派出了以右大臣岩仓具视为正使，参议木户孝允、大藏卿大久保利通、工部大辅伊藤博文等为副使的庞大的政府代表团，历时一年零十个月，相继访问美国、英国、法国、德国、俄国、意大利和奥匈帝国等12 个欧美国家，实地考察西方资本主义国家的法律、政治、经济、金融、公债、军事等制度，由此加深了日本政府领导层对欧美资本主义的了解，明确了发展资本主义的方向。从 1870 年到1886 年，明治政府用大约 16 年的时间来实施殖产兴业政策，逐步完善各项经济制度，促进经济的近代化，开始走上了资本主义经济发展的正常轨道。资本主义经济是建立在私有制和雇佣劳动关系基础之上的发达的市场经济，市场经济又是以市场机制作为资源分配主要方式的经济运行模式。资本主义的再生产不是简单再生产而是扩大再生产，依托不断扩大的市场实现商品和资本等生产要素的流通又是资本主义再生产过程的必要环节。因而殖产兴业时期的日本需要从西方引进交易所这种新型的市场组织制度，改造原有传统的、缺乏组织和管理的、相对分割的国内市场，建立适应殖产兴业政策以及资本主义经济发展需要的统一的商品和资本等生产要素市场。

日本国内取引所的发展以物品交易所的出现为其发端。日本最早的物品交易所是 1876 年（明治 9 年）设立的株式会社大阪堂岛米谷取引所（9 月 25 日）、株式会社东京米谷商品取引所（9 月 27 日）、株式会社近江米取引所（9 月 28 日）、株式会社下关米取引所（11 月 3 日）。这些物品或物券交易所均采用股份有限公司的组织制度，而且都是以米谷等农产品为交易的标的物。此后日本的米谷取引所继续发展，到 1884 年有 11 家米谷取引所（也称为米商会所）及米谷证券交易所，买卖米谷等商品[①]。

在物品交易所设立之后，证券交易所也在日本相继出现。日本的证券交易所即株式取引所是适应公债及产业证券的发行与流通的需要而设立的。众所周知，资本原始积累是资本主义经济发展的前提条件。殖产兴业时期日本获取原始资本的两个重要手段分别是仿效欧美国家，建立本国的公债制度和公司制度，通过发行公债和产业证券来筹集资金。

手段一是建立近代公债制度，发行各类公债。为了解除封建义务、减轻财政负担并积累资本主义经济发展所需的资本，明治政府从 19 世纪 70 年代开始进行"秩禄改革"，模仿欧美的公债制度，制定各种公债条例，通过发行公债来筹措近代化所需的财政资金。

明治政府初建时期，主持财政事务的由利公正鉴于财政困难，采用发行不兑换的政府纸币（"太政官纸币"）来筹集财政资金。他提出募集会计基本金 300 万日元、发行"太政官纸币"

3000 万两的计划，同时规定此项政府债务可以用地租抵押，另外还规定了返还期限以及按月返还利息的办法。照此计划，1865 年至 1869 年 5 月，明治政府共发行纸币 4800 万两。这笔政府债务从某种意义上说已经具有近代"国债"的性质[1]，是日本近代国债的萌芽。1870 年明治政府在英国伦敦发行"九分利息英币公债"，从国外筹资用以铺设铁路，这是日本最初发行的近代意义的公债。可见，日本的公债发端于国外公债，并与实业建设有关。

1873 年，为了偿还明治维新前后各藩地的债务，明治政府制定了《新旧公债证书发行条例》，以公债的形式继承幕府时代的各种债务，开始发行国内公债。同年，明治政府实施"家禄奉还制度"以减轻财政负担；但是为了让旧官僚、旧贵族获得生存和就业的资金，明治政府又在 1874 年制定《秩禄公债证书发行条例》，发行秩禄公债，以现金和公债形式向前者支付补偿金。从 1873 年 12 月到 1875 年 7 月，明治政府共向 135884 名要求奉还家禄者支付了 3589.2679 万日元的补偿金。为筹集此项资金，明治政府发行了 1656.5850 万日元的秩禄公债[2]。

明治政府从 1875 年 9 月开始实行"金禄制"。1876 年颁布士族"废刀令"，制定《金禄公债发行条例》，发行金禄公债，以公债证书和部分现金一次性赎买剩余旧官僚、贵族的俸禄[3]。1878

---

[1] 杨栋梁：《近代以来日本经济体制变革研究》，人民出版社，2003，第 3、99 页。

[2] 杨栋梁：《近代以来日本经济体制变革研究》，人民出版社，2003，第 38~42 页。

[3] 据日本大藏省统计，接受金禄公债证书的华、士族达到 313264 人，几乎包括所有的家禄持有者。明治政府为此发授给华、士族的金禄公债总额达到 173835705 日元，另加现金 734711 日元，共计 174570416 日元（日本大藏省编《明治前期财政经济史料集成》第八卷，明治文献资料刊行会，1963，第 475 页）。

年为了救济旧神官，明治政府制定《旧神官俸禄处分方法》，发行旧神官俸禄公债。截至 1876 年 8 月明治政府修订《国立银行条例》的时候，日本已经发行了秩禄公债、金禄公债、新公债和纸币兑换公债等多种国债。

为了筹措产业发展资金、振兴工业，明治政府根据大久保利通提出的《关于一般殖产及华士族授产的建议》，在 1878 年公布《创（起）业公债证书发行条例》，由官办事业所发行创（起）业公债 1000 万日元并设立起业基金①，这是日本最早的公募国债。为了筹措铁路建设资金，发展铁路事业，明治政府在 1884 年公布了《中山铁道公债证书条例》，发行铁路公债；同年，日本大藏省为了规范公债的发行而颁布了有价证券条例。1886 年松方正义就任大藏大臣期间，明治政府为了整顿此前发行的各种国债，减轻财政负担，又统一法规和手续，制定整顿公债条例，开始发行短期的 5 分利整顿公债（转期债），这是日本政府短期国债发行的开始。为了规范国债的发行，日本政府还建立了内务、大藏大臣规定借债事宜的许可制度。1886 年之后日本又颁布《帝国宪法》（1889 年），规定国债发行必须征得议会的承认。

殖产兴业时期日本各地方政府也发行了地方债。为了控制地方债的发行，1879 年明治政府确立了"发行地方债必须通过议会议决"的原则。1886 年以后，为了完善日本的地方制度，明治政府又相继颁布"市制及镇村制"（1888 年），颁布"府县制""郡制"（1890 年），并根据这些法律，制定了关于地方债的具体规

---

① 杨栋梁：《近代以来日本经济体制变革研究》，人民出版社，2003，第 50~62 页。

定，将地方债的发行纳入了法制化的轨道。到 19 世纪 90 年代初，日本公债的发行、偿还等制度已经相当完备。

总之，明治政府在 1870～1886 年，不仅发行了 9 分利、7 分利的外债和非直接募集的新公债、旧公债、调换纸币公债、士族就业公债、食禄公债、旧神官救济公债、纸币调换券、不记名公债等内债，而且发行了起业公债、中山道铁路公债、海军公债、整理公债、铁路费补充公债等公募内债。公募债券的发行，事先要对潜在投资者广泛地披露信息，此类债券发行后便于上市流转。公募债券的这一特点又为其持有者提供了流动性，有助于维持公债发行市场投资者的购买力，促进公募债券发行规模的扩大。反过来，公债尤其是公募国债发行规模的扩大，对有组织的公债流通市场特别是证券交易所市场的建设提出了要求。

手段二是建立公司制度，发行公司股票与债券来筹集资本主义形成阶段所需的资本。明治政府很早就认识到了资本以及和资本形成有关的公司、金融在发展资本主义经济中的重要意义，认为"西洋技术与公司制度密不可分，在资本积累程度不高的情况下，与外国资本对抗"，必须从西方引进公司制度来"集中民间资本"[①]。为此，明治政府建立后采取一系列的措施来发展本国的公司制度。

首先，明治政府建立公司的推进和管理机构。1868 年明治政府设立商法司，1869 年改设通商司，并在该司之下分设通商公司和兑换公司，前者负责商社的建立和管理，后者主管银行业的发

---

① 〔日〕西川俊作：《日本经济史 4——产业化的时代》上册，杨宁一、曹杰译，三联书店，1998，第 375 页。

展和管理。

其次，明治政府出面推广和普及有关公司的知识。明治政府和社会上的有识之士尤其是那些从海外游历归来的官员、商人①，主持编写了各种有关公司和银行的教科书，发放到民间，积极宣传西方公司制度的有关知识（例如公司制度的相关组织、法规等）。例如明治政府发行了《立会略则》《会社辦》《泰西商会法则》等有关公司的入门书籍，积极致力于有关公司的知识启蒙。其中前两本书还被明治政府发到府县，再由各府县以此为依据，发布有关设立公司的通告，这在实际上起到了法令性的引导作用。1872 年明治政府仿照美国《国民银行条例》，颁行《国立银行条例》和《国立银行成规》。《国立银行条例》介绍了大量有关公司制的基本常识，尤其是对股份公司的组织、运营作了详细的规定，其中第 12 条承认了有限责任。因此，《国立银行条例》不仅是一部银行法规，而且是一部有关公司制度的教科书和日本最初设立股份公司制企业的相关法规。由此，我们可以知道，明治政府在维新初期就注意引进股份有限公司制度来发展日本的新式银行业和其他产业②。

此外，明治政府还采取了旨在推动公司发展的一系列措施。一是将民间创办公司的许可设立主义改为自由设立主义。二是将新设公司的审批权限下放给地方官员并简化公司设立的申请手

---

① 新政府内部和社会上的有识之士主要是涉泽荣一、福地源一郎、小栗上野介、神天孝平、福泽谕吉、栗本锄云、五代友厚等人。

② 19 世纪 70 年代日本除了依据《国立银行条例》，以股份公司的组织形式成立 153 家国立银行以外，还在其他产业成立了一批股份公司（陈庄：《日本型市场经济——形成、发展与改革》，时事出版社，1995，第 32 页）。

续。例如东京府就规定，民间创办公司不需申请，只要将公司章
程等提交所在区的官员就可以。这些宽松的政策使得民间创办公
司很容易。三是强制富豪商人出资设立商社以促进公司的发展。
以"东京商社"的设立为例，日本政府告知富豪们，不参加商社
就是妨碍进步，要和家族一起被遣放。该通告迫使富豪们惊慌不
已地参加了结社活动①。

再次，明治政府出资设立公司作为全国之示范。为了号召全
国商人积极拓展对外贸易，促进本国资本原始积累，1869 年山中
右卫门等 6 家民间富商出资创办了日本历史上最早的公司——大
阪贸易公司和汇兑公司（大阪通商会社和为替会社）。其中大阪
汇兑公司主要经营存放款、发行货币和银行券、汇兑货币等业
务，实际上是不叫银行的银行。同年稍后，明治政府和各地的商
人为了共同的贸易利益而在全国 8 个城市设立通商公司及其金融
机构——兑换公司，这是两家以西方公司制度为"规范"的合资
公司（无限公司）。1871 年开始，明治政府为了发展贸易金融事
业而奖劝通商会社和为替会社，在东京和大阪等地设立了若干分
支机构。这种半官半民的早期公司在日本经济近代化的初期起了
较好的示范作用。日本经济史学家新保博就认为，作为股份公司
制度引入日本的前提，大阪通商会社和为替会社在日本公司制度
发展史上的重要地位是不能忽视的②。1872 年日本政府颁布《国
立银行条例》，建立日本第一家股份有限公司——第一国立银行，

---

① 何勤华：《日本法律发达史》，上海人民出版社，1999，第 165 页。
② 〔日〕新保博：《德川后期维新期的共同企业》，《国民经济杂志》1969 年第 119 卷第 4 号。

以此作为民间创设股份公司的模板。

最后，明治政府坚持对公司进行法制化管理。日本公司制的成功推进，与明治政府的干预是分不开的。明治初期的日本缺乏统一的、规范的公司法规，加上明治政府一度将公司审批权下放地方，结果是：一方面，日本国内依据特定法规设立的股份公司中有一部分是名符其实的股份公司，例如东京株式取引所、东京海上保险等，这些公司取得了成功并产生了良好的示范效应；另一方面，由于民间设立公司较为便利，而且国内还缺乏统一的公司法规，所以此时的日本除了根据特定条例成立的国立银行和特定行业的少数公司外，绝大多数的公司都存在不规范的问题，还算不上是真正的公司或股份公司。日本公司的发展也出现了混乱无序的局面。大部分所谓的公司制企业由于低效率而在 1880 年开始的通货紧缩时期就被淘汰掉了。

为了真正确立和健全公司制度，日本政府发布了一系列与"殖产兴业"有关的法规。从财政、税收、技术推广、复式记账法和新会计制度的普及等方面为近代公司制度的发展创造良好的市场和企业制度环境。另外，早在 19 世纪 80 年代，明治政府就开始了全国统一的商法的制定工作。1881 年明治政府任命德国法学家莱斯拉起草《商法》草案，1884 年完成。该法律草案后来获准通过，成为产业革命时期所实行的商法的基础，奠定了日本公司规范化发展的法律基础。

公司的规范化发展使得日本涌现了一批经营规范并成功的公司，从而产生了良好的示范效应，日本的公司尤其是股份公司获得了新的发展。1883 年日本有 1793 家公司。1885 年公司数量增加到 2457 家，其中股份公司有 1135 家；公司实收资本从 10632 万日元增加到 19460 万日元以上。从个人持股情况看，1880 年日本全国共有股东 24.5 万人，随后股东人数逐年增多，到 1888 年，股东人数已增加到了 68.4 万人；同时期每家公司的平均股东人数也从 56.9 人上升至 97.1 人。1885 年日本全国公司实缴资本总额达到 1.74 亿日元，其中股份公司的资本占了 87%①。1886 年左右，日本出现创办公司的热潮并开始了产业革命②。

　　殖产兴业时期日本公司的资本有不少是通过发行股票筹集的。1872 年第一国立银行发行了日本最早的公募股票。此后，日本国立、私立银行以及各种股份公司的股票发行与流通在日本逐渐盛行。公司设立逐渐增多以及产业证券发行意愿的增强，使得建立有组织的产业证券流通市场也变得迫切起来。实际上从 19 世纪 70 年代初开始，明治政府就着手引进西方的证券交易制度来创设本国的证券交易所了。

　　1874 年明治政府仿效英国伦敦证券交易所制度而制定了株式取引所条例，但是该法律因为不适合当时日本国内的状态而未能实行。1877 年 2 月 15 日日本设立了株式会社新潟米谷株式取引所，这是一家物、券兼营的交易所。随后明治政府又参酌欧美各国交易所的实例以及日本国内的交易习惯，在 1878 年发布修正的株式取引所条例。遵奉该条例，日本在 1877 年 12 月 28 日和 1878 年 6 月 11 日设立了株式会社东京株式取引所及株式会社大阪株式取引所，这是日本设立最早的专业的证券交易所。1884 年后日本又设立了株

---

① 陈庄：《日本型市场经济——形成、发展与改革》，时事出版社，1995，第 32～33 页。
② 〔日〕冈崎哲二：《经济史上的教训》（第 1 版），何平译，新华出版社，2004，第 5 页。

式会社博德株式米取引所（1884 年 2 月 9 日）。总计在 1885 年以前日本有 4 家证券或物券取引所买卖有价证券（见表 1-1）。这些证券或物券取引所早期的证券业务主要集中于公债的交易，后来随着殖产兴业的发展和公司热的出现，上市交易的公司股票数量才逐渐增多。从取引所的营业区域来看，这个时期日本的物券取引所大多是地方性的小交易所，不少取引所的营业区域局限于若干町（镇）村，其作用力及影响范围有限（见表 1-1）。

表 1-1　1886 年以前日本国内设立的取引所一览

府县	取引所名称	营业地区	买卖物件	设立年月日	满期年月日
东京	株式会社东京米谷商品取引所	东京市、丰多摩郡内藤新宿町、北丰岛郡南千住町、巢鸭村、荏原郡品川町	米、杂谷、蚕丝、盐、肥料、棉纱、棉花、木棉	明治 9 年（1876年）9 月 27 日	大正 12 年（1923 年）9月 30 日
	株式会社东京株式取引所	东京市、丰多摩郡内藤新宿町、北丰岛郡南千住町、巢鸭町、荏原郡品川町	有价证券	明治 10 年（1877年）12 月 28 日	大正 12 年（1923 年）9月 30 日
大阪	株式会社大阪堂岛米谷取引所	大阪市一圆	米	明治 9 年（1876年）9 月 25 日	大正 12 年（1923 年）9月 30 日
	株式会社大阪株式取引所	大阪市一圆	有价证券	明治 11 年（1878年）6 月 11 日	大正 12 年（1923 年）9月 30 日

续表

府县	取引所名称	营业地区	买卖物件	设立年月日	满期年月日
新潟	株式会社新潟米谷株式取引所	新潟市一圆	米、有价证券	明治 10 年（1877 年）2 月 15 日	大正 12 年（1923 年）9 月 30 日
三重	株式会社桑名米谷取引所	桑名郡桑名町、益生村	米	明治 10 年（1877 年）2 月 27 日	大正 12 年（1923 年）9 月 30 日
爱知	株式会社名古屋米谷取引所	名古屋市、爱知郡爱知町、千种町、西春日井郡西枇杷岛町、枇杷岛町、新川町、清水町、六乡村	米	明治 10 年（1877 年）9 月 20 日	大正 12 年（1923 年）9 月 30 日
滋贺	株式会社近江米取引所	大津市、滋贺郡膳所町	米	明治 9 年（1876 年）9 月 28 日	大正 12 年（1923 年）9 月 30 日
山形	株式会社酒田米谷取引所	饱海郡酒田町、川原村	米	明治 17 年（1884 年）7 月 17 日	大正 12 年（1923 年）9 月 30 日
石川	株式会社金泽米谷取引所	金泽市、河北郡小金村、石川郡野村、弓取村、崎浦村	米	明治 10 年（1877 年）4 月 17 日	大正 12 年（1923 年）9 月 30 日
富山	株式会社高冈米谷取引所	高冈市一圆	米	明治 17 年（1884 年）12 月 18 日	大正 12 年（1923 年）9 月 30 日

府县	取引所名称	营业地区	买卖物件	设立年月日	满期年月日
山口	株式会社下关米取引所	下关市一圆	米	明治 9 年（1876 年）11 月 3 日	大正 12 年（1923 年）9 月 30 日
福冈	株式会社博德株式米取引所	福冈市筑紫郡住吉村、千代村	有价证券	明治 17 年（1884 年）2 月 9 日	大正 12 年（1923 年）9 月 30 日

资料来源：内阁：《临时国民经济调查会参考资料第九号·取引所一览附关系法规》，第 1~11 页；《各种调查会·委员会文书·临时国民经济调查会》，内阁档案，大正七年（1918 年）9 月；亚洲历史资料中心，A05021037700；日本国立公文书馆，委 00247100。

明治政府在殖产兴业时期曾多次尝试模仿欧美国家以会员制为主的交易所制度来构建本国的交易所制度，但都因脱离日本当时的国情而未能成功。

早在 1878 年，明治政府就颁布新的取引所条例来取代旧条例，试图规范交易所的发展①。随后，明治政府又在 1882 年颁布修改的取引所条例，但是该条例"所取的方针，却使已开的（交易所）由经营困难，（沦落到）相继几陷于停顿之境"。② 接着明治政府又在 1887 年修改取引所条例，发布法国式的株式取引所条例，试图将欧美交易所的经营惯例行之于日本的取引所，规定维新改革时已经被采用、在日本诸多取引所的米谷交易中盛行的"对账米法"等传统的商事习惯不得碍及引进的欧美惯例，希望

---

① 〔日〕木原大辅：《商品取引所与先物取引所》，时事通讯社，1985，第 15 页。
② 郑学稼：《日本财阀史》，生活书店，1936，第 10 页。

将营利性的股份制取引所改组为非营利性的会员制取引所以便抑制交易所的投机；但是该举措脱离了此时日本国内取引所发展的土壤与条件，因而引起了大麻烦，遭致股份制取引所股东等既得利益集团的抵制而成为空文①。由于交易所的发展未得其法，所以日本的取引所在1877~1887年间基本上没有发展，无论是米商会所或是株式取引所，其数量和资本几乎没有变化（见表1-2）。

表1-2　1887年以前日本国内取引所发展概况

米商会所	家数	股本（日元）	附充资本（日元）
1877年	13	465000	9347
1882年	13	505000	51100
1887年	13	595000	56561
股份取引所	家数	股本（日元）	附充资本（日元）
1879年	4	600000	5500
1882年	4	500000	81000
1887年	5	600000	606000

资料来源：〔日〕高山林次郎：《日本维新三十年史》，古同资译，华通书局，1931，第416~417页。

二　产业革命时期取引所蓬勃发展

日本的产业革命开始于1886年日本兴办公司热潮的出现，完成于第一次世界大战前日本垄断资本的形成。19世纪80年代初，松方正义领导的财政经济改革使日本基本上走完了资本原始积累

---

① 〔日〕东晋太郎：《欧洲经济通史》，熊得山译，商务印书馆，1936，第202页。

的过程。产业革命时期，明治政府持续规范日本公司的发展，使得日本涌现了一批经营规范并成功的公司，从而产生了良好的示范效应。1882 年日本银行成立后，用三年的时间统一了日本国内的纸币，确立了日本的中央银行制度并有效地控制了国内的通货膨胀，物价和利率因此回落，而利率的降低又促进了国内投资发展。日本在 1886 年左右出现了兴办公司的热潮并由此开始了产业革命①。1883 年日本有 1793 家公司，1885 年公司数量增加到 2457 家，其中股份公司有 1135 家；公司实收资本从 1 亿 632 万日元增加到 1 亿 9460 万日元以上，其中股份公司的资本占了 87%。1887 年日本官方正式承认股份公司制度后，公司尤其是股份公司获得了迅速的发展。到 1888 年，日本公司的股东人数增加到 68.4 万人，每家公司的平均股东人数也从同期的 56.9 人上升至 97.1 人。1889 年日本公司数量增加到了 2389 家，其中股份公司有 1290 家，占公司总数的 54%②；当年日本公司的实缴资本总额增至 6.22 亿日元，其中股份公司的资本占了 90.1%③。1890 年日本颁布了旧商法，1893 年开始实施旧商法中的公司篇的条款，对股份公司、合资公司、合名公司作了明确、统一的规范，至此基

① 〔日〕冈崎哲二：《经济史上的教训》，何平译，新华出版社，2004，第 1 版，第 5 页。
② 另有日本学者认为，1896~1939 年日本公司制企业的资本规模平均增长了 4.6 倍，其中股份公司的资本规模增加了将近 5 倍，而合名公司和合资公司的资本规模只分别增加了 2.14 倍和 1.68 倍。1896 年日本股份公司资本在全部公司制企业资本总额中占了 89.9%，这一比率后来为 84%（1910 年）至 90.5% 之间。而在 1910~1920年，中国股份公司的数量占本国公司总数的比例才由 1912 年的 57.1% 上升到 1920年的 76.4%（〔日〕田中哲主编《东亚近代经济的形成与发展》，人民出版社，2005，第 85~86 页；〔日〕守屋典郎：《日本经济史》，周锡卿译，三联书店，1963，第 100 页）。
③ 陈庄：《日本型市场经济——形成、发展与改革》，时事出版社，1995，第 32~33 页。

本上确立了日本的股份公司制度。

甲午战争和日俄战争的胜利极大地刺激了日本国内投资和产业革命的发展，以重工业为代表的日本财阀资本和国家资本迅速发展起来，至 1911 年前后，日本完成了产业革命并且开始形成了垄断资本。投资乘数的作用促进了日本经济的高速发展，日本经济的年平均增长率在 1860~1913 年为 4.1%[①]，而产业革命后期的 1893~1907 年经济的年平均增长率高达 4.3%，其中增长最快的年份达到 23.3%[②]。收入的增长以及收入加速数的作用，又引致日本海内外投资需求的进一步扩张，日本公司的设立持续增加。1896 年公司数量增加到 4596 家，其中股份公司有 2583 家，占公司总数的 56.2%；公司实收资本增加到 3 亿 9700 万日元，其中股份公司资本为 3 亿 5690 日元，占公司总实收资本的 89.9%；平均每家公司实收资本 8.7 万日元，每家股份公司实收资本平均为 13.9 万日元[③]。1898 年公司数量增加到 7000 家，资本金为 6 亿 2000 万日元，股东有 68.4 万人，平均每个股东的资本金接近

[①] 金明善：《日本经济：昨天、今天、明天》，辽宁民族出版社，1992，第 39 页。

[②] 刘淑兰：《主要资本主义国家近现代经济史》，中国人民大学出版社，1987，第 278 页。

[③] 其他一些指标也说明 19 世纪 80 年代开始，随着明治政府陆续颁布一系列的公司法规，日本股份公司的发展速度加快了。从个人持股情况看，1880 年日本全国共有股东 24.5 万人，而到 1888 年股东人数增加到 68.4 万人。每家公司的平均股东人数也从 56.9 人上升到 97.1 人。1885 年日本全国公司实缴资本总额为 1.74 亿日元，其中股份公司的资本占了 87%；1889 年各类公司实缴资本总额增至 6.22 亿日元，其中股份公司的资本占了 90.1%；直到 20 世纪第 1 个 10 年，股份公司资本总额在各类公司资本总额中所占的比率一直保持在 80% 以上。1900 年日本各类公司实缴资本总额高达 14.81 亿日元，比 1889 年扩大了 1.4 倍，其中股份公司的资本占了 84.0%，合资公司和合名公司分别仅占 6.5% 和 9.5%。显然，股份公司的迅速发展有利于日本金融业和其他产业经济的成长（参阅陈庄《日本型市场经济——形成、发展与改革》，时事出版社，1995，第 32~33 页）。

1000 日元。1907 年公司数量增加到 10000 家，资本金达到 11 亿 1000 万日元。这个时期，在日本设立股份公司，通过发行股票和公司债券来筹集资本，已经"成为社会积累的新的强有力的杠杆"[①]；这一杠杆作用的发挥又必须借力于有组织的证券市场，因为日本公司的资本有不少是通过在证券市场发行股票和公司债券筹集的。1872 年第一国立银行发行日本最早的公募股票后，日本国立、私立银行以及各种股份公司的股票发行与流通逐渐盛行起来。1890 年日本颁布的旧商法，首次列入公司债制度；同年大阪铁路公司发行了日本最早的公司债券。1898 年后，日本又开始发行金融债券。公司数量的增多及其利用证券发行来融资的意愿增强，成为推动证券交易所市场进一步发展的主要力量。

日本近代的资本主义发展是与其奉行的军国主义扩张政策联系在一起的。产业革命期间，明治政府的财政支出规模逐年扩大，其中军费开支一直占到财政支出总额的 30% 以上。为了维持财政支出，明治政府除了实行高税收政策外，还大量发行公债。到 1910 年末，日本政府发行的公债规模达到了 26 亿 7000 万日元，其中国内公债为 12 亿 2000 万日元，仅日俄战争期间发行的公债就有 6 亿 8000 万日元。明治政府的公债收入中虽然有很大一部分用于扩充军备，但也有一部分用于发展经济，例如建立国营事业。日本公债发行规模的不断扩大使得债券一级市场的投资者不堪重负，国内公债的可持续发行需要有组织的公债市场来流转和消化投资者手中的债券。"资本主义只是广阔发展的、超出国

---

① 马克思：《资本论》（第 1 卷），人民出版社，2004，第 688~689 页。

家界限的商品流通的结果。"① 有组织的不断扩大的市场流通规模是资本主义扩大再生产过程循环持续下去的必要条件。日本各地方政府和民间对于物券交易所可以活跃金融、流转货物、连接供产销、平准市价、维持财政的作用有清醒的认知，因而在各地遍设物券取引所来满足产业革命阶段自由竞争资本主义经济发展的需要。

不过，这个时期日本物券取引所的发展并非一帆风顺，1893年前后的发展情况有较大的变化。1893年之前，明治政府发展本国交易所的思路与举措在某些方面仍然与本国的国情脱节，交易所的发展也因此出现了波折。1887~1892年交易所性质的米商会所维持在13家，数量上没有变化，但是股本从59.5万日元减少到了50.5万日元；株式取引所从5家减少到3家，股本从60万日元降至40万日元；附充资本从60.6万日元减少到17.8万日元②。为了解决日本物券取引所发展中遇到的问题，1893年明治政府又颁行新修订的取引所法。本次修法，明治政府一方面秉承了引进西方会员制交易所的精神，另一方面又汲取了以往好高骛远、急于引进仅适合发达国家的会员制交易所的教训，兼顾了日本国内发展交易所的现实基础和环境条件，允许股份制交易所和会员制交易所同时并存，允许交易所参酌地方商情自行选择其一，目的是以折衷的、过渡性的做法平稳地推动交易所制度从股份制向会员制过渡。由于举措得当，日本取引所制度的建设和发展由此驶入了快车道（见表1-3）。

---

① 列宁：《俄国资本主义的发展》，《列宁全集》（第3卷），人民出版社，1959，第545页。
② 〔日〕高山林次郎编《日本维新三十年史》，古同资译，华通书局，1931，第416~417页。

表1-3　1893年以后日本国内取引所发展概况

股份组织取引所	家数	股本（日元）	附充资本（日元）
1893年	24	1635000	53820
1894年	96	5588000	83722
1895年①	114	5826200	137655
1896年	114	7852700	244237
会员组织取引所	家数	股本（日元）	附充资本（日元）
1893年	—	—	34200
1894年	—	31000	36050
1895年	—	39000	104200
1896年	—	33000	106000

资料来源：〔日〕高山林次郎：《日本维新三十年史》，古同资译，华通书局，1931，第417~418页。

　　1893年以后，日本又陆续设立株式会社名古屋株式取引所（1893年12月18日）、株式会社长冈米谷株式取引所（1894年6月27日）、株式会社神户米谷株式取引所（1894年9月26日）、株式会社甲府米谷株式取引所（1896年6月15日）等股票交易所或兼营股票米谷的交易所。1893年日本取引所的数量超过了24家；1894年超过96家，其中米谷取引所达到90家[②]；到1896年，日本国内取引所的数量竟然达到了122家。不难看出，日本取引所的发展"自明治二十六年十月现行取引所法实施以来，面

---

① 日本学者付岛八十六认为，1895年日本有各类交易所115家，公称资本金达到585.6万日元（付岛八十六：《开国五十年史》，开国五十年史发行所，1909，第1147页）。

② 〔日〕持田惠三：《米谷市场的展开过程》，农业总合研究会，1970，第39页。

目为之一变"了①。产业革命时期日本各地交易所的发展确实是
资本主义经济发展的需要，但是此时的交易所基于日本经济后
发、收入水平低、各地均需设立交易所来支持产业发展、国内资
金不足、缺乏有实力和信用卓著的交易商、市场处于自由竞争和
成长阶段等现实因素，绝大部分仍选择了设立门坎较低的股份有
限公司的组织形式。1893年后会员制交易所也有所发展，日本农
商务省在1893～1895年指定了至少9家会员制交易所的营业区域
（见表1-4）。

表1-4　1893～1895年日本农商务省指定营业区域的会员制取引所一览

年份	会员制取引所名称	特许营业区域
1893	会员组织神户米外五品取引所	神户市
	会员组织高冈肥料外五品取引所	高冈市
	会员组织佐贺米外二品取引所	佐贺市、佐贺郡北川副村、加濑村、神野村
	会员组织近江油取引所	滋贺郡大津町、膳所村
1894	会员组织石卷米谷取引所	牡龙郡石卷町
	会员组织明石米谷取引所	明石郡叨石町
1895	会员组织甲府米谷取引所	甲府市、中巨摩郡贡川村、西山梨郡里垣村
	会员组织津岛木棉缟取引所	海东郡津岛町、藤河村、藤桥村
	会员组织敦贺商品取引所	敦贺郡、敦贺町

资料来源：内阁：《会员组织甲府米谷取引所外三个所ノ地区ヲ指定ス》，第35
页；《公文类聚·第十九编·明治二十八年·第二十六卷·产业·农事·商事·工事·
矿山·渔业·博览会共进会》，内阁档案，明治28年（1895年）1月4日；亚洲历史资
料中心，A15113015200；日本国立公文书馆，类00739100。

① 高山林次郎编《日本维新三十年史》，古同资译，华通书局，1931，第416页。

由于股份制交易所制度安排上存在缺点，加上交易所法定的营业区域都较小，多局限于市、町、村范围，属于地方性的小交易所，而各区域经济发展和收入水平又很不平衡而且受内外部因素的影响还有变化，所以此时的交易所也存在以营利为目、一哄而起、供过于求、规模不经济、监管不力、投机无序、营业亏损等问题。1893 年以后，在日本的取引所里，"非独米谷及有价证券，可为交易之品。凡百货物，莫不可以入市焉。取引所如此其多，则其内或有折阅者，亦势所不免。"[1] 例如 1886 年设立的名古屋株式取引所就因为 "创业以来买卖取引不振"[2]，股东已无维持该所营业的意愿，所以经股东大会议决后，予以解散。1896 年后的 16 年间，日本的取引所停闭了 66 家。到 1912 年产业革命完成时，日本还剩下 48 家取引所，其中股份制取引所有46 家[3]。

三 经济萧条与整理时期取引所的整顿及海外扩张

1912~1937 年是日本资本主义发展的垄断时期，也是日本经济陷入萧条、进行整理、出现转型以及交易所整顿并向海外扩张的阶段。

---

[1] 高山林次郎编《日本维新三十年史》，古同资译，华通书局，1931，第 420 页。
[2] 井上馨:《名古屋株式取引所ヲ解散ス》，《公文类聚·第 13 编·明治二十二年·第五十七卷·民业坑业附二·商事·工事·坑业》，农商务省档案，明治 22 年（1889 年）11 月 25 日；亚洲历史资料中心，A15111892800；日本国立公文书馆，类 00442100。
[3] 《取引所一览（其二）》，第 5~6 页。《日本取引所关系杂件·海外·满洲取引所卷一》，外务省外交档案，大正 14 年（1925 年）3 月 25 日；亚洲历史资料中心，B08061485400；日本外务省外交史料馆，E-2-4-0-1-1-3-001。

日俄战争胜利后，日本得以对中国东北地区和朝鲜的市场进行独占与殖民掠夺，国内因此再次出现兴办企业的新热潮，仅在 1905 年下半年至 1907 年间，新建和扩建企业的投资规模就达到 6.75 亿日元，相当于过去 10 年投资总额的 2 倍，日本经济高速增长，在第一次世界大战爆发前完成了产业革命。资本主义社会的基本经济规律是剩余价值规律，它决定了资本主义的再生产过程具有无限扩大的趋势；而资本主义私有制以及资本主义经济内在的竞争规律又必然导致贫富差距的扩大以及人民的购买力相对不足；二者的矛盾决定了资本主义社会必然爆发周期性的经济危机。因日俄战争的刺激而高涨起来的日本经济很快就迎来了 1907~1908 年的经济危机。这次危机加剧了市场竞争，促进了日本国内生产和资本的集中，形成了以三井、三菱、住友、安田等财阀为中心的垄断资本和金融寡头，日本资本主义的发展开始从自由竞争阶段向垄断阶段过渡。

第一次世界大战给日本经济带来了空前的景气和发展，日本经济尤其是工业高速增长，经济力量空前膨胀，日本一跃从农业国转变为工业国，从贸易逆差国转变为贸易顺差国，从净输入资本的债务国变身为净输出资本的债权国。到了第一次世界大战后期，日本的经济已经出现了危机，1920 年 5 月东京和大阪两个证券交易所的股价暴跌，开启了 1920~1921 年日本的经济危机。这次危机促进了日本国内生产和资本的集中，财阀和金融寡头垄断统治增强；对殖民地和半殖民地国家的原料产地、产品及资本市场的渗透与控制加剧；对外尤其是对华输出

的资本增多，1916～1921 年，日本在华开办的企业超过 100
家①，涉及商贸、工矿、交通运输、银行、保险、证券、信托等
行业，日本官方和民间资本在中国遍设交易所也正是发生在这个
时期。

1920～1921 年的经济危机和萧条过去后，资本主义国家的
经济进入了复苏和相对稳定的发展时期，但是 1927 年日本因为
普通银行票据贴现和朝鲜银行贷款的坏账、渡边银行与朝鲜银
行停业、铃木商店倒闭而酿成了昭和金融危机，接着 1930 年爆
发的昭和经济危机又打击了日本的经济。新的危机进一步促进
了日本垄断资本的发展，殖产兴业以来形成的国家资本在以军
事工业为中心的重工业和关系国计民生的产业中继续发展，并
形成更高的垄断。为了摆脱经济危机的影响，日本政府不仅适
时整理经济和金融，大力发展国家垄断资本主义，而且还在
1931 年后走上了法西斯道路，对外发动侵略战争，日本经济逐
渐转向战时体制，开始制定和实施战时经济统制的政策。总之，
日俄战争后的日本发展到了垄断资本主义阶段并走上了帝国主
义道路。

帝国主义阶段经济的主要特征就是垄断。日本垄断资本的
触须延伸到了社会再生产过程的各个环节及各行各业，但无论
是私人资本的垄断还是国家资本的垄断，都没有从根本上改变
资本主义经济的性质及其运行的基本方式，也没有排斥市场机
制的作用。垄断资本仍要利用物券交易所的功能，为财阀垄断

---

① 孙玉琴：《中国对外贸易史》（第二册），对外经济贸易大学出版社，2004，第
182 页。

企业以及国家垄断资本主义企业的供产销、投融资及财政筹款服务，为垄断资本主义阶段劳动力的再生产服务。生产决定流通，而流通对生产具有反作用。日本财阀资本在生产环节的集中与垄断势必要求在流通环节也实现集中和垄断。这个时期日本国内的市场结构发生变化，不再是过去自由竞争的市场，而是垄断竞争和寡头垄断的市场。交易所组织流通和疏通金融的活动，要从属于财阀垄断资本和国家垄断资本增加生产和攫取更多利润的需要，并受到国内外经济形势及日本政府财政经济政策的较大影响。

1914 年日本有 44 家物券取引所在营业，其中公司组织的取引所有 42 家，会员组织的取引所有 2 家①。这个时期日本的证券交易所与商业银行的关系较为密切，交易所的经营受到银行经营状况的影响。1914 年 8 月以后，由于欧洲战事日趋激烈，商路阻塞，日本与欧洲国家之间的贸易量大幅萎缩并对国内相关企业的经营产生不利影响，而这又牵累到关联银行，使之出现不良贷款。北滨银行是大阪株式取引所和堂岛米谷取引所的机关银行，对取引所提供存贷款、担保、汇兑、结算等服务，注册资本达到 1000 万日元，是日本关西地区金融界首屈一指的金融机构。1913 年以后，该银行的不良贷款达到了 760 万日元，其经营状况因为日本对欧洲贸易的衰退而恶化，被迫在 1914 年 8 月 19 日停止营业。受其拖累，大阪株式取引所和堂岛米谷取引所也随之歇业②。到 1915 年，日本的取引所减少到 42 家，全都采用股份有限

① 张克俭：《证券交易所》，中国经济出版社，1992，第 6 页。
② 庞宝庆：《近代日本金融政策史稿》，吉林大学出版社，2010，第 102 页。

公司的组织制度；其中株式取引所有 4 家，物券取引所有 6 家，其余的 33 家是以米谷为主要交易物件的米谷取引所。42 家取引所的资本总额为 5322 万 2220 日元，实收股金总额为 4059 万 2200 日元；经纪人额定人数为 1469 名，实际有经纪人 864 人。各家交易所的资本金相差悬殊，资本金在 100 万日元以上的交易所有 9 家，其余 33 家交易所的资本金都在 100 万日元之下，其中规模最大的株式会社东京株式取引所的资本金达到 2000 万日元，而规模最小的株式会社小樽取引所等 25 家交易所的资本金都只有 10 万日元。可见，此时日本的取引所仍以地方性的小交易所为主。从设立时间上看，有 9 家交易所是在殖产兴业时期成立的，其余 33 家交易所都是在产业革命时期的 1893～1897 年设立，存续时间至少在 18 年，这部分交易所的经营还比较稳定。不过，这 42 家取引所的营业许可时间都在 1921～1927 年到期，其中绝大部分的交易所在 1923～1924 年到期（见表 1-5）。

垄断资本主义阶段的日本企业要增强自身在货物贸易方面的国际竞争力，不仅要降低原材料、劳动力及资金等生产成本，而且要降低商贸物流成本。会员制交易所不以营利为目的，交易费用及投机性较低，信用秩序较好，同时市场集中度高，要求交易商有较高的实力和信用，会员数量有限制，适合垄断程度较高的市场发展。这个时期的日本不仅需要具备上述特点的会员制交易所，而且也逐渐具备了发展会员制交易所所需的条件。

表1-5 1915年日本国内取引所一览

府县	取引所名称	资本金额（日元）	实汇入股金（日元）	买卖物件	设立年月日	满期年月日
北海道	株式会社小樽取引所	100000	100000	米	明治27年（1894年）1月11日	大正13年（1924年）1月10日
东京	株式会社东京米谷商品取引所	3000000	2250000	米、杂谷、蚕丝、盐、肥料、棉纱、棉花、木棉	明治9年（1876年）9月27日	大正12年（1923年）9月30日
	株式会社东京株式取引所	20000000	14000000	有价证券	明治10年（1877年）12月28日	大正12年（1923年）9月30日
京都	株式会社京都取引所	3500000	2750000	有价证券、米	明治17年（1884年）8月16日	大正12年（1923年）9月30日
大阪	株式会社大阪堂岛米谷取引所	14000000	10500000	米	明治9年（1876年）9月25日	大正12年（1923年）9月30日
	株式会社大阪株式取引所	1000000	1000000	有价证券	明治11年（1878年）6月11日	大正12年（1923年）9月30日
	株式会社大阪三品取引所	3500000	2750000	棉花、棉纱、木棉	明治26年（1893年）12月28日	大正12年（1923年）12月27日

续表

府县	取引所名称	资本金额（日元）	实汇入股金（日元）	买卖物件	设立年月日	满期年月日
神奈川	株式会社横滨米谷取引所	1000000	1000000	蚕丝、制茶、织物、海产物、砂糖、米、大小麦、大豆、有价证券	明治27年（1894年）3月19日	大正13年（1924年）3月18日
兵库	株式会社姬路米谷取引所	1800000	1800000	米	明治27年（1894年）5月7日	大正13年（1924年）5月6日
	株式会社神户米谷株式取引所	100000	100000	米、有价证券	明治27年（1894年）9月26日	大正15年（1926年）9月25日
长崎	株式会社长崎米谷取引所	800000	800000	米	明治27年（1894年）1月16日	大正13年（1924年）1月15日
新潟	株式会社新潟米谷取引所	100000	100000	米、有价证券	明治10年（1877年）2月15日	大正12年（1923年）9月30日
	株式会社直江津米谷取引所	100000	100000	米	明治26年（1893年）10月12日	大正12年（1923年）12月11日
	株式会社长冈米谷株式取引所	102000	102000	米、有价证券	明治27年（1894年）6月27日	大正13年（1924年）6月26日
	株式会社柏崎米谷取引所	100000	100000	米	明治30年（1897年）9月4日	大正16年（1927年）9月3日

续表

府县	取引所名称	资本金额（日元）	实汇人股金（日元）	买卖物件	设立年月日	满期年月日
三重	株式会社桑名米谷取引所	100000	100000	米	明治 10 年（1877年）2 月 27 日	大正 12 年（1923年）9 月 30 日
	株式会社津米谷取引所	100000	100000	米	明治 26 年（1893年）11 月 30 日	大正 12 年（1923年）11 月 29 日
	株式会社四日市米谷取引所	250000	175000	米	明治 26 年（1893年）12 月 5 日	大正 12 年（1923年）12 月 4 日
爱知	株式会社名古屋米谷取引所	700000	600000	米	明治 10 年（1877年）9 月 20 日	大正 12 年（1923年）9 月 30 日
	株式会社名古屋株式取引所	2500000	2500000	有价证券	明治 26 年（1893年）12 月 18 日	大正 12 年（1923年）12 月 17 日
	株式会社冈崎米谷取引所	100000	100000	米	明治 27 年（1894年）3 月 24 日	大正 13 年（1924年）3 月 23 日
	株式会社丰桥米谷取引所	100000	100000	米	明治 27 年（1894年）3 月 27 日	大正 13 年（1924年）3 月 26 日

续表

府县	取引所名称	资本金额（日元）	实汇人股金（日元）	买卖物件	设立年月日	满期年月日
静冈	株式会社静冈米谷取引所	100000	100000	米	明治 26 年（1893 年）11 月 22 日	大正 12 年（1923 年）11 月 21 日
山梨	株式会社甲府米谷株式取引所	100000	100000	米	明治 29 年（1896 年）6 月 15 日	大正 10 年（1921 年）6 月 14 日
	株式会社近江米取引所	100000	100000	米	明治 9 年（1876 年）9 月 28 日	大正 12 年（1923 年）9 月 30 日
滋贺	株式会社彦根米谷取引所	100000	100000	米	明治 27 年（1894 年）3 月 22 日	大正 13 年（1924 年）3 月 21 日
	株式会社长滨丝取引所	100000	100000	生丝、米	明治 27 年（1894 年）6 月 20 日	大正 13 年（1924 年）6 月 19 日
岐阜	株式会社岐阜米谷取引所	100000	100000	米	明治 27 年（1894 年）6 月 29 日	大正 13 年（1924 年）6 月 28 日
宫城	株式会社仙台米谷取引所	100000	100000	米	明治 26 年（1893 年）12 月 5 日	大正 12 年（1923 年）12 月 4 日

续表

府县	取引所名称	资本金额（日元）	实汇人股金（日元）	买卖物件	设立年月日	满期年月日
山形	株式会社酒田米谷取引所	110000	110000	米	明治 17 年（1884 年）7 月 17 日	大正 12 年（1923 年）9 月 30 日
	株式会社鹤冈米谷取引所	120000	120000	米	明治 28 年（1895 年）10 月 15 日	大正 14 年（1925 年）10 月 14 日
石川	株式会社金泽米谷取引所	100000	100000	米	明治 10 年（1877 年）4 月 17 日	大正 12 年（1923 年）9 月 30 日
富山	株式会社高冈米谷取引所	100000	100000	米	明治 17 年（1884 年）12 月 18 日	大正 12 年（1923 年）9 月 30 日
	株式会社富山米谷取引所	100200	100200	米	明治 27 年（1894 年）3 月 31 日	大正 13 年（1924 年）3 月 30 日
冈山	株式会社冈山米取引所	100000	100000	米	明治 26 年（1893 年）11 月 17 日	大正 12 年（1923 年）11 月 16 日
广岛	株式会社广岛米取引所	110000	110000	米	明治 26 年（1893 年）12 月 13 日	大正 12 年（1923 年）12 月 12 日

续表

府县	取引所名称	资本金额（日元）	实汇入股金（日元）	买卖物件	设立年月日	满期年月日
山口	株式会社下关米取引所	100000	100000	米	明治9年（1876年）11月3日	大正12年（1923年）9月30日
和歌山	株式会社和歌山米取引所	110000	110000	米	明治26年（1893年）12月13日	大正12年（1923年）12月12日
爱媛	株式会社伊豫山米谷取引所	100000	100000	米	明治27年（1894年）7月13日	大正13年（1924年）7月12日
福冈	株式会社博德株式米取引所	600000	315000	有价证券	明治17年（1884年）2月9日	大正12年（1923年）9月30日
佐贺	株式会社佐贺米谷取引所	100000	100000	米	明治27年（1894年）11月16日	大正13年（1924年）11月15日
熊本	株式会社熊本米谷取引所	100000	100000	米	明治26年（1893年）12月9日	大正12年（1923年）12月8日

资料来源：内阁：《临时国民经济调查会参考资料第九号·取引所一览附关系法规》，第1~6页；《各种调查会·委员会文书·临时国民经济调查会》，内阁档案，大正7年（1918年）9月；亚洲历史资料中心，A05021037700；日本国立公文书馆，类00739100。

1918~1920 年日本有 44 家取引所。从买卖物件来看，其中 34 家是米谷取引所，10 家是株式取引所[①]；从组织形式上看，其中 42 家采用股份有限公司组织，占总数的 95.45%[②]。为了改变公司制交易所独大的局面，日本政府借由 42 家股份制取引所即将营业期限届满，需重新申请营业许可证书及营业展期的机会，在 1920 年 4 月公布新修订的取引所法，发布拆毁交易所令，整顿原有的交易所，希望逐渐淘汰旧有的股份制取引所，而以会员制取引所为归宿[③]。此次整顿后，日本政府允许 27 家股份制取引所沿袭其原来的名称和买卖物件并展期 10 年继续营业；另外允许 4 家股份制取引所调整买卖物件和更换名称后展期 10 年继续营业；其余 11 家股份制取引所不予展期，营业期限届满则停业解散。这样，到 1924 年，日本的取引所减少到了 34 家，其中 11 家是证券交易所或证券物品交易所，23 家属于米谷取引所[④]。虽然整顿后的日本取引所仍以股份组织为主，有 33 家交易所选择了股份有限公司组织；但是交易所的组织结构有了新的变化，一方面股份组织的取引所数量较过去减少了，另一方面新设了部分会员组织的取引所。1922 年 5 月新设立的名古屋棉纱布取引所、1924 年

[①] 商务局监理课：《取引所一览表·取引所成绩一览表》，第 1~2 页；《昭和财政史资料第 2 号第 35 册》，大藏省档案，大正 13 年（1924 年）9 月 30 日；亚洲历史资料中心，A08071904000；日本国立公文书馆，平 15 财务 00202100。

[②] 《取引所一览（其二）》，第 5~6 页；《日本取引所关系杂件·海外·满洲取引所卷一》，外务省外交档案，大正 14 年（1925 年）3 月 25 日；亚洲历史资料中心，B08061485400；日本外务省外交史料馆，E-2-4-0-1-1-3-001。

[③] 何勤华：《日本法律发达史》，上海人民出版社，1999，第 270 页。

[④] 商务局监理课：《取引所一览表·取引所成绩一览表》，第 1~2 页；《昭和财政史资料第 2 号第 35 册》，大藏省档案，大正 13 年（1924 年）9 月 30 日；亚洲历史资料中心，A08071904000；日本国立公文书馆，平 15 财务 00202100。

12 月设立的小樽取引所、1925 年 11 月批设的大阪砂糖取引所都采用了会员组织。到 1925 年底，日本的取引所减少到了 35 家，其中有 3 家会员制取引所（见表 1-6）。此后，又有新的会员制取引所设立，1927 年 4 月会员组织的神户大豆粕取引所成立，1932 年该所更名为会员组织神户谷肥取引所。1928 年设立的东京砂糖取引所也采用会员组织。可见，经过此次整顿，日本取引所的结构发生了变化，由此不难看出日本政府扶持会员制交易所发展的政策导向。

总体上看，1912~1925 年日本取引所的数量是逐年减少的，尤其是股份制取引所的数量减少了 15 家，但其额定资本、实收资本、营业收入、纯益和分配的股息总额却是呈上升趋势的（见表 1-7）。

由表 1-7 可知：1912~1925 年日本取引所的平均实收资本从 612575 日元上升到了 2908732 日元；平均的营业收入从 222939 日元提高到了 643928 日元，其中平均的交易手续费收入从 177853 日元增加到 435174 日元。虽然平均每家取引所贡献的营业税从 109089 日元减少到 67365 日元，但平均利润（纯益）却从 75313 日元提高到 402785 日元，平均派发的股息从 62039 日元提高到了 338372 日元。1922~1925 年三家会员制取引所的会员人数从 50 名增加到了 120 名，身元（价）保证金从 150 万日元增至 184.5 万日元以上，会员费从 25.5 万日元增至 31.6 万日元，交易手续费收入从 1.2 万日元增加到 16.7 万日元，业务收入从 1.4 万日元增加到约 19 万日元。可见，这个时期日本取引所的经营实绩和资金实力有了改善，而这种变化在 1920 年后表现得尤为显著，这表明日本政府整顿交易所的政策取得了较好的效果。

表1-6　1925年12月31日日本实有取引所一览

所在府县	交易所名称	买卖物件	设立年月日	满期年月日	理事长姓名
东京	株式会社东京米谷商品取引所	米、杂谷、蚕丝、盐、肥料、棉纱、棉花、木棉	明治9年（1876年）9月27日	大正22年（1933年）9月30日	揩田义雄
东京	株式会社东京株式取引所	有价证券	明治10年（1877年）12月28日	大正22年（1933年）9月30日	冈崎国臣
京都	株式会社京都取引所	米、有价证券	明治17年（1884年）8月16日	大正22年（1933年）9月30日	曾野作太郎
大阪	株式会社大阪堂岛米谷取引所	米	明治9年（1876年）9月25日	大正22年（1933年）9月30日	林市藏
大阪	株式会社大阪三品取引所	棉花、棉纱、木棉	明治26年（1893年）12月28日	大正22年（1933年）12月27日	秋冈半三（渡边修）
大阪	株式会社大阪株式取引所	有价证券	明治11年（1878年）6月11日	大正22年（1933年）9月30日	岛德藏
神奈川	株式会社横滨取引所	蚕丝、制茶、织物、海产物、砂糖、米、大小麦、大豆、有价证券	明治27年（1894年）3月19日	大正23年（1934年）3月31日	井阪孝

续表

所在府县	交易所名称	买卖物件	设立年月日	满期年月日	理事长姓名
兵库	株式会社姬路米谷取引所	米	明治 27 年（1894 年）5 月 7 日	大正 23 年（1934 年）5 月 6 日	原伊太郎
兵库	株式会社神户取引所	米、有价证券	明治 27 年（1894 年）9 月 26 日	大正 15 年（1926 年）9 月 25 日	泷川义作
长崎	株式会社长崎株式取引所	有价证券	明治 27 年（1894 年）1 月 16 日	大正 23 年（1934 年）3 月 31 日	高见松太郎（小山丰安）
新潟	株式会社新潟米谷株式取引所	米、有价证券	明治 10 年（1877 年）2 月 15 日	大正 22 年（1933 年）9 月 30 日	藤田简吉
新潟	株式会社长冈米谷株式取引所	米、有价证券	明治 27 年（1894 年）6 月 27 日	大正 23 年（1934 年）6 月 26 日	驹形作太郎
三重	株式会社桑名米谷取引所		明治 10 年（1877 年）2 月 27 日	大正 22 年（1933 年）9 月 30 日	水谷吉兵卫
三重	株式会社津米谷取引所		明治 26 年（1893 年）11 月 30 日	大正 22 年（1933 年）11 月 29 日	立花实太郎
三重	株式会社四日市米谷取引所	米	明治 26 年（1893 年）12 月 5 日	大正 22 年（1933 年）12 月 4 日	九鬼纹十郎

续表

所在府县	交易所名称	买卖物件	设立年月日	满期年月日	理事长姓名
爱知	株式会社名古屋米谷取引所	米	明治 10 年（1877 年）9 月 20 日	大正 22 年（1933 年）9 月 30 日	后藤安太郎
爱知	株式会社名古屋株式取引所	有价证券	明治 26 年（1893 年）12 月 18 日	大正 22 年（1933 年）12 月 17 日	高桥彦次郎
爱知	株式会社冈崎米谷取引所	米	明治 27 年（1894 年）3 月 24 日	大正 23 年（1934 年）3 月 31 日	石原宗一郎
静冈	株式会社静冈米谷取引所	米	明治 26 年（1893 年）11 月 22 日	大正 22 年（1933 年）11 月 21 日	安达健造
滋贺	株式会社近江米取引所	米	明治 9 年（1876 年）9 月 28 日	大正 22 年（1933 年）9 月 30 日	兼松寅太郎
山形	株式会社酒田米谷取引所	米	明治 17 年（1884 年）7 月 17 日	大正 22 年（1933 年）9 月 30 日	酒井忠孝
山形	株式会社鹤冈米谷取引所	米	明治 28 年（1895 年）10 月 15 日	大正 24 年（1935 年）10 月 14 日	笹原贞次
石川	株式会社金泽米谷取引所	米	明治 10 年（1877 年）4 月 17 日	大正 22 年（1933 年）9 月 30 日	西永公平

续表

所在府县	交易所名称	买卖物件	设立年月日	满期年月日	理事长姓名
富山	株式会社高冈米谷取引所	米	明治 17 年（1884 年）12 月 18 日	大正 22 年（1933 年）9 月 30 日	木津太郎平
富山	株式会社富山米谷取引所	米	明治 27 年（1894 年）3 月 31 日	大正 23 年（1934 年）9 月 30 日	高桑直助
冈山	株式会社冈山米取引所	米	明治 26 年（1893 年）11 月 17 日	大正 22 年（1933 年）11 月 16 日	篠冈春太
广岛	株式会社广岛株式取引所	有价证券	明治 26 年（1893 年）12 月 13 日	大正 22 年（1933 年）12 月 12 日	长沼鹭藏
山口	株式会社下关米取引所	米	明治 9 年（1876 年）11 月 3 日	大正 22 年（1933 年）9 月 30 日	林平四郎
爱媛	株式会社伊豫米谷取引所	米	明治 27 年（1894 年）7 月 13 日	大正 23 年（1934 年）7 月 12 日	香川雄太郎
福冈	株式会社博德株式取引所	有价证券	明治 17 年（1884 年）2 月 9 日	大正 22 年（1933 年）9 月 30 日	山口恒太郎

续表

所在府县	交易所名称	买卖物件	设立年月日	满期年月日	理事长姓名
佐贺	株式会社佐贺米谷取引所	米	明治 27 年（1894 年）11 月 16 日	大正 23 年（1934 年）11 月 15 日	鹤田小太郎
熊本	株式会社熊本米谷取引所	米	明治 26 年（1893 年）12 月 9 日	大正 22 年（1933 年）12 月 8 日	原田十卫
爱知	会员组织名古屋棉纱布取引所	棉纱、棉布	大正 11 年（1922 年）5 月 16 日	大正 21 年（1932 年）5 月 14 日	远山孝山
北海道	会员组织小樽取引所	米谷、大豆、小豆、青豌豆、鹤鹑豆、马铃薯淀粉、簾肥料	大正 13 年（1924 年）12 月 27 日	大正 23 年（1934 年）12 月 26 日	森正则
大阪	会员组织大阪砂糖取引所	砂糖	大正 14 年（1925 年）11 月 9 日	大正 24 年（1935 年）11 月 8 日	高津久右卫门

资料来源：《取引所一览（其一）》，第 1～4 页；《日本取引所关系杂件·海外·满洲取引所卷一》，外务省外交档案，E-2-4-0-1-3-00。（1925 年）12 月 31 日；亚洲历史资料中心，1B08061485400；日本外务省外交史料馆，大正 14 年

表 1-7 1912～1925 年日本股份制取引所概况

年份	取引所数量	资本金		营业收入总额（事业年度 日元）			营业支出总额（事业年度 日元）			纯益金（事业年度 日元）	股息总额（事业年度 日元）
		总额（日元）	实收总额（日元）	买卖手续费	其他	合计	交易所营业税	其他	合计	总额（日元）	
1912	46	33903450	28178450	8181259	2073946	10255205	5018108	1772487	6790595	3464410	2853796
1913	46	32353450	26828450	6165022	2284428	8449450	3757328	1578682	5336010	3113440	2575286
1914	46	33903450	28378450	4454186	2143161	6597347	2198487	1887905	4086392	2510955	2169903
1915	43	33052200	27127200	4764840	1904371	6669211	711663	1621878	2333541	4335670	3752555
1916	42	34602200	28597200	8046655	2291185	10337840	1198043	2541562	3739605	6598235	5594878
1917	42	53202200	38462437	9412549	2704203	12116752	1332425	2603437	3935862	8180860	6476824
1918	42	54292200	41750462	8135028	3227433	11362460	1217822	2945695	4163517	7198943	5998862
1919	42	59162000	45229500	15170682	3009736	18180418	2360668	4294754	6655422	11524996	9621240
1920	42	116892200	67192200	16234397	5151369	21385766	2613279	7957162	10570441	11196564	8872671
1921	42	131462200	81365700	16295729	5779030	22074759	2639965	5486430	8126386	14280501	11961513
1922	33	137752200	89867287	15131690	12501446	27633136	2280046	16286154	18566200	14365642	11505115
1923	32	137752200	90075200	12873854	7815687	20689541	2004283	6812968	8817251	11872290	10945477
1924	32	137652200	90144700	11661038	6342813	18003581	1766842	6519432	8286274	9717307	8945285
1925	31	137652200	90170700	13490407	6471345	19961753	2088317	5387096	7475414	12486338	10489547

资料来源：《取引所一览（其二）》，第 5～6 页；《日本取引所关系杂件·海外·满洲取引所卷一》，外务省档案，亚洲历史资料中心，B08061485400；日本外务省外交史料馆，E-2-4-0-1-1-3-001。（1925 年）3 月 25 日；亚洲历史资料中心，B08061485400；日本外务省外交史料馆，E-2-4-0-1-1-3-001。

1925 年后至 1937 年正式实施战时经济统制之前，日本原有的株式取引所继续营业，但其经营活动受政府整理经济的政策以及政治事件的冲击较大。

1927 年爆发的昭和金融危机促进了日本银行业的集中，当时三井、三菱、住友、安田、第一等五大银行吸收了相当多的中小银行存款，而日本国内经济处于危机后的萧条状态，利率水平较低，游资充斥。相反美国经济处于大危机前的极度繁荣状态，利率水平较高，日本的大银行希望将资金调往海外投机套利，但是遇到了日元汇率震荡下跌的障碍。

这个时期日元汇率震荡下跌有以下几个原因。一是 1919～1928 年美国、瑞典、德国、英国、澳大利亚、荷兰、阿根廷、瑞士、芬兰、加拿大、比利时、丹麦、意大利、挪威、法国等主要资本主义国家恢复了金本位制，国际上大体完成了金本位制的重建，此时的日本是唯一没有恢复金本位制的主要资本主义国家，日元汇率具有相对的不稳定性。二是日本田中内阁采取经济利诱和军事胁迫并举的对华积极政策，在 1928 年 5 月后三次出兵中国山东，与青岛人民发生冲突并制造"济南惨案"，由此引发中国人民激烈的反日浪潮，投资者担心这会影响日本经济，日元汇率因此剧烈震荡。三是日本国内外投资者做空日元的投机盛行，日本政府和日本银行为稳定日元汇率而出售黄金、干预汇市的公开市场操作使其海外的黄金储备减少到 1.75 亿日元，投机者因此预期未来日元汇率下跌而抛售日元资产，促使日元汇率震荡下跌。

日元汇率的下跌就短期来说有利于出口而不利于进口，会助长进口成本推高的国内物价上涨并加重外债负担；从长期上看又会削弱日本出口的价格竞争力。另外，日元汇率下跌使得用日元表示的海外资产价格上涨，也不利于日本国内游资对外投资。因此，日本金融、贸易等各业强烈要求政府解除黄金输出海外的禁令即"金解禁"①，恢复日本的金本位制，使日元汇率趋稳并缓慢回升，从而压低中长期的国内物价以提高日本出口的价格竞争力。1929 年 7 月因"皇姑屯事件"上台的民政党滨口雄幸内阁声明实行"金解禁"政策，1930 年在日本恢复了金本位制。

然而，日本恢复金本位制的时候正赶上世界经济大危机袭来，日本经济遭受重创，恢复金本位制后日元汇率的飙升更是让日本出口遭受重大打击，经济因此雪上加霜。1930 年开始日本工农业生产严重减退，物价暴跌，大批农民破产和工人失业，国民收入下降，"昭和经济危机"降临。危机期间，日本投资者的信心受到重创，交易所的股价暴跌。1929 年 7 月东京股价从最高的 136.70 日元跌至 112.20 日元，暴跌 18%，8 月份则跌至最低点的 111.90 日元②。银行业为防范日元汇率上升后关联企业亏损和贷款坏账产生的流动性风险而控制对国债与公司债等资产做长期的投资与放款。银行是债券市场的投资主体，银行信贷和投资收缩致使债券市场也处于低迷状态，证券交易所的营业由此陷入困境。"昭和

---

① 1921 年开始，"金解禁"即恢复日本的金本位制以控制通货膨胀，使日元汇率稳定并回升，降低国内相对偏高的物价水平，增加出口，减少进口，以减少海外黄金储备流失，减轻一战结束后经济危机期间日本企业尤其是中小企业的压力，成为财经界关注的重大问题而被提上了日本政府和民间的议事日程。日本国内形成了主张"金解禁"和反对"金解禁"的两派力量，争论旷日持久，不仅影响日本国内取引所的经营，而且通过日本在中国东北的殖民地"关东州"当局在大连取引所强制推行"金建"政策并引发当地的金融风潮，影响了日本在大连、青岛的取引所的经营活动。

② 庞宝庆：《近代日本金融政策史稿》，吉林大学出版社，2010，第 139 页。

经济危机"加剧了日本国内的矛盾，引发了严重的社会危机。为了转嫁危机并转移国内的矛盾，日本走上了法西斯对外扩张道路，1931 年日本挑起"九一八"事变，侵占中国东北地区，远东局势骤然紧张，东京、大阪证券交易所证券市价暴跌；三天后英国、瑞典、挪威、丹麦宣布放弃金本位制，全球金融市场震荡，除巴黎和纽约外，世界各地的证券交易所纷纷歇业，东京和大阪证券交易所也再次陷入混乱并停业。日本在 1931 年后发动侵华战争，其不断蚕食中国领土并扶植伪满洲国等恶行，遭到了中国人民的强烈反抗和国际舆论的谴责。日本因为国联拒绝承认伪满洲国而退出该组织以示抗议，投资者因此担心日本国际关系的恶化会冲击日本的经济，遂在交易所抛售所持有的股票，以致 1933 年 2 月 15 日东京株式取引所的股价在午前暴跌，市场陷入恐慌而在午后停止营业[1]。

高桥是清担任日本藏相后，再次实行"金禁止"政策，放弃金本位制，从而取消了黄金储备对日本货币发行的约束，为 1932 年后日本开始实施以军需为导向的货币与财政"双扩张"的组合政策开辟了道路。此项举措一方面使得日本较快地摆脱了经济危机的影响，另一方面也使得 1931 年后日本的公债发行大量增加。从第一次世界大战到 1929 年经济危机大爆发，日本国债的发行总额已经达到 60 亿日元，到 1935 年日本的公债余额已增至 98 亿日元[2]。这些公债有一部分是面向国内发行的，而且随着日本对外战争规模和范围扩大，日本与英美等国矛盾加剧，其公债发行更多是在国内募集，其中日本银行履行政府的银行职能，替政府融资，认购了其中很

---

① "Slump on Tokyo Stock Exchange", *China Weekly Review（1923-1950）*, Feb. 18, 1933.
② 庞宝庆：《近代日本金融政策史稿》，吉林大学出版社，2010，第 134、160 页。

大的部分。中央银行在证券一级市场直接认购国债后，如果不能在二级市场上转售出去，回笼投放的货币，即由金融市场消化掉买入的国债，就会导致通货膨胀。1932~1935 年日本银行认购的国债为 32.82亿日元，到 1936 年 12 月经由二级市场转售出去的国债为 24.82 亿日元，消化率超过 75%。可见，以证券交易所为主的公债二级市场对于维持日本的赤字财政政策、缓解通货膨胀具有重要的意义。

众所周知，解决财政赤字的一般办法，除了增发货币和发行公债之外，就是增税了，而在证券交易所发行股票与债券来促进企业发展则是增加企业利税的有效手段。政府将公债发行收入用于采购或投资，可以产生政府支出乘数或投资乘数的经济效应，而后者又吸引政府持续增发公债。一级市场决定二级市场，二级市场反过来又支持一级市场扩容。巨额公债的消化需求以及日本公司直接融资需求的扩大促进了这个时期日本株式取引所及物券取引所的资本和业务扩张。1924~1928 年东京株式取引所的证券发行额从 1091.57 万日元猛增至 3 亿 4019 万 3520 日元[1]。1915~1934 年东京株式取引所的法定资本金从 2000 万日元增至 4500 万日元，而实收股款从 1400 万日元增至 4025 万日元。东京株式取引所上市买卖公债和公司证券，1934 年该所股票的长短期（定期）交易量及现货交易量合计达到 1 亿 1300 万股，交易额为 103亿 8800 万日元之巨。公债及公司债（包括外国债券）的长期交易额及实物交易额合计达到了 8 亿 3490 万日元以上。到 1936 年，日本国内有 9 家取引所从事国债等有价证券的买卖（见表 1-8）。

---

[1] 实业部工商访问局：《日本证券交易所之一瞥》，《工商半月刊》1931 年第 11 期，第25~29 页。

单位：千日元

表1-8　1936年9月截止日本买卖有价证券的取引所一览

交易所名称	交易对象及交易员数量				资本金		公积金	所有财产				合计
	物件种类	现在人员数	定员	身元保证金定额	法定	实收		不动产	有价证券	银行信托存款	其他	
东京株式取引所	一般	64	81	150	50000	42500	7365	8033	18701	21143	4195	5272
	短期	42	66	100								
	实物	1	100	30								
	国债	8	50	30								
大阪株式取引所	一般	44	75	150	45000	29500	1495	12141	5202	13184	1729	32357
	短期	60	250	100								
	国债	10	50	30								
名古屋株式取引所	一般	27	41	30	6000	4250	810	1705	148	1629	1817	5310
	短期	37	80	10								
横滨取引所	一般	24	70	33	6500	6500	268	825	4560	1207	605	7196
京都取引所	证券	13	70	135	5000	3500	964	909	839	2960	34	4743
	证券米谷	35	35	5								

续表

交易所名称	交易对象及交易员数量 物件种类	现在人数	定员	身元保证金定额	资本金 法定	资本金 实收	公积金	所有财产 不动产	所有财产 有价证券	所有财产 银行信托存款	所有财产 其他	合计
神户取引所	一般	2	5	48	3500	3125	462	2050	191	261	240	3844
	证券	9	72	10								
	证券米谷	3	5	18								
	证券正米	13	15	18								
博多株式取引所		26	30	15	1500	1500	517	538	69	1429	250	2125
广岛株式取引所		24	32	12	500	500	601	166	491	624	17	1298
长崎株式取引所	一般	12	27	15	500	260	26	29	86	146	58	319
	短期	1	35	10								

资料来源：大藏省理财局：《株式取引所概要参考诸表·第一表·株式取引所一览表》，第1~2页；《昭和财政史资料·第7号·第16册》，大藏省档案，昭和11年（1936年）9月；亚洲历史资料中心，A09050575000；日本国立公文书馆，平15财务00820100。

1931 年"九一八"事变以前，日本已经酝酿了经济统制的思想。"九一八"事变后，日本加速了法西斯化的进程并加快推行战时经济统制的步伐。日本政府在 1931 年至 1937 年发动全面侵华战争之前，先后制定了《重要产业统制法》《工业组合法》等一系列法律，形成了战时经济统制的政策。以 1931 年《重要产业统制法》的制定和实施为标志，日本开始进入经济统制时代，正式对国民经济进行干预。1937 年发动全面侵华战争至 1945 年战败投降这段时间，是日本战时经济统制政策的实施不断强化的阶段。不过，在 1937 年之前，日本战时经济统制的实施范围与程度还有限，其经济计划并没有完全排斥和取代市场机制的经济调节作用，物品取引所仍有其存在的土壤和必要性。据调查，到 1937 年 5 月 6 日，日本国内仍有 26 家专营或兼营物品买卖的取引所，其中 6 家为会员组织（见表 1-9）。

表 1-9　1937 年日本物品取引所交易对象及交易期限一览 *

交易对象	取引所法及取引所令规定的交易期限	各取引所现行的交易期限	取引所名称
米	三个月	三个月	会员组织小樽取引所、酒田米谷取引所、鹤冈米谷取引所、东京米谷商品取引所 新潟米谷株式取引所、长冈米谷株式取引所、高冈米谷取引所、金泽米谷取引所 名古屋米谷取引所、会员组织丰桥取引所、京都取引所、大阪堂岛米谷取引所 神户取引所、冈山米谷取引所、下关米谷取引所、佐贺米谷取引所

续表

交易对象	取引所法及取引所令规定的交易期限	各取引所现行的交易期限	取引所名称
棉花	七个月		大阪三品取引所
棉纱	七个月		东京米谷商品取引所、会员组织名古屋棉丝布取引所、大阪三品取引所
蚕丝	六个月		横滨取引所、神户取引所
人造绢丝	五个月		东京米谷商品取引所、会员组织福井取引所、大阪三品取引所
砂糖	六个月		东京砂糖取引所、会员组织大阪砂糖取引所
大豆及小豆	三个月		小樽取引所、会员组织神户谷肥取引所
豆类（大豆及小豆除外）	六个月	六个月	小樽取引所
马铃薯淀粉	六个月	六个月	小樽取引所
鰊肥料	三个月	三个月	小樽取引所、神户谷肥取引所
大豆粕	六个月	六个月	小樽取引所、神户谷肥取引所

资料来源：《买卖取引期限一览》，《公文类聚·第六十一编·昭和十二年·第七十五卷·产业二·商事一·取引所令中ヲ改正ス·（干茧）》，商工省档案，昭和 12 年（1937 年）5 月 4 日；亚洲历史资料中心，A14100605300；日本国立公文书馆，类 02078100。

株式会社东京米谷商品取引所的营业期限在 1923 年届满后，获准换领新证照并展期经营，其资本金扩充到了 775 万日元，实收资本达到 537.5 万日元。该交易所上市交易米谷、棉纱、人造绢三类物品。1934 年该交易所的业务继续发展，其中米谷交易量达到 3174 万石，交易额达到 8 亿 6868 万日元；棉丝交易量为 120

万捆，交易额为 2 亿 5377 万日元；人造绢交易额为 72.5 万匹，交易额达到 787 万日元，以上三品的总交易额高达 11 亿 9300 万日元以上。

株式会社大阪三品取引所设立时，其发起人原拟经营棉花、棉纱和棉布的交易，尤其是三品的期货交易；但后来实际上仅做棉纱交易。该交易所的营业期限在 1923 年届满后，获准展期营业，并在 1928 年恢复了原棉的交易，其业务继续发展，并且在远东棉产品市场具有较大的影响力。株式会社大阪三品取引所确定的合格标的物、标的物的标准质量、交易的标准单位、交易的类型及其买卖方式、交易规则及行市变化等，对中国上海等地棉产品交易所的经营也有影响。该交易所每天的期棉市价就刊登在上海《申报》的纱花栏目上①。东京砂糖取引所在 1928 年后营业也较为发达，1934 年该交易所的砂糖交易量达到 623 万袋，交易额达到约 1 亿 8000 万日元。

四 战时经济统制与统制金融时期取引所趋向没落

1937 年"七七事变"爆发到 1945 年日本战败投降，是战时经济统制的实施阶段，日本的取引所在这个阶段走向了衰落。1937 年"七七事变"爆发后，日本政府为集中全国的人财物力去支持战争，先后颁布了《国家总动员法》(1938 年 3 月)、《从业者雇佣限制令》、《工资统制令》、《工厂就业时间限制令》、《公司利润分配及资金融通令》(1939 年 3～4 月)、《国民征用令》

---

① 佚名：《三品取引所最近概况》，《申报》1930 年 3 月 8 日第 5 张第 12 版。

（1939 年 7 月）、《价格等统制令》（1939 年 10 月）、《煤炭配给统制令》（1940 年 4 月）、《银行等资金运用令》、《粮食管理规则》、《确定经济新体制纲要》（1940 年 10~12 月）、《生活必需物质统制令》（1941 年 4 月）、《配电统制令》（1941 年 8 月）、《物质统制令》（1941 年 12 月）、《纤维制品配给消费统制规则》（布票制 1942 年 1 月）、《金融统制团体令》（1942 年 4 月）、《军需公司法》（1943 年 10 月）、《战时紧急措施法》（1945 年 6 月）等一系列统制经济的法规。日本政府成立"企画院"，制定物质动员计划（1937 年 10 月）。1938 年 3 月起，日本政府先后对棉纱、汽油、饲料、硫酸铵、钢铁、煤炭、废铁、电力、大米、豆酱、酱油、食盐、火柴、木炭、砂糖、酒等生产和生活必需品实行配给制和凭票证限量供应的制度，实行大米强制收购制度（1939 年 11 月）。日本政府成立重要产业统制团体恳谈会（1940 年 8 月）和全国金融协议会（1940 年 9 月），设立金融统制会（1942 年 4 月）和贸易统制会（1942 年 5 月），设立钢铁、煤炭等重要产业统制会（1941 年 8 月）和轻金属等产业统制会（1942 年 8 月），开始实施战时经济统制。日本政府依据统制经济的法规，规定一切物资的公定价格，管制物价、工资、货物流转、资金周转、利润分配和劳动力的配给，实行经济的计划化，将生产、流通、分配、消费等社会再生产的各个环节都纳入计划和统制的轨道之中。另外，战时的经济统制政策不仅在日本本土推行，而且也在日本的殖民地和日军占领区内例如中国沦陷区内强力实施。

在战时经济统制不断强化、市场机制的作用被限制和排斥的背景下，日本国内及其殖民地或海外占领区的货物通过有组织的市场流转的土壤和条件逐渐消失。日本国内及其在海外殖民地或占领区的物品取引所及物券取引所的商品部，因为政策体制的限制及业务的萎缩而解散或关闭；株式取引所虽然适应战时公债交易及当局引导游资、缓解通胀压力的需要而继续营业，但也在日本政府主导下走向了统一并随着战争的结束而被关闭。

1942 年 4 月，日本政府公布《金融统制团体令》，设立全国金融统制会。1943 年 3 月 11 日，日本第 81 届议会通过了新的《日本证券交易所法》，着手改革战时日本的证券交易所制度，使之适应战时经济统制和统制金融政策的需要。此次交易所制度改革的要点是要求日本国内所有尚在营业的株式取引所完全停业，设立全国唯一的日本证券交易所，并将该新证券交易所置于政府的有力监督之下。日本政府设立这家新的证券交易所的目的是形成有价证券的公正价格，安定证券市价，活跃有价证券的流转，进而帮助国家经济以支持穷途末路的对外战争。

日本战时内阁认为国内的株式取引所原先实行的股份有限公司组织和会员组织都有诸多弊端，应该改组为营团的特殊法人组织。这种特殊法人既非民法上的法人又非商法上的股份公司，其出资人没有议决权，交易所具有公共的特性。法律规定新的证券交易所资本金定为 2 亿日元，新证券交易所的资本金来源是现有交易所已经缴纳的 9300 万日元资本金，1900 万日元公积金。政府出资额待现有交易所资产评价完成后再决定，但不超过新证券交易所资本金的 1/4 即 5000 万日元。新证券交易所的业务包括有价证券市场开设业务、证券一级市场业务、与市场开设及一级市场业务相关的附带业务、稳定证券市价的业务、代行政府事务。日本政府将原来交易所的任意担保制改为强制担保制，新证券交易所需承担交易担保的责任；新证券交易所不以营利为目的并享有政府适当的保护。1943 年 7 月 1 日，日本政府依法合并国内所有的证券交易所，成立了半官方的日本证券交易所并开始营业。实际上这家"新制度交易所与政府已成为表里一体的国家机关"①，其营业活动更多地扮演了为日本对外战争服务的战争金融角色。至此，日本在强化金融统制的政策体制下实现了国内交易所的统一。同样，日本在中国东北设立的物品取引所及物券取引所的物品部也纷纷解散或关闭，而株式取引所与物券取引所的证券部则合并到 1939 年改组设立的满洲株式取引所的麾下，从而实现了伪满洲国交易所的统一。

不过，随着日本的战败，日本这家新成立的证券交易所在 1946 年被美国占领军宣布解散，直至 1949 年 1 月，美国才同意东京证券交易所重新开业。日本在海外殖民地或占领区的物券取引所也随着日本的战败而结束。

第三节　近代日本取引所发展的特点

近代日本的取引所是在发展资本主义经济的过程中，仿效西方的交易所制度，结合本国的实际，在政府的引导与推动下建立并发展起来的，形成了自身的特点。

---

① 敬之：《日本证券交易所制度改革》，《中央经济月刊》1943 年第 3 卷第 6 期，第 24~29 页。

一　米谷取引所是日本取引所的主体

日本真正意义的交易所是在殖产兴业时期产生的，最早的交易所就是1876年设立的株式会社大阪堂岛米谷取引所和株式会社东京米谷商品取引所。此后日本又陆续增设了各类交易所，从交易对象的大类上看，有物品交易所、证券交易所、货币交易所和物券兼营的交易所。从主要的交易对象上看，日本的取引所又可以细分为众多专营某种或某几种物件的交易所，例如大阪堂岛米谷取引所、小田原米谷取引所、大阪肥料取引所、大阪砂糖取引所、京都棉丝棉取引所、津岛木棉缟取引所、大阪盐取引所、蚕丝取引所、若松煤炭取引所、挂川米谷制茶取引所、栃木米麻取引所、大阪铜铁取引所、函馆米谷盐海产物取引所、横滨棉纱棉花金属取引所、半田米油取引所、京都油取引所、新潟米谷股票取引所、东京股票取引所、横滨洋银取引所等。在日本的取引所里，"非独米谷及有价证券，可为交易之品。凡百货物，莫不可以入市焉"[①]。此时日本的各类物品几乎都有自己的交易所。1894年日本取引所的数量超过96家，其中米谷取引所就有90家，占总数的93.8%[②]；到1896年，日本取引所的数量竟然达到了122家，其中绝大部分也是米谷取引所。此后虽然经过市场竞争的淘汰和政府的整顿，交易所的数量在1915年降至42家，但米谷取引所仍有39家，占总数的92.9%。到1937年5月6日，日本国内有32家交易所，其中专营国债等有价证券买卖的交易

---

① 高山林次郎编《日本维新三十年史》，古同资译，华通书局，1931，第420页。
② 〔日〕持田惠三：《米谷市场的展开过程》，农业总合研究会，1970，第39页。

所有 6 家，专营或兼营物品买卖的交易所有 26 家，而专营或兼营米谷买卖的交易所有 16 家，占总数的 50%。可见米谷取引所占日本取引所的数量比例虽然持续下降，但一直都是近代日本取引所的主体，大米等食粮成为日本取引所重要的标的物。

日本是一个多山的岛国，境内山地和丘陵占总面积的 71%，平原面积狭小，耕地十分有限，粮食自给能力不足。大米是日本人的主粮，各地大米的产量、供求及米价差异较大。明治维新开始后，随着日本资本主义经济的发展，产业工人队伍迅速扩大。1886 年日本的产业工人有 10 万人，1900 年增至 53 万人，1909 年上升至 115 万人，到第一次世界大战前增至 211 万人，日本国内对商品性大米的需求扩大。大米的流通市场连结着大米产地与消费地，不仅有助于调剂和均衡各地大米的供求、稳定米价、维护大米生产者与消费者的利益，进而稳定社会；而且也有利于维持资本主义经济的劳动力再生产，有利于压低或控制工资成本，保持日本工业品的价格竞争力。因而，大米等食粮的交易及其市场建设就受到政府和民间的重视。原有分散的、无组织的、缺乏管理的米粮市场不能适应日本资本主义经济发展的需要，有必要引进西方的交易所制度，建立有组织的、集中交易的、有管理的大宗米粮交易市场。1876 年以后日本各地陆续设立了近代意义的米谷取引所，到 1899 年此类交易所的总数达到了 96 家，此后虽然逐年递减，但是到 1937 年，专营或兼营米谷买卖的交易所仍有 16 家。

日本取引所发展中的这个结构特点及其背后的原因，对于日俄战争后尤其是一战前后日本在华取引所的布局有很大的影响，毕竟"资本主义只是广阔发展的、超出国家界限的商品流通的结果"①。日本国内市场狭小，资源匮乏，其资本主义经济发展严重依赖海外市场和原料产地，对于中国大陆尤其是东北地区的市场和特产物有巨大的需求，因而日本政府引导和鼓励日商包括交易所财团或交易所关系人向中国输出资本，在 1906 年后于牛庄等地设立了数量众多的各类交易所，其中专营或兼营米粮的物品交易所最多。

二 日本取引所的组织制度以股份制为主

虽然明治维新开始后至第二次世界大战结束，日本取引所的组织制度经历了从股份制到股份制与会员制并存，再到特殊法人的营团组织的变迁过程，但是在 1943 年以前日本取引所的组织制度都是以股份制为主。日本最早创办的大阪堂岛米谷取引所和东京米谷商品取引所都采用股份有限公司组织，此后建立起来的交易所绝大多数都采用股份有限公司的组织形式。1886 年以前日本建立的 16 家交易所全部采用股份有限公司组织。1896 年日本有 121 家交易所②，其中股份制交易所就有 114 家，占总数的 94.2%。到 1912 年，日本实有的 48 家交易所中，采用股份有限公司组织的有 46 家，经纪人总数约为 1300 名，资本总额达到 3400 万日元，股份制交易所占到交易所总数的 95.8%③。1915 年日本的取引所降至 42 家，100% 采用股份有限公司组织。1918～

---

① 列宁：《俄国资本主义的发展》，《列宁全集》（第 3 卷），人民出版社，1959，第 545 页。
② 孙承：《日本资本主义国内市场的形成》，东方出版社，1991，第 217 页。
③ 杨荫溥：《中国交易所论》，上海商务印书馆，1932，第 15～18 页。

1920 年日本有 44 家交易所[1]，其中 42 家采用股份组织，占交易所总数的 95.5%[2]。经过整顿，日本的取引所在 1924 年减少到了 34 家，其中 33 家采用股份有限公司组织[3]，占交易所总数的 97.1%。到 1937 年 5 月 6 日，日本国内仍有 32 家交易所，其中 26 家为股份组织，股份有限公司组织的交易所仍占到交易所总数的 81.3%。

近代日本大多数的交易所长期采用股份有限公司组织，与不同组织交易所的特点、发展所需的条件以及日本作为资本主义后发国家的国情有关。

会员制交易所不对本所的交易负担保的责任，这使得买卖双方容易产生交易不安全的心理。作为会员制交易所组成分子的会员，往往视交易所为自己私有财产，于是对于交易商即会员的名额竭力限制，对新会员的进入设置较高的门槛和条件，这使得会员制交易所具有较高的封闭性和垄断性。会员制交易所因为具有封闭性和垄断型，而且不负担保交易的责任，故而其日常运营和交易对会员的资金实力和信用要求就较高，不容易设立，竞争性和成长性受到限制。因此，会员制交易所适合经济发达、收入水

---

[1] 商务局监理课：《取引所一览表·取引所成绩一览表》，第 1~2 页。《昭和财政史资料第 2 号第 35 册》，大藏省档案，大正 13 年（1924 年）9 月 30 日；亚洲历史资料中心，A08071904000；日本国立公文书馆，平 15 财务 00202100。

[2] 《取引所一览（其二）》，第 5~6 页。《日本取引所关系杂件·海外·满洲取引所卷一》，外务省外交档案，大正 14 年（1925 年）3 月 25 日；亚洲历史资料中心，B08061485400；日本外务省外交史料馆，E-2-4-0-1-1-3-001。

[3] 商务局监理课：《取引所一览表·取引所成绩一览表》，第 1~2 页。《昭和财政史资料第 2 号第 35 册》，大藏省档案，大正 13 年（1924 年）9 月 30 日；亚洲历史资料中心，A08071904000；日本国立公文书馆，平 15 财务 00202100。

平较高、交易商的资历和信誉较好、信用秩序良好或市场较成熟与垄断程度较高的经济体发展。

股份制交易所的资本社会化，容易获得交易所设立所需的资本和设备；交易所对本所的交易负有担保责任，对交易商的资历和信用度要求不高，这不仅降低了交易所设立的门槛和难度，而且可以使在本所交易的经纪人不问对方为何人而安心从事交易，有助于活跃市场，发挥交易所的功能；交易所以营利为目的，为求营业的发达和收入的增加，对交易商即经纪人的名额限制较少，这使得股份制交易所具有开放性和成长性，有助于提升交易所的竞争力、发展潜力及其服务于财政经济的能力。因此，股份制交易所适合经济欠发达、收入水平较低、交易商的资历和信用不足、信用环境有待改良或市场成熟度较低、发展潜力大、竞争性与成长性较强的经济体发展。

明治维新开始时的日本还是个经济很落后的国家，收入水平低，储蓄不足，国内缺乏资历和信用较高的交易商；制度法规未臻完善，市场秩序有待改善。发展资本主义经济必须解决资本原始积累问题，日本政府和民间意识到"西洋技术与公司制度密不可分，在资本积累程度不高的情况下，与外国资本对抗"，富国强兵，必须从西方引进公司制度来"集中民间资本"以创设包括交易所在内的新式企业①。

另外，"明治初年，日本政府就搁置其会员组织之成法，而更立股份组织之新制。盖亦深知绝无担保之会员组织交易所，于

① 〔日〕西川俊作：《日本经济史4——产业化的时代》（上册），杨宁一、曹杰译，三联书店，1998，第375页。

信用尚未十分确实，及自治尚未十分发展之商会社会中，决难有元满之结果也。"[1] 殖产兴业时期和产业革命时期，日本资本主义经济发展仍处于自由竞争阶段，市场具有竞争性和成长性；即使到了垄断资本主义发展阶段，竞争也没有消失，市场结构演变成了不完全竞争的市场，与英美等资本主义国家相比，日本经济仍然落后。因为国内资源匮乏、市场狭小，日本发展资本主义经济必然要与欧美列强竞争国际市场和原料产地，需要为其服务的不断扩大的商品市场和资本市场。因而具有开放性、竞争性及成长性的股份制交易所更适合这个时期日本经济发展的需要。

虽然日本政府希望引进欧美发达国家盛行的会员制交易所，但是从实践上看，会员制交易所在日本的发展并不顺利。1893 年的交易所法第 5 条规定，日本的取引所可视土地商业情况以及买卖对象的种类，选择会员组织或股份有限公司组织[2]。该法实施后，会员制交易所在日本也有设立，但因为设立门坎较高，竞争性和开放性不足，而且交易所不负交易担保的责任，这使得买卖双方容易产生交易不安全的心理，以致会员交易商因交易风险难以控制而不愿进场交易，这影响了会员制交易所的经营和发展。结果是会员制"取引所数至（明治）二十九年末，只余七间耳"[3]。会员制交易所的股本和附充资本在 1896 年仅分别为 33000

---

① 杨荫溥：《中国交易所论》，商务印书馆，1932，第 6~7 页。
② 农商务大臣伯爵后藤象二郎：《取引所法ヲ定ム》，《公文类聚·第十七编·明治二十六年·第三十三卷·产业·农事·商事·工事·矿山·博览会共进会·杂载》，农商务省档案，明治 26 年（1893 年）3 月 3 日；亚洲历史资料中心，A15112687200；日本国立公文书馆，类 00664100。
③ 〔日〕高山林次郎编《日本维新三十年史》，古同资译，华通书局，1931，第 418 页。

日元和 106000 日元。1905 年日本"虽有会员组织，取引所其数甚少"①。1915 年的时候，会员组织甲府米谷株式取引所已改制为株式会社甲府米谷株式取引所，而 1912 年尚在营业的会员组织加东米谷取引所和高田取引所此时已不在交易所的统计列表之内。1918~1920 年日本只有 2 家会员组织交易所，占交易所总数的 4.5%②。1924 年日本只有 1 家尚在营业的会员制交易所③，占交易所总数的 2.9%。到 1937 年 5 月 6 日，日本国内有 6 家会员组织交易所，数量虽有增加，但也只占交易所总数的 18.7%。

近代日本取引所制度选择的特点，对于日俄战争后日本在华取引所的制度选择也有很大的影响。除了 1918 年 6 月日商在大连设立并在 1919 年改组为日华证券株式会社（实为交易所类似组织）的一家会员组织证券交易所之外，日本官方和民间在华设立的其他交易所全都选择股份有限公司组织，自有其道理。

三　取引所兼营证券与物品的情况长期存在

日本取引所的设立采取许可主义，农商务省对交易所的设立依法行使管辖权和审批权。1893 年的交易所法第一条规定，交易繁盛地区的商人经农商务省许可，可以设立买卖一种或数种对象的交易所。第二条规定，买卖同种对象的交易所，每一区域以设

① 〔日〕付岛八十六编《开国五十年史》，开国五十年史发行所，1909，第 1147 页。
② 商务局监理课：《取引所一览表·取引所成绩一览表》，第 1~2 页。《昭和财政史资料第 2 号第 35 册》，大藏省档案，大正 13 年（1924 年）9 月 30 日；亚洲历史资料中心，A08071904000；日本国立公文书馆，平 15 财务 00202100。
③ 商务局监理课：《取引所一览表·取引所成绩一览表》，第 1~2 页。《昭和财政史资料第 2 号第 35 册》，大藏省档案，大正 13 年（1924 年）9 月 30 日；亚洲历史资料中心，A08071904000；日本国立公文书馆，平 15 财务 00202100。

立一所为限①。设立交易所的本意在于平准市价，因而买卖有价证券，必须使有价证券的市价得以平准；买卖同种物品，也必须使得同种物品的市价得以平准。如果在同一个区域内设有几家证券交易所，就无从平准有价证券的市价；同理，在同一个区域内设立几家经营同种物品的交易所，也无法平准同种物品的市价。之所以这样，是缘于几家交易所并立，彼此间在营业上缺乏沟通与协调，甚至出于自身利益考虑而开展不正当的竞争，结果导致同一有价证券或同一物品的市价不统一，这会妨碍交易的安全，损害商业信用，以致国家平准市价的政策意图无法实现。有鉴于此，政府依法规定每一区域内只允许设立一家交易所。证券交易所是综合买卖各种证券的场所，对于其买卖的有价证券种类不做区别，因此，一个区域内只准设立一家证券交易所。至于物品则有同种和异种的区分，同种物品必须有同一价格；因此，同种物品的交易所在同一个区域内以设立一所为限。不同种类的物品，各有其价格，虽然同处一个区域，但是设立各自的交易所。换句话说，在同一个区域内可以并立多家经营不同种类物品的交易所②。

虽然法律有上述规定，但是 1876 年以后日本一直有部分交易所兼营有价证券和物品买卖。1877 年设立的株式会社新潟米谷株式取引所和 1884 年株式会社博德株式米取引所就兼营有价证券和米谷买卖。1915 年日本的 42 家交易所中有株式会社京都取引

---

① 农商务大臣伯爵后藤象二郎：《取引所法ヲ定ム》，《公文类聚·第十七编·明治二十六年·第三十三卷·产业·农事·商事·工事·矿山·博览会共进会·杂载》，农商务省档案，明治 26 年（1893 年）3 月 3 日；亚洲历史资料中心，A15112687200；日本国立公文书馆，类 00664100。

② 郑爱谘：《交易所法释义》，世界书局，1930，第 1、4 页。

所等 6 家交易所兼营米谷和有价证券买卖。1925 年日本的 35 家交易所中有株式会社神户取引所等 5 家交易所买卖大米和有价证券。到 1937 年，日本的 32 家交易所中仍有新潟米谷株式取引所等 4 家交易所兼营有价证券和米谷等食粮交易。可见，物券综合经营是近代日本取引所经营的惯例之一。

明治政府在 1877 年"西南战争"结束后确立了中央集权制度，至此日本政府才真正能够依靠国家政权的力量去实施各项改革，完善立法，落实殖产兴业政策并推进产业革命的发展。实际上日本政府一直在制定或修订交易所法，始终将交易所的发展纳入法制化的管理轨道，政府对交易所的发展施加了有力的影响。由此看来，日本取引所长期存在兼营证券和米谷交易的情况，不是政府监管缺失的结果，而是政府基于这部分交易所所在地方的商情而做出的变通处理。实际上 1877 年以后能够兼营证券与物品买卖的交易所数量就控制在 5～6 家以下，综合类交易所兼营的物品也局限于米、麦等食粮。这表明米、麦等食粮的流通和证券的流转在当地都很重要，而相关的交易所在两类对象的交易中又都具有难以替代的支配地位，因而政府准其兼业经营。

日本取引所综合经营的传统，对于日俄战争后日本在华取引所以及中国自设交易所营业范围的选择也有影响。1914 年北洋政府公布的《证券交易所法》是中国首部专门的证券法，该法以日本 1893 年修正的交易所法为蓝本制定，也规定买卖同种对象的交易所，每一区域以设立一所为限。但是，1918 年后日本人无视中国法律，先后设立了上海取引所、大连株式商品取引所、满洲取引所、天津取引所、青岛取引所等物券兼营的交易所；另外还在

1918 年前后设立了牛庄取引所、辽阳取引所、大连取引所（含大连钱钞取引所和大连特产物取引所）、奉天取引所、开原取引所、长春取引所、公主岭取引所、四平街取引所、安（丹）东取引所等钱钞和特产物兼营的交易所。国内部分人士认为物券综合经营是日本等国交易所经营的惯例之一，而且日本在华设立的诸多交易所也兼营物券买卖，大有垄断中国各地市场之势。有鉴于此，中国自设的交易所要取得范围经济的竞争优势，有效抵制日本在华取引所的扩张，也有必要综合经营。1920 年直系军阀政府批准上海证券物品交易所设立后，国人违法自设的物券交易所蜂拥而起，截至 1922 年，各地设立的物券交易所竟达 86 家之多。

四 日本政府强力干涉取引所的发展

近代日本的取引所是在政府的强力干涉下产生、发展与变迁的，与英美德法等国相比，日本的取引所制度有其自身的特点（见表 1-10）。

表 1-10 近代日本与英美德法等国交易所制度的比较

	英国	美国	德国	法国	日本
交易所的设立及组织	自由主义会员组织	自由主义会员组织	干涉主义会员组织	干涉主义会员组织	干涉主义股份组织与会员组织
交易所的职员	支配人总务委员	理事委员市场长	理事会名誉审判所	理事局	理事长商议员会理事监查役

续表

	英国	美国	德国	法国	日本
交易所的会员（交易商）	经纪人 买卖者 代理人	经纪人 买卖者	自己交易人 经纪人 行市经纪人 银行及银 行业者	宣誓经纪人 银行家	会员 经纪人
交易种类及方法	直接交易 （现金交易） 定期交易 特权支付交易	现金交易 直接交易 二日交易 选择买卖交易	直接交易 （包括当天、 次日、三日 后、上场后 交割） 定期交易 期货交易	直接交易 定期交易 特权支付交易	直接交易 （直取引） 延期交易 （延取引） 定期交易 （定取引）

资料来源：农商务大臣伯爵后藤象二郎：《取引所法ヲ定ム》，《公文类聚·第十七编·明治二十六年·第三十三卷·产业·农事·商事·工事·矿山·博览会共进会·杂载》，农商务省档案，明治二十六年（1893 年）3 月 3 日；亚洲历史资料中心，A15112687200；日本国立公文书馆，类 00664100。《国债长期清算取引に关する件》，第1~6 页；《昭和财政史资料·第 1 号·第 82 册》，大藏省档案，大正十四年（1925 年）9月 29 日；亚洲历史资料中心，A08071670000；日本国立公文书馆，平 15 财务 00104100。

明治初年日本国内围绕交易所的设立问题有两派意见：一是认为交易所是投机赌博的场所，流毒于社会，应该严禁；二是认为交易所流转货物，疏通金融，可以平准市价，确立行市的标准，是有利于经济发展的商业组织，应该允许其发展。争论久拖不决，不利于殖产兴业政策的推行。明治政府通过朝堂辩论后决定效法西方，引进和发展本国的交易所。在管理上选择德、法等国的干涉主义，对交易所的设立采取政府特许经营的做法，将交易所的发展置于政府的管控之下。

日本要创立和发展交易所，首先就面临交易所组织制度的选择问题，因为不同组织的交易所各有其优缺点，而且分别适合不同的市场来发展。如果交易所组织制度的选择不当，则会影响其经营效果，制约其经济服务功能的发挥。殖产兴业政策实施初期，交易所对于日本来说还是新生事物，选择交易所的组织制度自然要取法于西方经济发达国家。当时英法德美等先进国家无论是在交易所管理上实行自由主义的还是实行干涉主义的，其交易所的组织制度基本上都选择会员组织。英国是资本主义世界头号经济强国，金融业发达，明治政府遂在 1874 年仿效英国伦敦证券交易所制度而制定了股票交易所条例，但是该法律因为不适合当时日本国内的状态而未能实行。随后明治政府又参酌欧美各国交易所的实例以及日本国内的交易习惯，在 1878 年发布修正的股票交易所条例。依据该条例，日本政府分别在 1877 年 12 月和 1878 年 6 月批准设立了株式会社东京株式取引所及株式会社大阪株式取引所，以适应日益增多的公债和产业证券发行与流通的需要。为便利大米的流转和稳定米价，1876 年明治政府发布米商会所条例，依据该条例批准设立了株式会社大阪堂岛米谷取引所和株式会社东京米谷商品取引所。

明治政府一心要向发达国家看齐，希望引进欧美国家的会员制来发展本国的交易所；但其最初制定的交易所法规与本国的国情存在脱节之处，会员制的交易所在当时的日本难以设立和生存，股份制交易所更适合日本的国情，因而股份组织的交易所是早期日本取引所的主体。有鉴于此，明治政府又在 1893 年颁布新修订的交易所法，允许各地交易所因地制宜地选择会员组织或股份组织，从而为交易所的大发展营造了有利的制度环境。但是这时候涌现出来的许多交易所都是以营利为目的的股份制交易所，数量过多，规模偏小，投机性浓厚，基础不牢固，大批倒闭，市场出现混乱。产业革命完成后，日本的经济实力大为增强，市场结构也演变为不完全竞争的市场，会员制交易所发展的条件逐渐具备。为适应新的变化，日本政府又在 1920 年 4 月公布新修订的交易所法，发布拆毁交易所令，整顿原有的交易所，一方面减少了交易所的数量，提升了交易所的实力；另一方面也批设了部分会员制交易所，一定程度上改善了交易所的结构。产业革命完成后，日本政府还介入日本在华取引所的扩张活动中，不仅在中国东北和关内部分城市设立了官营的交易所，例如大连取引所和青岛取引所等，而且还主导了部分在华交易所的并购重组活动。日本官方在发动全面侵华战争后，强力实施战时经济统制政策和经济的计划化，使得日本国内及在华控制区的物品交易所纷纷停闭或解散。1943 年后日本又合并日本国内及在华的证券交易所，使之为日本战时的军需公债和侵略战争服务，并随着日本的战败投降而寿终正寝。日本的取引所在非战时政府的强力干涉下获得发展，也在战时政府的干预下走向了衰亡。政府强力干预交易所的运营和管理，是近代日本取引所发展的一个突出特点。

第四节　取引所在近代日本崛起中的作用与影响

日本的取引所是适应明治维新后资本主义经济发展的需要而建立起来的，这些交易所在促进货物流通、平准市价、充当经济的"晴雨表"、引导和便利产业投融资、维持财政、繁荣日本资本主义经济方面发挥了显著的作用。

一 稳定米价和社会，维持劳动力的再生产

近代日本的取引所以物品取引所尤其是米谷取引所为主，主要交易对象是大米等食粮。这些交易所依法设立在商业繁盛、交通便利的商埠，其营业区域多限定为市以及郡（与市平级）下的若干个町（镇）、村。这些米谷取引所连结着乡村粮食产地和城镇粮食消费地。行走于乡村的中小商贩将分散在农户手中的米谷收购上来后转卖给当地的大批发商，再由这些大批发商直接（有经纪人或会员资格）或委托交易所的经纪人或会员在交易所将大米等食粮销售给外地的经销商，最后由外地的经销商利用日渐发达的交通网络将粮食分销到各地。

"殖产兴业"和产业革命时期，日本米谷取引所买卖大米等食粮的规模可以从此类交易所取得的溢利去大体推测。交易所的溢利就是交易所的税后利润①，其高低与交易所营业收入有关，而股份制交易所的营业收入主要来自其从本所的交易额中征收的手续费。1877~1892 年间日本的米谷取引所每百元股本的溢利从 1148 日元增至 3670 日元。1893~1896 年股份制交易所每百元股本的溢利在 2887 日元至 1017 日元之间，营利可观，而其中多数交易所是米谷取引所。这表明米谷取引所的食粮交易活跃而且买卖规模不小，因此获得的手续费收入和溢利也就较多。

① 溢利是指营利，股份公司的溢利可以理解为该公司的税后净利润。公司溢利的计算公式为：溢利＝利润总额－所得税费用。每股溢利＝（股份公司溢利－少数股东权益）/公司总股本。溢利反映企业经营的最终成果，用在股市分析上，溢利是衡量一个股份公司经营效益的主要指标。溢利多，企业的经营效益就好；溢利少，企业的经营效益就差。

米谷取引所的交易方式分为直接交易（即现货交易）、延期交易（即远期交易）和定期交易（即期货交易）。定期交易属于标准化的农产品远期交易，在合约到期前允许买方转售期货，也允许卖方回购已售出的期货，使得交易商用少量的资金就可以从事巨额的农产品交易，具有杠杆交易的功能，但是投机性也较高。日本的米谷取引所多为营利性的股份制交易所，为增加交易手续费的收入而利用定期交易来扩大场内的农产品交易规模。以1913~1917年为例，日本37家米谷取引所的大米定期交易成交量从8406万5800石增加到3亿6108万9150石，其中株式会社东京米谷商品取引所和株式会社大阪堂岛米谷取引所两家的交易量最大，前者的大米定期交易成交量从2566万1400石增加到9936万8800石，后者大米交易量从1621万4130石增加到9640万5600石。不过，这段时间37家米谷取引所的大米定期交易交割量仅从127万685石增加到185万9400石成交量（见表1-11），平均交割量占平均成交量的比例只有0.6%，表明大米定期交易中买空卖空的投机现象很严重。尽管如此，定期交易因为具有价格发现的功能，可以降低"发散型蛛网理论"描述的农产品价格波动给生产者和消费者带来的市场风险，所以有助于稳定大米等农产品的生产并引导其现货交易的价格，对大米的直接交易和延期交易也有引领作用，而后两种交易方式下的米谷交割量占成交量的比例则要高很多，其交易中的投机性相对较低。可以说，米谷取引所在调剂日本各地米谷供求、平抑食粮市价、安定社会、维持劳动力再生产、控制工资水平以提高企业竞争力和垄断资本利润等方面发挥了显著的作用。

表1-11 1913~1917年日本国内37家米谷取引所定期取引买卖量及交割量一览

取引所名称	买卖物件	1913年		1914		1915		1916		1917		平均	
		交易量	交割量	交易量	交割量	交易量	交割量	交易量	交割量	交易量	交割量	交易量	交割量
株式会社小樽取引所	米（石）	590700	71250	1195560	38700	1387700	30600	1242200	39490	2511750	65000	1385582	49008
株式会社东京米谷商品取引所	米（石）	25661400	223400	19416000	217300	55287100	458700	87964500	240400	99368800	344400	57539560	298840
株式会社京都取引所	米（石）	1059400	2700	4016200	800	9409800	12800	10183600	26500	1994540	85130	5332700	25586
株式会社大阪堂岛米谷取引所	米（石）	16214130	360430	25581440	116790	67843800	186500	97810800	331200	96405600	331100	60771154	265204
株式会社横滨取引所	米（石）	427990	—	767149	—	1091423	—	2675800	—	3400400	—	1672552	—
株式会社姬路米谷取引所	米（石）	2493300	7200	4285250	1000	6856600	—	6307400	9105600				

续表

取引所名称	买卖物件	1913 年		1914		1915		1916		1917		平均	
		交易量	交割量	交易量	交割量	交易量	交割量	交易量	交割量	交易量	交割量	交易量	交割量
株式会社神户米谷株式取引所	米（石）	4511300	56500	7088900	34400	13916000	76000	19614700	231600	17707100	102800	12567600	100260
株式会社长崎米谷取引所	米（石）	473650	21640	767550	26500	894250	9250	801250	11400	1029500	12250	793240	16208
株式会社新潟米谷株式取引所	米（石）	3117300	13100	1379200	21200	5682900	81300	7596900	87800	9071900	81000	5369840	56880
株式会社直江津米谷取引所	米（石）	277750	550	215150	2050	342950	3650	442550	3050	207850	—	297246	1860
株式会社长冈米谷株式取引所	米（石）	462230	10900	1162270	5300	1328100	36300	17778100	20600	1694500	45900	1485040	23800

续表

取引所名称	买卖物件	1913年 交易量	1913年 交割量	1914 交易量	1914 交割量	1915 交易量	1915 交割量	1916 交易量	1916 交割量	1917 交易量	1917 交割量	平均 交易量	平均 交割量
株式会社柏崎米谷取引所	米（石）	109350	1700	238250	5400	379650	7300	421250	4250	243600	4300	278420	4590
株式会社津米谷取引所	米（石）	591690	33230	1976830	19980	3790100	25800	3936550	26650	3894000	25950	2837834	26322
株式会社四日市米谷取引所	米（石）	686420	46010	1374930	8070	2492620	23640	2597600	32250	3762350	35650	2182784	29124
株式会社桑名米谷取引所	米（石）	819680	50650	1306650	18120	2283830	40100	2983400	33750	2867300	41050	2052172	36734
株式会社名古屋米谷取引所	米（石）	3320500	44835	9900300	29800	11908100	49450	20167950	78200	21758950	85450	13411160	57547
株式会社冈崎米谷取引所	米（石）	327430	11010	933230	5580	2336520	12620	2173350	16400	1981050	8050	1550316	10732

续表

取引所名称	买卖物件	1913 年		1914		1915		1916		1917		平均	
		交易量	交割量	交易量	交割量	交易量	交割量	交易量	交割量	交易量	交割量	交易量	交割量
株式会社丰桥米谷取引所	米（石）	385320	3960	848890	7070	1450930	8730	2883900	3150	3117850	4050	1737378	5392
株式会社静冈米谷取引所	米（石）	1088650	4150	1609400	3330	3073200	1000	3291200	600	3090150	500	2430520	1916
株式会社甲府米谷株式取引所	米（石）	54610	1350	375670	750	501200	1450	1684100	500	1659550	300	855025	870
株式会社近江米取引所	米（石）	659880	15020	1231410	4730	1702400	8380	1550350	12600	1738300	15200	1376468	11186
株式会社彦根米谷取引所	米（石）	490490	2160	740325	400	967750	—	956950	—	581250	050	747353	522
株式会社长滨丝米取引所	米（石）	535700	12360	535470	1190	389200	—	284000	—	352400	—	419354	2710

续表

取引所名称	买卖物件	1913 年 交易量	1913 年 交割量	1914 交易量	1914 交割量	1915 交易量	1915 交割量	1916 交易量	1916 交割量	1917 交易量	1917 交割量	平均 交易量	平均 交割量
株式会社岐阜米谷取引所	米（石）	568180	6370	905130	2560	1772630	—	2618000	—	3161050	—	1804998	1786
株式会社仙台米谷取引所	米（石）	578770	18110	510930	2010	1019640	—	2183150	—	2708650	—	1400228	4024
株式会社酒田米谷取引所	米（石）	280610	25860	253560	23630	421540	35910	667000	76300	941350	87500	512812	39940
株式会社鹤冈米谷取引所	米（石）	358060	14630	373770	11380	274050	23790	270550	15750	454100	36600	346106	20430
株式会社金泽米谷取引所	米（石）	2234150	44650	5235100	15550	8624800	19250	8843650	35800	7411150	59650	6469770	34980
株式会社高冈米谷取引所	米（石）	1422850	20160	2937700	11850	5768550	34050	6798500	50550	9190700	103600	5223460	44042

续表

取引所名称	买卖物件	1913 年		1914		1915		1916		1917		平均	
		交易量	交割量	交易量	交割量	交易量	交割量	交易量	交割量	交易量	交割量	交易量	交割量
株式会社富山米谷取引所	米（石）	231400	3850	423700	950	468570	4710	464450	5050	1112650	16950	540154	6302
株式会社冈山米取引所	米（石）	2986360	35020	3347370	22750	4600500	35100	5376500	72400	6056700	75900	4473486	48234
株式会社广岛米取引所	米（石）	15777250	15650	2719350	5580	4992650	19050	5027450	17500	5219150	20800	3907170	15716
株式会社下关米取引所	米（石）	2951950	37650	436050	28980	6969400	68450	5870700	46550	9603200	53250	5922260	46976

续表

取引所名称	买卖物件	1913年		1914		1915		1916		1917		平均	
		交易量	交割量	交易量	交割量	交易量	交割量	交易量	交割量	交易量	交割量	交易量	交割量
株式会社和歌山米取引所	米（石）	1691100	950	2152100	850	4518900	—	6889600	—	6242500	—	4298840	360
株式会社伊豫山米谷取引所	米（石）	1272550	14130	1651390	5610	2212400	13800	2013700	12500	2787600	10300	1987528	11268
株式会社佐贺米谷取引所	米（石）	1007350	11700	3351300	10400	4222800	17750	3970500	24050	4980300	35300	2836190	19840
株式会社熊本米谷取引所	米（石）	2547350	18250	4938450	38800	6203900	64100	8823200	109800	13674400	71400	7237520	58470
37家米谷取引所合计	米（石）	84065800	1270685	119961824	748360	247386452	1409570	339165350	1666640	361089150	1859400	230333715	1390931

该表改编自：内阁：《临时国民经济调查会参考资料第九号·取引所一览附关系法规》，第 1～11 页；《各种调查会·委员会文书·临时国民经济调查会》，大正 7 年（1918 年）9 月；亚洲历史资料中心，A05021037700；日本国立公文书馆，委 00247100。

二 便利企业融资，支持产业经济发展

明治政府成立后，为了富国强兵而决定发展资本主义经济，其经济政策的核心就是"殖产兴业"。日本政府不仅率先示范，将公债发行收入纳入政府预算，由财政注资创办国营企业；而且鼓励民间以股份公司组织来动员社会资本，创办新式企业，以致 1872 年第一国立银行成立后日本"所发行之公债证书其额渐多，银行会社设立益众。其株式从之增加……"，而东京和大阪证券"取引所之创立，可谓适时矣"。① 此后，日本的证券或物券交易所继续发展，1879 年增至 4 家，1887 年上升至 5 家②，1894 年至少有 6 家，1915~1920 年有 10 家，1925 年有 11 家，1936 年仍有 9 家。

日本的证券交易所最初买卖的证券主要是公债，后来随着"殖产兴业"的发展，公司证券上市交易增多，证券交易所的经营活动逐渐走上了服务于实体经济的正轨。1907 年在东京株式取引所发行上市的股票及债券总额还不过 5 亿日元，而到 1929 年已跃升至 93 亿日元，30 年间增加了大约 20 倍。1897 年至 1929 年间，东京株式取引所的股票交易量从 500 万股增至 5100 万股；债券交易量从 200 万日元增至 8 亿 4000 万日元。到 1931 年，东京株式取引所上市的股票，远期、近期及现货，合计有 1052 种，股票数量达到 1 亿 888 万 5376 股，债券有 476 种，故交易所的账簿

---

① 〔日〕付岛八十六编《开国五十年史》，开国五十年史发行所，1909，第 1146 页。
② 〔日〕高山林次郎编《日本维新三十年史》，古同资译，华通书局，1931，第 416~417 页。

多至 120 种①。从"殖产兴业"和产业革命时期日本证券交易所的溢利表也可以推测其买卖股票、公司债和公债的大体规模。1878~1892 年间日本的证券交易所每百元股本的溢利从 310 日元增至 1995 日元，1893~1896 年股份制交易所每百元股本的溢利在 2887 日元至 1017 日元之间，盈利可观，其中部分交易所是证券交易所（见表 1-12）。

日本人就此评论说："取引所如此其多……然其利益尚如此其多，则富民买卖之额必为数甚巨。可推而知。"② 对于日本证券交易所取得的骄人成绩及其作用，学步日本的中国人也给予了高度的肯定，认为，"古所谓一日千里者，谅亦如是而已。更对比国家财政统计与一般经济统计，益证市场发达，与产业经济之发展及国家财源之增大，关系密切而不可须臾离焉。"③

表 1-12　1877~1892 年日本米谷及株式取引所溢利

时间（年）	米谷取引所溢利（日元）	株式取引所溢利（日元）
1877	1148	—
1878	2726	370
1879	5270	2324
1880	2632	2250
1881	1831	6234
1882	2310	7366
1883	985	3996

① 佚名：《三品取引所最近概况》，《申报》1930 年 3 月 8 日第 5 张第 12 版。
② 〔日〕高山林次郎编《日本维新三十年史》，古同资译，华通书局，1931，第 420 页。
③ 佚名：《三品取引所最近概况》，《申报》1930 年 3 月 8 日第 5 张第 12 版。

时间（年）	米谷取引所溢利（日元）	株式取引所溢利（日元）
1884	754	1169
1885	951	1000
1886	1468	2509
1887	756	5174
1888	815	3568
1889	2372	4719
1890	4205	2941
1891	3480	2819
1892	3670	1995

资料来源：〔日〕高山林次郎：《日本维新三十年史》，古同资译，华通书局，1931，第 419 页。

日本证券交易所的交易方式先是分为直接交易、延期交易和定期交易，后来改为实物交易、近期交易和远期交易。定期交易和远期交易属于证券衍生工具的交易，具有跨期交易、杠杆交易的功能，投资者可以之投机牟利。以营利为目的的股份制交易所为增加交易手续费的收入而引入定期交易和远期交易，从而活跃了场内的交易，扩大了交易的规模。以 1913~1917 年日本证券交易所的定期交易为例，股票成交量从 18095568 股增至 59337660 股，交割量从 1323821 股上升至 5015760 股[1]，平均交割量占平均成交量的比例只有约 0.1%，表明交易所内证券定期、远期交易

---

[1] 内阁：《临时国民经济调查会参考资料第九号·取引所一览附关系法规》，第 1~11 页。《各种调查会·委员会文书·临时国民经济调查会》，内阁档案，大正 7 年（1918 年）9 月；亚洲历史资料中心，A05021037700；日本国立公文书馆，委00247100。

中空买空卖的投机现象很盛行。虽然存在这样的问题，但是证券定期、远期交易本身也具有避险的功能，如果交易者将证券的直接交易、实物交易与定期交易、远期交易套做的话，可以在一定程度上规避或降低现货交易的风险，而这又能促进股票等证券现货交易发展。以 1937~1941 年日本所有证券交易所的股票买卖为例，股票交易量虽然从 3 亿 7771 万 4284 股降至 2 亿 6716 万 6462 股，但其中的股票实物交易量从 1564 万 2144 股上升至 3077 万 762 股，实物交易量占总交易量的比例从 4.1% 提高到了 11.5%（见表 1-13）。

表 1-13　1937~1941 年日本全国各株式取引所买卖总额表

年份	远期（股）	近期（股）	实物（股）	实物交易占总量的比例（%）
1937	72943620	289128520	15642144	4.1
1938	37037420	189024490	11750464	4.9
1939	41820020	194544420	29895864	11.7
1940	47319700	229124660	29878460	7.8
1941	35702840	200692860	30770762	11.5

资料来源：绵翼：《日本证券交易所及交易方式》，《企业周刊》1943 年第 1 卷 48 期，第 5 页。

1933~1942 年间，规模最大的株式会社东京株式取引所的股票近期与远期交易总量从 1 亿 1142 万 5260 股增至 1 亿 3827 万 5400 股，其中股票近期交易量占股票交易总量的比例从 54.3% 降至 49.8%，表明该时期东京株式取引所的股票实物交易与远期交易总量占股票成交总量的比例从 42.7% 上升到了 69.5%（见表 1-14）。

表1-14　1937~1942 年东京股票交易所远期近期买卖额[*]

年份	远期（股）	近期（股）	东京新交易所近期比例（%）
1933	50823720	60601540	57.3
1934	49956010	53470880	39.6
1935	33811780	59606310	48.1
1936	41691610	53576240	44.2
1937	56219040	86970680	36.3
1938	29364870	58130750	56.9
1939	34496790	60209590	58.4
1940	38421330	67958491	49.5
1941	31436380	59114040	50.7
1942	69410710	68864690	30.5

资料来源：绵翼：《日本证券交易所及交易方式》，《企业周刊》1943 年第 1 卷 48 期，第 6 页。

证券交易所兼有证券一、二级市场的功能，二级市场的作用在于流转一级市场投资者手中的证券，为一级市场提供流动性支持，便利新的证券发行。近代日本取引所内产业证券交易的活跃，为更多的公司利用股票和债券融资来改善经营条件提供了便利。实际上日本企业的股票不仅在国内交易所上市，而且还在中国上海、沈阳等地的日资交易所上市，例如 1937 年 5 月至 1938 年 5 月东京证券交易所、大阪证券交易所、钟渊纺织的股票不仅在东京和大阪股市交易，而且还在中国沈阳的满洲取引所和大连株式商品取引所上市交易。可以这么说，近代日本的取引所是产业经济发展的产物，它反过来又便利了日本国内商品和资金的流转，推动了日本产业经济的持续发展①。

① 〔日〕木原大辅：《商品取引所与先物取引所》，时事通讯社，1985，第 15 页。

三　发挥经济"晴雨表"的作用

近代日本产业经济的兴起，促进了股份有限公司的发展以及资本的证券化。据日本内阁统计局发布的数据，1914～1929 年日本股份有限公司法定资本金及债券发行总额从 59 亿 5947 万日元增至 316 亿 1674 万日元。当时日本国民财富为 1023 亿日元，1929 年日本的有价证券总额约为 320 亿日元，即日本国民财富的三分之一已经有价证券化。

交易所是流转有价证券和商品的经济机关，与国民经济及国民生活有密切的关系。交易所内有价证券的市价和交易氛围受交易商对经济政治形势及其走向做出的预期的影响，日本取引所"所负使命，不啻为财界之晴雨表耳"①。日俄战争胜利之初，日本并没有从强硬的俄国那里获得战争赔款，这严重挫伤了日本国内投资者高涨起来的投资热情，以致 1905 年 9 月以后日本证券交易所的股票价格纷纷下跌。例如东京股份的股价下跌了 26%，日本精制糖和日本邮船的股价下跌了大约 16%，钟渊纺织的股价下挫了 14%。不过，日本从沙俄手中承继了在华的部分利权，又使得其国内在 1906 年再度出现了兴办企业的热潮，企业利润显著增长并提振了投资者的信心，证券交易所的股价因此上涨。1905 年 7 月至 1907 年 1 月，在证券交易所挂牌上市的东京股份的股价从 50 日元/股飙升至 780 日元/股，钟渊纺织的股价则从 50 日元/股飙升至将近 300 日元/股。1907 年 1 月 19 日东京证券交易所的买

---

① 佚名:《三品取引所最近概况》,《申报》1930 年 3 月 8 日第 5 张第 12 版。

卖极其旺盛，一场的交易量就达到了 14 万股。此后，随着企业兴办热潮终结、经济危机爆发和大隈重信等政界人士发表经济悲观论，日本证券交易所的股价又在 1907 年 1 月 21 日之后出现暴跌，在交易所上市的东京地区的公司股价从 1 月份 780 日元/股的最高价跌至 91.6 日元/股①。

1914 年 7 月第一次世界大战爆发，日本国内投资者认为战争会给日本经济带来景气，预期企业利润及分配的股息红利会增加，因而纷纷入市购买股票，致使证券交易所的股价不断上涨。1914 年 8 月中旬，股价最高涨至 130.4 日元/股，已接近战前 7 月中旬的 130.55 日元/股的最高价②。1930 年"昭和经济危机"降临时，日本投资者的信心受到重创，也导致交易所的股价暴跌③。

日本在 1931 年挑起"九一八"事变后，远东局势骤然紧张，日本投资者的信心大受打击又引起东京、大阪证券交易所证券市价暴跌。20 世纪 30 年代经济大危机袭来，导致金本位制瓦解，全球金融市场震荡，日本国内投资者信心下挫又使得东京和大阪证券交易所再次陷入混乱并停业。日本因为国联拒绝承认伪满洲国而退出该组织以示抗议，投资者因担心日本国际关系恶化会冲击其经济，遂抛售股票，导致 1933 年 2 月 15 日东京证券交易所的股价在午前暴跌并在午后停止营业④。

日本取引所扮演的经济"晴雨表"角色，不仅可以引导日本

---

① 庞宝庆：《近代日本金融政策史稿》，吉林大学出版社，2010，第 84~86 页。
② 庞宝庆：《近代日本金融政策史稿》，吉林大学出版社，2010，第 102 页。
③ 庞宝庆：《近代日本金融政策史稿》，吉林大学出版社，2010，第 139 页。
④ "Slump on Tokyo Stock Exchange", *China Weekly Review* (1923 - 1950), Feb. 18, 1933.

民间投资，而且可以为政府出台政策、整顿经济和金融、维持经济稳定和发展提供依据。

四　支持和服务财政

近代日本的取引所对财政的贡献较大，这体现在多个方面。

首先是证券及物券交易所买卖公债，消化吸收了日本政府在一级市场发行的大量公债，为日本银行等公债投资者持续认购政府公债提供流动性支持。1878~1883 年株式会社东京株式取引所的公债定期交易成交额从 17873200 日元增至 53580300日元，其中 1881 年的成交额高达 217909300 日元；株式会社大阪株式取引所的公债定期交易成交额从 5378300 日元增至23538400 日元，其中 1881 年的成交额最高，达到 87521600 日元（见表 1-15）。

表 1-15　1878~1883 年株式会社东京株式取引所与株式会社
大阪株式取引所公债定期交易成交额

年次	株式会社东京株式取引所		株式会社大阪株式取引所	
	公债定期买卖成交额（日元）	秩禄公债市价（日元）	公债定期买卖成交额（日元）	秩禄公债市价（日元）
1878	17873200	99.89	5378300	101.00
1879	31503700	98.41	20657400	97.82
1880	122961900	—	15686500	92.00
1881	217909300	88.00	87521600	85.00
1882	68474200	95.50	61176300	94.00

续表

年次	株式会社东京株式取引所		株式会社大阪株式取引所	
	公债定期买卖成交额（日元）	秩禄公债市价（日元）	公债定期买卖成交额（日元）	秩禄公债市价（日元）
1883	53580300	97.00	23538400	97.00

资料来源：《国债长期清算取引に关する件》，第1~6页；《昭和财政史资料·第1号·第82册》，大藏省档案，大正14年（1925年）9月29日；亚洲历史资料中心，A08071670000；日本国立公文书馆，平15财务00104100。

　　1916 年株式会社东京株式取引所公债实物交易成交额达到 4566 万 2200 日元，株式会社大阪株式取引所公债实物交易成交额为 136 万 6000 日元。到 1921 年时，株式会社东京株式取引所公债实物交易成交额增至 2 亿 1320 万 6175 日元，株式会社大阪株式取引所公债实物交易成交额则增至 8477 万 2900 日元[1]。如果算上这两家交易所的其他交易方式的成交额，再加上其他交易所的交易额，可以推测此时日本国内证券及物券交易所流转的公债规模是相当可观的。

　　其次是交易所在日本已成为一个行业。交易所的数量众多而且多为股份组织的交易所，以营利为目的，引入定期、远期交易，利用其杠杆交易的功能来扩大交易规模，增加手续费等营业收入。由于盈利颇多，所以交易所本身上缴财政的税收也不少。1913~1917 年日本 42 家交易所的手续费收入从 6119574 日元增至 9380562 日元，各年平均的手续费收入为 6596693 日

---

[1]　大藏省财务综合政策研究所财政史室：《国债长期清算取引に关する件》，第8页；《昭和财政史资料第1号第82册》，大藏省档案，大正14年（1925年）9月29日；亚洲历史资料中心，A08071670000；日本国立公文书馆，平15财务00104100。

元，纳税额虽然从 3726861 日元减少到 2293074 日元，但是各年平均的纳税额仍达到 2220499 日元。1935 年日本 11 家证券和物券交易所的营业收入为 17173000 日元，其中买卖手续费收入为 13177000 日元；纯收益为 9825000 日元，其上缴财政的各项税金为 2864000 日元。如果算上物品交易所，则交易所上缴财政的税金更多。

再次是股份制交易所为本所的交易负担保责任，其采用的定期、远期交易方式具有跨期交易、杠杆交易、投机套利和避险等功能，可以调动经纪人交易的积极性，吸引更多市场主体参与交易。1913~1917 年日本 42 家交易所的股息率为 0.24%~3.00%，平均股息率为 1.18%[1]。1935 年 11 家证券和物券交易所分配的股息为 7312000 日元[2]，算上物品交易所，则交易所分配的股息总额还要提高。交易所的股东、经纪人、会员及交易委托人从交易和股利分配中获得收入，也向政府纳税。

最后是交易所流转货物，为企业直接融资提供场所与服务，保证产业资本循环顺利进行，促进"殖产兴业"向纵深发展。企业的发达和盈利的增加，又可以为政府带来更多的税收。

---

[1] 内阁：《临时国民经济调查会参考资料第九号·取引所一览附关系法规》，第 1~11 页。《各种调查会·委员会文书·临时国民经济调查会》，内阁档案，大正 7 年（1918 年）9 月；亚洲历史资料中心，A05021037700；日本国立公文书馆，委 00247100。

[2] 大藏省理财局：《株式取引所概要参考诸表》，《昭和财政史数据第 7 号第 16 册》，大藏省档案，昭和 11 年（1936 年）9 月；亚洲历史资料中心，A09050575000；日本国立公文书馆，平 15 财务 00820100。

小　结

近代日本的取引所是适应明治维新后商品经济发展的需要，在日本政府推动下，效法西方并结合本国的实际逐步建立和发展起来的。日本取引所的发展始终处在政府的强力干涉之下并形成了自身的特点。日本政府通过立法和不断地修法，对取引所及其活动进行引导、管理和整顿，将取引所的发展纳入法制化的轨道。

在"殖产兴业"和产业革命时期，日本的取引所有效地发挥了流转货物、疏通金融、平准市价、引导游资、舒缓通货膨胀、服务财政等作用，对日本经济的崛起和海外扩张起到了支撑作用。产业革命完成后，日本的经济力量空前膨胀，国内市场饱和以及资源匮乏促使其经济向海外深度扩张。在经济外扩的过程中，日本面临的国际竞争与矛盾加剧。日本不能以互利共赢的思维及和平的手段去解决纷争，而是以西方殖民主义和帝国主义损人利己的排他性思维以及战争的手段去应对纷争，从而走上了对外发动战争和侵略扩张的道路，日本经济因此转入战时体制。日本政府实施的战时经济统制政策促使经济计划化，市场机制的作用被排斥，这使得日本的物品交易所丧失了存在的土壤。证券交易所则在政府的强力干涉和整顿下沦为战时财政的工具，扮演了为侵略战争服务的战争金融机构的角色，并随着日本在第二次世界大战中战败而被取缔。

第二章

近代日本在华取引所的产生、发展与衰亡

中国早期的交易所是西方的舶来品，是外国资本主义经济入侵的产物。鸦片战争后尤其是甲午战争后，外国在华投资创办的股份公司日渐增多，外商公司的股票、债券、租界当局发行的市政债券、清政府对外发行的金币公债也逐渐增加。为便利投资者买卖这些有价证券，欧美商人在 1905 年创办了上海证券交易所即上海众业公所。继西方商人在华创办交易所之后，日本官方和民间资本出于自身在华利益的考虑也在中国设立取引所。这些取引所不仅数量众多，而且区域分布广泛，成为日俄战争后日本在华经济扩张的支持工具。

第一节　日本在华设立取引所的背景与原因

日本在华设立取引所是在 1906 年之后，这与日俄战争的影响有关。

一　在华设立取引所是日俄战争后日本对华经济扩张的需要

明治维新后的日本经过"殖产兴业"和产业革命的推进，经

济日渐发达。由于国内市场狭小，资源贫乏，日本为获得资本主义扩大再生产所需的海外市场和原料产地，不断对近邻国家进行侵略扩张。1874年日本侵略中国台湾，1876年侵略朝鲜，1879年并吞琉球王国，1894~1895年发动甲午战争，从中国割占台湾、澎湖列岛及辽东半岛，强迫清政府开放重庆、沙市、苏州、杭州为通商口岸，允许日商在华投资办厂，力图向中国东北和关内的广大地区进行经济渗透。在俄法德三国干涉还辽后，日本举国上下深感耻辱，经过十年卧薪尝胆，终于在日俄战争中击败沙俄，得以控制长春以南的东北地区，并通过1905年的日俄《朴茨茅斯和约》继承了沙俄在东北的大部分权益，这大大促进了日本在华尤其是对东北地区的商品输出和原料掠夺。

日俄战争对日本经济和政治的影响巨大。战后日本完成了产业革命，并迎来了1907~1908年的经济危机。危机加速了日本国内生产和资本集中，日本资本主义发展从自由竞争阶段进入到垄断阶段，财阀资本和国家资本的垄断成为日本经济生活的基本特征。垄断使得日本国内有利可图的投资机会相对减少，生产能力扩大与国内市场狭小及资源贫乏之间的矛盾更加突出，这促使日本更积极地对外进行经济和军事扩张，以寻求更多的殖民地、更广阔的海外市场和原料产地，日本由此走上了帝国主义道路。

日俄战争后，日本周边可供瓜分的殖民地已所剩无几，因而幅员辽阔、资源丰富、国力衰微的中国就成为其觊觎的目标。日本寺内正毅内阁的藏相胜田主计在第一次世界大战后期就声称："日本国民经济的基础不能不求诸东亚，而东亚之中，又以求诸面积广大，物产丰富之中国更为必要。"① 而 "求诸" 中国最重要的战略步骤就是控制地广人稀、物产丰富的中国东北地区，"惟欲征服支那，必先征服满蒙；如欲征服世界，必先征服支那" 的对外扩张国策②正是军国主义日本这一野心和路线图的直白表达。日本要征服东北和整个中国，除了实施军事侵略之外，还需要加强对华的经济渗透与控制。为此，1905 年后的日本极力扩大在华的贸易和投资规模。由于 "资本主义只是广阔发展的、超出国家界限的商品流通的结果"③，所以日本对华的贸易扩张势必要求其将国内资本主义扩大再生产的流通环节延伸至中国市场。日商要将出口到中国通商口岸的日货分销到中国广阔的城乡地区，并将中国各地的农特产品集中到通商口岸而后进口到国内，他们就必须依托、利用、影响和控制中国当地的市场，介入中国当地的贸易之中。而影响和控制当地市场的有效办法莫如设立为日商利益服务的交易所市场。总而言之，日俄战争后日本亟须对外扩张经济的现实使得在华设立取引所具有了必要性。

二 日俄战争前日本国内已有在华设立日中贸易金融机关的动议

日本明治政府成立后，为了扩大国内的资本积累，发展资本

---

① 延安时事问题研究会：《日本帝国主义在中国沦陷区》，上海人民出版社，1962，第 1 页。

② 《田中奏折》的原件是《帝国对满蒙之积极根本政策》，在 1929 年末经南京《时事月报》披露以来，其真伪问题已争论了半个多世纪。虽然现在大部分历史学家认为 "田中奏折" 是假的，但有趣的是军国主义日本的国策是按照田中奏折的路线去实施的。

③ 列宁：《俄国资本主义的发展》，《列宁全集》（第 3 卷），人民出版社，1959，第 545 页。

主义经济而大力发展海外贸易。中日两国的经贸关系源远流长，隋朝时期中日两国的通商关系已逐渐密切。明治维新后的日本也和中国建立了贸易关系，在甲午战争前日本三井等洋行已经在上海等通商口岸开展贸易活动。为了满足日商拓展对华贸易的金融服务需求，1879年日本长崎第十八国民银行委托三井洋行在上海等地开展与对华贸易有关的银行代理业务，而东京第一国民银行也在1879～1880年委托三井洋行在上海、香港等地开展类似的银行代理业务①。此时日本与中国的贸易关系尚属对等关系，但是因为日本产业经济的竞争力仍然有限，中日两国进出口贸易结构的互补性并不强，生丝与茶叶均为两国大宗生产与出口商品，在国际市场上还存在竞争关系，所以1895年以前日本对华贸易并不发达，其在外国对华贸易总额中的占比还很低。1868年日本在中国进口贸易总额中的份额只有3.65%，在中国出口贸易总额中的份额仅为1.34%。1870年日本在中国对外贸易总额中的份额为3.16%。1888年日本在中国进口贸易总额中的份额为4.55%，在中国出口贸易总额中的份额为3.84%。1890年在中国对外贸易总额中的份额为5.70%，1895年也仅有10.16%。对华贸易的困顿局面显然不符合日本殖产兴业和产业革命发展的需要。

1890年前后，日本国内部分政界和财界人士就计划在中国设立日清银行等贸易金融机关，目的是"方便两国商业往来，彼此气脉相通，互相扶助，推动两国贸易发展，夺回被外国人垄断的利益，以期掌握日清商业的关键"②。

---

① 汪敬虞：《外国资本在近代中国的金融活动》，人民出版社，1999，第330页。
② 〔日〕波形昭一：《日本殖民地金融政策史研究》，早稻田大学出版部，1985，第57页。

甲午战争的胜利刺激了日本产业革命发展，日本纺纱业蓬勃兴起，棉纱成为日本大宗出口商品，其中大部分出口到中国。以纺织业资本为核心的财团为扩大对华的出口贸易，积极呼吁日本政府在华设立促进日华贸易的金融机关。1896年东京商业会议所向农商务省建议增设服务于海外贸易的金融机关，此后大阪商业会议所和神户商业会议所也向政府表达了同样的意愿。1898年日本纺织联合会向议会发起设立对华贸易金融机构的请愿运动，认为1897年日本实施的金本位制给与本国工商业有至关紧要关系的日华贸易带来不便，导致工商业萎靡不振，只有设立对华贸易金融机构才能使工商业摆脱困境，有利于纺织业和从事对华贸易的工商业者，因而"设置对清国贸易金融机构实属百年大计"。1899~1902年东京、大阪、神户、京都、长崎、名古屋等地的商业会议所连年发起设立对华贸易金融机构的运动。藏相松方正义也认为"今日深感有必要设立对中国、朝鲜和俄国远东贸易的金融机构"①。1901年《辛丑条约》签订后，日本加入到了资本主义列强瓜分中国的竞争狂潮之中。时任日本外相小村寿太郎在《关于内政外交的十年计划意见》书中又强调要"创立对清经营的机构"，以之支持日本在东亚尤其是中国的贸易和投资发展，与欧美列强争夺中国及东亚的控制权。

以上动议虽然是具体围绕设立日清银行、日东贸易银行等涉华贸易金融机构提出的，但是其主导思想就是要成立支持日本海外贸易和投资扩张的带有一定政策性职能的经济组织；而这类组

---

① 〔日〕波形昭一：《日本殖民地金融政策史研究》，早稻田大学出版部，1985，第137页。

织不仅仅局限于银行，还包括官营的交易所等非银行类金融机构或商业组织。日俄战争结束的 1905 年，西方商人在上海设立众业公所，这让急欲抢占中国市场的日商有了急迫感。因此，日本国内也出现在华设立官营或民营交易所来拓展对华贸易和投资的倡议及活动。这为日俄战争后尤其是第一次世界大战前后日本官方和民间资本在华设立取引所做了思想准备。

三　在华设立物品取引所是日俄战争后日本对华贸易发展的现实需要

甲午战争后，中国的国际地位一落千丈，外国列强在华掀起了强占租借地和划分势力范围的狂潮。清政府被迫开放和主动开放的通商口岸继续增加，到 1911 年已经达到 60 处左右，分布在全国 20 个省区[1]。随着对外开放与通商区域扩大、外国列强在华权益增多、对中国市场的争夺更加剧烈，外国对华贸易得以持续扩展。1868～1894 年中国对外贸易总值从 1 亿 2510 万 8000 关两增至 2 亿 9020 万 7000 关两[2]，26 年间只增长了 1.3 倍；而 1895～1911 年中外贸易总值就从 3 亿 1499 万关两增至 8 亿 4884 万 2000 关两，16 年间增长了近两倍[3]。1912～1934 年中外贸易总值从 8 亿 4361 万 7000 关两增至 10 亿 441 万 5000 关两[4]。由于资本主义国家经济发展不平衡，各主要国家在中国市场上的力量此消彼长。英法等国的地位明显下降，而产业革命完成前后的日本经济

---

[1]　杜语：《开埠史话》，社会科学文献出版社，2000，第 107～171 页。
[2]　何炳贤：《中国的国际贸易》，上海商务印书馆，1937，第 12～16 页。
[3]　王渭泉：《外商史》，中国财政经济出版社，1996，第 67 页。
[4]　何炳贤：《中国的国际贸易》，上海商务印书馆，1937，第 12～16 页。

实力大增，其在华的政治经济势力获得发展。

　　日本政府在 1895～1905 年积极扩充在华的通商权利，强迫清政府签订了《通商行船条约》（1896 年）、《继续通商行船条约》（1903 年）等不平等条约，日本取得了在上海、天津、厦门、汉口等处设立租界，日本人可在中国通商口岸往来居住、从事商工制作等活动并享有税收优惠，小轮船可以在内河港口行驶贸易，开设长沙、北京、沈阳、大东沟商场等权利。1905～1913 年日本政府又强迫中国政府签订《中日新约》（1905 年）等八个商约①，日本在华获得了更多的经济权益，在华扩张经济更为便利，其对华贸易因此蒸蒸日上。从对华进出口贸易总额上看，1895～1911 年日本对华直接贸易总额在中外直接贸易总额中的份额从 9.90% 提高到了16.46%②，实际上 1906 年后日中直接贸易额就已经超越英国本土对华直接贸易额而跃居外国对华贸易的首位了（见表 2-1）。

表 2-1　1895～1911 年中外直接贸易的国别地区占比

单位：%

年份	英国	英帝国	美国	欧洲	德国	日本
1895	13.78	66.61	6.34	10.82	—	9.90
1896	16.30	68.76	6.73	9.86	—	8.39
1897	14.10	63.03	8.06	11.07	—	10.43
1898	12.09	61.93	7.72	11.06	—	11.51
1899	11.53	60.96	9.36	11.82	—	11.32

① 何炳贤：《中国的国际贸易》，上海商务印书馆，1937，第 165～167 页。
② 汪敬虞：《外国资本在近代中国的金融活动》，人民出版社，1999，第 228～233 页。

续表

年份	英国	英帝国	美国	欧洲	德国	日本
1900	14.38	62.99	8.26	12.04	—	11.20
1901	11.14	63.34	8.97	12.12	—	11.07
1902	12.59	61.30	10.21	11.65	—	11.87
1903	11.00	60.06	8.24	11.43	—	14.65
1904	12.14	58.01	9.43	12.61	—	14.77
1905	15.17	55.71	15.09	7.68	2.94	14.04
1906	13.85	55.28	10.55	9.83	3.47	14.19
1907	12.93	56.39	9.16	9.78	3.21	13.96
1908	12.40	54.60	9.48	10.13	3.08	13.06
1909	11.42	51.44	8.46	10.66	2.95	14.50
1910	10.46	50.89	6.66	10.71	4.05	16.14
1911	12.48	48.71	8.70	10.64	4.25	16.46

资料来源：王渭泉等编著《外商史》，中国财政经济出版社，1996，第68~69页。

从对华进口贸易额和出口贸易额上看，1898 年日本在中国进口贸易总额中的份额为 11.51%，在中国出口贸易总额中的份额为 10.11%。1913 年日本在中国进口贸易总额中的份额升至 20.35%，在中国出口贸易总额中的份额增至 16.25%，是英国本土在中国出口贸易总额中所占份额的 4 倍；日中贸易总额占中外贸易总额的份额为 19.0%，高于英国本土对华贸易总额在中外贸易总额中所占份额的 11.6%。第一次世界大战爆发后，日本更是利用欧洲国家忙于战事和商路阻滞的有利时机，极力拓展对华贸易。1918 年日本在中国进口贸易总额中的份额升至 41.35%，在中国出口贸易总额中的份额增至 33.62%，日中贸易总额占中外贸易总额的份额为 38.7%，大大高于英国本土对华贸易总额在中外贸易总额中所占份额的 7.2%。大战结束后，因为美、德等国卷土重来，日本在中国进口和出口贸易总额中的份额略有降低。1920 年日中贸易总额占中外贸易总额的份额降至 28.5%，但仍高于英国本土的 13.6%。1926 年日中贸易总额占中外贸易总额的份额降为 27.1%，也高于英国本土的 8.7%①，直到 1931 年，日本都是中国对外贸易的第一对象国。此后因为中日两国关系紧张，东北各海关不归国民政府管辖，中日贸易大为减退，1934 年日本在中国进口贸易总额中的份额降至 12.21%，在中国出口贸易总额中的份额跌至 15.16%②。

从中日两国间贸易的进出口商品结构上看，明治维新以前，日本对华出口的商品仅限于日本的特产品，例如砂金、绢、银、丝帛、铜、杉板、刀剑、海产品、硫磺、扇等物，数量也不多。明治维新后，日本近代工业逐渐发达，其对外商品输出发生较大的变化，输出的商品以生丝和茶叶为主，但由于中国也是这些商品的大宗生产国和出口国，所以甲午战争前日本对华出口并不发达。甲午战争后中国从日本进口的商品多为工业制造品，而对日本出口的商品主要是原材料和食品。1897 年后日本纺纱业兴起，棉纱成为出口到中国的大宗商品。1911～1918 年日本棉纱对华出口进入黄金时期。一战结束后，由于中国纺纱业和日本织布业兴起，日本棉布行

---

① 汪敬虞：《外国资本在近代中国的金融活动》，人民出版社，1999，第 165 页。
② 何炳贤：《中国的国际贸易》，上海商务印书馆，1937，第 47～48 页。

销世界，所以棉织布取代棉纱成为日本对华出口的最大宗商品。此外，甲午战争后，随着日本制糖业、造纸业、面粉业、煤炭等采矿业、钢铁业和机械制造业的发展，糖、纸、面粉、煤炭、机械、钢铁等工业品成为对华出口的大宗商品，不仅出口金额大，而且占中国同类商品进口总额的比例也很高，这种情况一直延续到20世纪30年代初期（见表2-2）。1933年日本对华输出的商品主要是工业制造品，占其对华出口商品的64.11%，其次是食品及烟草占17.55%，工业原料及半制品仅为8.61%。

中国对日出口的商品在隋唐时期以书籍、米棉、香料、食品等物为主。宋代以后对日出口商品以书籍、人参、绫罗、烟料、纸、笔墨、药材、葛布、陶瓷、茶等为多。清朝中叶开海禁之后，中国对日贸易逐渐扩大，棉花成为对日出口商品的大宗。19世纪末是中国棉花对日出口的黄金时期，1889年华棉对日出口额占到中国对日出口贸易总额的83%[①]。

表2-2　1931～1934年日本输华商品占中国同类商品入口总额的比例

单位：%

商品名称	1931 年		1932 年
	对华入口百分比	对日出口百分比	对华入口百分比
棉货	7.2	24.8	62.1
棉花	5.9	57.7	2.5
糖	21.8	90.3	18.2

[①] 何炳贤：《中国的国际贸易》，上海商务印书馆，1937，第228～229页。

续表

商品名称	1931 年		1932 年
	对华入口百分比	对日出口百分比	对华入口百分比
煤	49.1	50.3	23.4
纸	43.5	75.7	16.6
面粉	44.0	96.6	27.3
水产	25.9	27.2	22.4
棉纱	3.7	6.8	13.4
电气材料	33.7	—	26.8
木材	10.2	77.0	13.8
米	7.7	14.7	—
瓷器	64.3	—	74.3
橡皮车带	51.8	62.2	50.3
橡皮靴鞋	34.2	62.2	49.3
机械	26.16	—	15.92
钢铁	15.7	65.9	14.3
麻袋	21.4	92.8	20.2
纯毛织品	8.5	—	7.3
人造丝及其织品	13.2	5.7	20.1
碳化元	18.0	—	27.2
钢	45.2	9.3	25.3
商品名称	1933 年		1934 年
	对华入口百分比	对日出口百分比	对华入口百分比
棉货	53.68		50.62
棉花	0.71		0.14
糖	22.32		24.57

续表

商品名称	1933 年		1934 年
	对华入口百分比	对日出口百分比	对华入口百分比
煤	20.97		24.11
纸	10.70		17.81
面粉	12.95		1.42
水产	23.61		47.41
棉纱	1.94		5.10
电气材料	22.47		27.40
木材	9.42		9.99
米	0.20		0.34
瓷器	70.44		83.48
橡皮车带	48.04		48.37
橡皮靴鞋	54.42		86.08
机械	15.26		17.29
钢铁	7.90		10.14
麻袋	24.58		34.65
纯毛织品	13.19		22.45
人造丝及其织品	5.30		43.68
碳化元	33.20		33.15
钢	24.48		33.52

资料来源：何炳贤：《中国的国际贸易》，上海商务印书馆，1937，第 203～205 页。

日俄战争后，日本取得了在中国东北地区的特殊地位和诸多权益，于是东北的特产物例如豆类、豆饼、煤炭等对日出口激增。1913 年豆饼、棉花、豆类、煤、苎麻等成为对日出口的大宗商品。

一战后期的 1918 年，日本纺织业抓住有利时机而获得空前的发展，日本对中国棉花需求猛增，棉花成为中国对日出口的最大宗商品。一战结束后至 1933 年，豆类、豆饼、棉花、煤炭、麸皮、生铁、棉纱、苎麻等都是中国对日出口的大宗商品，其中豆饼和豆类几乎全部自东北地区输出。

可见，产业革命完成后的日本从中国进口的商品多为原材料和半制品。1933 年原材料和半制品进口额占到日本对华进口商品总额的 56.06%，其次为制造品，只占 28.04%，食品及烟草只占 7.28%（见表 2-3）。

表 2-3　1933 年中日贸易商品性质百分比

单位：%

物品	日货输华	华货输日
饮食品及烟草	17.55	7.28
原料及半制品	8.61	56.06
制造品	64.11	28.04
杂货	9.73	8.62
合计	100.00	100.00

资料来源：何炳贤：《中国的国际贸易》，上海商务印书馆，1937，第 198~199 页。

从甲午战争后日本对华进出口贸易的商品构成来看，两国之间的贸易往来已成为典型的工业国和农业国之间的贸易模式。这种贸易模式下的进出口商品结构对 1906 年后日本人在华设立的取引所类型、交易对象以及空间分布有较大的影响。

中国各地区及主要贸易对象国的资源禀赋、产业结构、内需结构均存在差异。随着中外贸易的国别结构和贸易品结构的变迁，中国各区域在全国对外贸易总额中的份额也发生了相应的变化。

甲午战争前，中国对外贸易高度集中在华中、华东和华南等外国资本主义经济入侵较早的区域。1891～1893年这些区域占中国进口贸易的比重分别为56.5%和40.2%，占出口贸易的比重分别为46.8%和47.1%，其他地区所占比重则微不足道。

甲午战争后，尤其是日俄战争后，原先禁止开发的东北地区以及清朝京畿所在的华北地区遂成为外国列强极力争夺和控制的目标，其在中国对外贸易中的地位迅速上升。1909～1911年东北与华北地区在中国进口贸易中的份额已经分别上升至9.8%和10.9%，在出口贸易中的份额分别提高到16.7%和5.2%[1]，而这种变化又与该区域对日本贸易的迅速增长密切相关。日商要在中国倾销更多的工业品并输出更多的中国农特产品，自然要考虑中国各区域的资源禀赋和收入、需求等情况，在日常的商务活动中逐渐将其对华贸易的重心集中到了资源丰富、经济较富庶、市场条件比较好、交通便捷的东北、华北、华中、华东与华南地区，日本洋行在这些区域设立及活动也较多。早在第一次世界大战前，日本在华洋行数已居各国的首位。1912年日本在华洋行有733家，1913年猛增73%，达到1268家；到1928年洋行数已增至8926家；1913～1928年日本洋行占外国在华洋行数的比例从33%提高到了73%。1931年后日本又在华投资设立了许多洋行，

---

① 严中平：《中国近代经济史统计资料选辑》，科学出版社，1955，第67～68页。

到 1936 年，仅在上海，日本洋行就有 677 家①，可见日本在华贸易力量非常强大。

国际贸易与国内贸易相互连通并相互促进，日商的实力虽然强大，但也需要借助中国国内的市场网络来分销进口到通商口岸的日货，汇聚中国各地收购上来的土产并出口到日本国内。中国原有分散、无组织、没有固定交易时间和场所、缺乏交易规则和管理的传统市场，这些市场存在规模小、交易效率低、交易成本高和风险大等缺陷，不能适应日本对华贸易扩张的需要。因此，日商对于参与、改组和控制其主要贸易区域，尤其是控制沈阳、大连、丹东、营口、辽阳、铁岭、开原、公主岭、四平、长春、哈尔滨、齐齐哈尔、天津、汉口、青岛、济南、烟台、上海、广州等商埠的市场就表现得很积极。这是后来日本官方和民间资本在以上区域和商业中心设立取引所的主要原因之一。东北是日本人在华设立取引所最早、最多的地方，就是因为"东三省是大输出入地带，贸易甚盛，日本人因而经营交易所"②。

四 在华设立证券和物券取引所是日俄战争后日本在华投资发展的需要

贸易产生金融，这是国际经济发展的一般规律。甲午战争后，尤其是日俄战争，外国列强加强了对华的商品倾销，这使得列强各国在中国市场上的争夺日趋激烈，而商品竞争又促使各国加大对华的资本输出。外国列强扩大在华的直接投资意义重

① 孙玉琴：《中国对外贸易史》（第二册），对外经济贸易大学出版社，2004，第 232 页。
② 许兴凯：《日帝国主义与东三省》，昆仑书店，1930，第 438 页。

大：一是可以利用中国廉价的劳动力和自然资源，就地组织生产，就近销售，这样可以降低产品成本，提高产品的价格优势，获取更大的商业利润。二是投资建设铁路，外国列强可以将铁路沿线地区的市场、资源等纳入本国的势力范围，加深对中国的经济控制。三是在华投资办厂、修铁路还可以带动本国商品对华输出。甲午战争前，外国列强已经开始在华非法投资，但规模较小，投资总额不过 2~3 亿美元。到了 1894~1914 年，光是外国资本在华进行的企业投资已从 1.09 亿美元猛增到了 9.615 亿美元，20 年间增长了近 8 倍[①]。1914~1930 年外商在中国的商业新投资额为国币 7360 万元[②]。1930 年外国在华投资总额达到 34.88 亿美元，1936 年外国在华投资总额增到 42.85 亿美元[③]。1930 年以前，虽然英国在华投资的规模仍然最大，但是日、德、俄等国尤其是日本在华投资增长很快。

1897 年以前，日本在华的企业投资几乎为零。受甲午战争的影响，1897 年后日本对华投资有了显著的增加，但到 1900 年为数仍不多，当时日本在华公司有 212 家，虽占到外国在华公司数的 21.1%（见表 2-4），但规模很小，企业投资总额大概只有 100 万美元。

第一次世界大战爆发后，欧洲列强忙于战争，日本借机大肆对华投资。1914 年日本在华投资总额增至约 2.2 亿美元，约占各

---

① 许涤新、吴承明：《旧民主主义革命时期的中国资本主义》，人民出版社，2003，第 538 页。

② 外国人瓦格尔估计，1864~1913 年外国人在华投资额共计 27 亿关两（参阅何炳贤《中国的国际贸易》，上海商务印书馆，1937 年，第 24 页）。

③ 孙玉琴：《中国对外贸易史》（第二册），对外经济贸易大学出版社，2004，第 233 页。

国对华投资总额的 13.6%，仅次于俄国的 16.7% 和德国的
16.4%，超过法国的 10.7% 和美国的 3.1%。1920 年日本在华投
资总额上升到 3.5 亿美元，仅次于英国。1916～1921 年日本在华
投资新办的企业多达 100 余家。到 1930 年，日本在华投资总额约
为 14.12 亿美元，约占外国在华投资总额的 40.5%，超过英国，
跃居首位。

表 2-4 1897～1901 年日本在华公司数及其占在华外国公司总数的比例

年份	日本在华公司数（家）	对外国在华公司总数所占比例（%）
1897	44	6.9
1898	114	14.7
1899	195	20.9
1900	212	21.1
1901	289	26.2

资料来源：〔美〕雷麦：《外人在华投资论》，蒋学楷、赵康节译，上海商务印书
馆，1937，第 406 页。

1936 年，日本在华投资总额增至 21 亿美元，约占外国在华
投资总额的 49%[1]。值得注意的是，欧美列强对华投资总额只占
其对外投资总额的很少份额，而日本对华投资总额却占其对外投
资总额的绝大部分，1914 年和 1931 年该比例分别高达 83.2% 和
63.2%（见表 2-5），这表明日本极为重视对中国市场的争夺与对
华的经济控制。

---

[1] 孙玉琴：《中国对外贸易史》（第二册），对外经济贸易大学出版社，2004，第 160、
182、233 页。

表 2-5　各国对华投资总额、对外投资总额及二者的比值

国别	各国对外投资总额（A）		各国对华投资总额（B）		B/A	
	1914 年 （万美元）	1931 年 （万美元）	1914 年 （万美元）	1931 年 （万美元）	1914 年 （%）	1931 年 （%）
日本	264	1800	219.6	1136.9	83.2	63.2
英国	20000	20000	6075	1189.2	3.0	5.9
俄国		269.3	237.2			
美国	3500	15000	49.3	196.8	1.4	1.3
法国	9050	4000	171.4	192.4	1.9	4.8
德国	5800	2000	263.6	87.0	4.5	4.4
比利时			22.9	89.0		
其他			6.7	78.0		

资料来源：〔日〕波形昭一：《日本殖民地金融政策史研究》，早稻田大学出版部，1985，第 156 页。

　　与日本对华贸易的区域重心及其变化相适应，日本在华投资的区域重心也集中在华南、华东、华中、华北和东北地区，而且东北地区在日本对华投资中的地位显著上升。

　　据中国海关统计，1900 年日本在华公司数 212 家，1909 年增至 1492 家，此后数量减少，到 1914 年有 955 家，1918 年有 4483 家，1921 年有 6141 家，1922 年减少到 3940 家，1925 年回升至 4708 家，1927 年有 4848 家，1928 年猛增至 8926 家，1930 年又减少到 4633 家[1]。

---

① 〔美〕雷麦：《外人在华投资论》，蒋学楷、赵康节译，上海商务印书馆，1937，第412 页。

1901 年的时候，日本在华公司主要集中在厦门、福州等华南地区，其次是上海、烟台等华东地区，东北、华北、华中地区的日本公司数量还较少，企业投资规模不大（见表 2-6）。

表 2-6 1901 年日本在华公司及人口的地域分布

地域	公司（家）	人口（名）
牛庄	8	92
天津	8	1210
烟台	10	128
汉口	6	74
上海	78	1477
福州	42	127
厦门	126	920
其他口岸	11	124
共计	289	4152

资料来源：〔美〕雷麦：《外人在华投资论》，蒋学楷、赵康节译，商务印书馆，1937，第 408 页。

日俄战争后，尤其是第一次世界大战爆发后，东北地区在日本对华投资中的地位迅速上升。1914 年日本在华企业直接投资总额为 1.92 亿美元，其中在东北的投资约为 1.33 亿美元，占总额的 69.3%，在中国其他各处的企业直接投资总额为 5990 万美元，占总额的 31.2%；而在中国其他各处的企业直接投资总额中约有 3000 万美元分配在上海，占日本在华企业直接投资总额的 15.6%。上海以外的在华企业直接投资中心是天津、汉口和厦门等商埠。

到 1930 年末，日本在华投资总额约为 22 亿 7308 万日元，其中在华的企业直接投资总额为 17 亿 4800 万日元，占日本在华投资总额的 76.9%。在华的企业直接投资总额中有 11 亿 40 万日元分配在东北地区，占日本在华企业直接投资总额的 62.9%；而中国其他各处分配的直接投资额为 6 亿 4780 万日元，只占日本在华企业直接投资总额的 37.1%。在中国其他各处的企业直接投资总额中约有 2/3 即 4 亿 3010 万日元分配在上海，占日本在华企业直接投资总额的 24.6%[①]，这显示出上海在日本对华投资中具有重要的地位。

美国人雷麦经分析后认为，在华日本人的数量与日本在华企业的直接投资及经营活动密切相关，在华日本侨民较多的地方也是在华日本企业直接投资和经营活动较活跃的地方。在华日本侨民较多的地方依次是东北地区、上海、青岛，而天津、济南、汉口、福州、厦门等地日本侨民人数也较多。由此推断，东北、华东、华北、华中、华南等地就是日本企业在华投资集中、日本企业数量较多且经营活跃的地方，各地相关史料也支持这个推断。

资本主义经济是发达的市场经济，日本在华企业的原料和产品购销，生产经营资金的筹集和运用等需求，都需要依托当地的商品市场和金融市场来满足。资本主义企业以盈利为导向，生产经营具有扩大的趋势，因而对企业资本的扩大提出要求，仅靠资本积累来扩充资本，短期内难以满足企业扩张的需要，而利用股份有限公司，发行股票和公司债券，实现资本来源的社会化，就可以迅速积聚资本并实现企业经营的扩张。因此，日本在华企业

---

① 〔美〕雷麦：《外人在华投资论》，蒋学楷、赵康节译，商务印书馆，1937，第 418、443、462 页。

很多采用股份有限公司组织，以便于融资和管理。

到清末和民国初期，中国商品经济还欠发达，各地区的发展水平差异很大，商品市场发育不成熟，金融市场就更是落后。以证券市场的发展为例，19 世纪 70 年代末，中国上海形成了二元结构的证券市场。外商股票市场在 1891 年后进入"公所"阶段，1905 年后才进入有组织的"交易所"阶段，而且上海众业公所还控制在欧美商人手里。华商股票市场发展更是滞后，1914 年以前处于"茶会"阶段，此后至 1916 年或 1918 年处于"公会"阶段，1916 年或 1918 年后才进入有组织的"交易所"阶段。可以这么说，1905 年以前中国各地市场的发展尚处于分散、缺乏组织和管理、非标准化交易的场外市场阶段，交易效率低、交易成本高、交易风险大，因而有了 1883 年矿局股票投机风潮的爆发。显然，中国各地市场的发展现状不能适应日俄战争后尤其是第一次世界大战后日本对华投资和在华企业经营的需要，日本官方和民间资本需要建立集中的、由日商组织和日方管理的、标准化交易的、大宗的商品和资产交易市场即交易所市场。按照日本国内取引所法的设立要求以及日本国内取引所经营的惯例，交易所应该设立在商业繁盛之地以发挥其流转货物、疏导金融的功能，因而日本人首先在东北的辽阳、大连、沈阳、长春、哈尔滨、营口等商业工业中心，华北的天津，华东的上海、青岛、济南、烟台等商业中心，华中的汉口、华南的广州等商埠筹办取引所。一言以蔽之，日俄战争后日本对华投资的扩张是日本人在华设立取引所的另一个主要原因。

第二节　日本在华取引所的产生、发展与衰亡

日人在华设立取引所，最早出现在中国东北地区，1906 年 9 月，日商在渤海湾畔的牛庄设立了株式会社牛庄取引所。以此为开端，直至 1945 年日本战败投降为止，近代日本在华取引所的历史大体可以划分为三个时期：进入和发展阶段、整顿与重组阶段、撤并和衰亡阶段。

一　进入和发展阶段

1906 年至 1922 年是日本在华取引所设立与发展的时期。日俄战争后至第一次世界大战前，日本完成了产业革命，资本主义经济实力大增，东北在日本对华贸易和投资中的地位迅速上升，为便利贸易发展，日商遂在东北筹办取引所。

（一）东北日资取引所的设立与发展

1. 株式会社牛庄取引所创设

牛庄是东北地区最早开放的商埠。1858 年《天津条约》规定牛庄对外开放为通商口岸，但英国领事误将营口指认为牛庄，因此营口在 1861 年代替牛庄正式开埠。日俄战争后，日商认为被称为"牛庄"的营口南临渤海湾，北有辽河水运，西有关外铁路与东清铁路联通，交通便利，是"满洲咽喉的一大贸易市场"[1]。东

---

[1]　佚名：《关于株式会社牛庄取引所的文件·创立事由陈述书》，《谷物关系杂件·卷三》，外务省外交档案，明治 39 年（1906 年）2 月 1 日；亚洲历史资料中心，B11090852100；日本外务省外交史料馆，B-3-5-2-4-003。

北土地丰饶，各种物产丰富，作为主产物的大豆，每年输出总额高达 200 万石甚至 250 万石，其中输往日本的大豆占到日本进口大豆的 70%。外贸发展带动了营口当地商业的兴盛，但营口以往的交易惯例是中国商人在当地的庙社内赶集，随行就市，主要从事现货交易，交易方法不完全，缺乏统一的交易规则和行市标准，中外交易商都感觉有缺憾。因此，日商认为有必要改组公会市场，设立交易所市场。1906 年受日俄战争胜利的刺激，日本国内再次出现公司创办热潮，对东北的进出口贸易需求扩大。日商宫川辰藏、辻寿次郎、木村吉辅、矶野良吉、桃井以一等积极活动，发起筹办牛庄取引所。1906 年 2 月 13 日向日本驻营口兵站司令部军政部提交《取引所设立许可愿》，建议由中日两国商人协力以股份组织设立株式会社牛庄取引所。1906 年 9 月该所获准创办，并于 12 月 1 日开业。资本金定为银 10 万日元，股份分为 2000 股，每股 50 日元。该取引所属于官厅管辖，经营期为 20 年，营业所设在营口，营业区域划定在营口和牛家屯一带。买卖物件是大豆、豆饼、豆油、棉纱、棉布和银块。交易方法包括大豆、豆饼的直取引（七日以内）、延取引（五十日以内）、定期取引（三个月以内）三种。营业种类为商品交易类。由矶野良吉出任理事长，角田富次郎为代理，常务理事为松尾鹤男，辻寿次郎任营业部主任。该所股东主要是日本人，华商吴锦堂持有 160 股。该取引所交易结算的通用货币是正金银行发行的银元券。《株式会社牛庄取引所定款》第 22 条规定，该所的役员构成是理事长一人，常务理事一人，理事二人以上，监查役二人以上，这种役员设置与日本国内取引所法的要求是一致的。牛庄取引所开业后的经营并不顺利，1907~1908 年日本迎来了经济景气后的危机，国内需求下降，日本对东北的贸易受到冲击。股份制交易所要为本所的交易负担保责任，为应付业务扩张及危机时期与华商贸易面临的信用风险，牛庄取引所深感资本金不足；但其在 1907 年 1 月以后实施的增资计划却遇到了日本国内股市大恐慌以及在华在韩的日本企业会社纷纷破产解散的困境，增资遇到严重障碍。另外，该所的营业额连续下降，以致开业数月就损失了数千日元。为避免损失，该取引所遂在 1907 年 4 月 27 日发布《休业始末书》，宣告暂时休业，此后该取引所复业，但是营业状况也未能改善。1908 年 12 月 21 日牛庄取引所在大阪召开股东临时总会，会上股东经讨论后一致同意解散该取引所。

2. 信用组合辽阳取引所设立

辽阳是东北历史最悠久的城市，日俄战争前就是东北的经济中心、交通枢纽和军事重镇，物产丰富且位于东清铁路支线（即后来南满铁路）附近，交通便利，日本对此地极为重视。1904 年 9 月，日军以伤亡 23843 人的代价从俄军手中夺取辽阳，随后在 1905 年将辽阳老城自护城河以西到火车站一带，强行划为商埠地并设立辽阳领事馆，为日商服务，在辽阳的日本企业和商民数量也随之增多。为便利日商在辽阳开展贸易和投资活动，1909 年日本在辽阳开办了信用组合辽阳取引所、朝鲜银行辽阳分行、日本商工银行、兴亚银行辽阳出张所、大昌银行、南满银行、信托公司、东洋拓殖会社以及十余家当铺。此时的辽阳取引所采用信用组合即信用合作社的组织形式，没有采用日本国内主流的股份有限公司组织，因为辽阳开埠未久，日本人在当地经济事业虽有增进，但基础尚未牢固，如果营业不够发达，收入和盈利有限，则以营利为目的的公司制交易所就难以生存，而且公司制交易所因逐利而生道德风险，可能疏于管理而致投机操纵盛行；另外，公司制交易所为了盈利可能向交易商征收较高的交易手续费并最终转嫁于工商业者，不利于当地经济事业的发展。辽阳取引所设在满铁附属地内，属官营性质。日本政府一直想推行欧美国家的会员制交易所，1893 年公布修订的取引所法之后，日本国内取引所蓬勃发展，会员制取引所也有相应的增设。但是会员制取引所设立门槛较高，在日俄战争后开埠未久的辽阳不具备设立的条件。采用信用合作社组织，由社员出资并为社员服务，带有社员互助性质，不以营利为目的，经营上偏向会员组织，但是对社员（即交易商）资力与信用的要求低于对会员（会员制下的交易商）的要求，设立较容易；服务范围及经营规模较小，符合当时辽阳日商及其经济事业的发展水平。1919 年日本政府公布"关东州"取引所令之后，辽阳取引所的组织制度就不符合法令的要求了。1920 年 1 月日本人在辽阳设立股份组织的辽阳取引所。

3. 大连取引所集团形成

大连是东三省的门户，是东北最重要的出海口，有南满铁路连接东清铁路（即后来的中东铁路），交通便利，日本与东北贸易的货物进出口主要经由大连完成。东北的豆类、小麦和粟米等特产及煤铁等矿产对日本的发展至关重要。豆、麦、粟等特产经由南满铁路运至大连出口的规模达到每年四五百万吨，大豆又居其半。由于日本人"视该地为侵略满洲之根据地，该地各项事业之发达与否，与三省有密切之关系"①，所以在大连及所谓的"关东州"投资设立了许多企业商号，大连迅速取代营口发展成为东北的工商金融中心，商贸日益繁盛。由于"满洲未设取引所时，其特产交易，仅由当地实业者随地交易。对于契约之不履行并无何等制度，屡酿纠纷"，所以日本"关东厅为保持秩序之必要，于民国二年（1913 年）创设大连取引所……于普通物产之外并为钱钞交易之媒介"②。

（1）官办大连取引所设立

大连取引所也叫大连重要物产取引所，其资本金定为 300 万日元，1913 年成立后采取官营模式，以中村保三郎为首任常务董事。该取引所先后在其下设立了钱钞买卖、粮食买卖和有价证券、砂糖、麦粉、丝棉、麻袋五种商品买卖三个市场；该所规定其经纪人的资格条件，凡入所交易的经纪人，必须交纳保证金 4000 日元，经批准后方可参加交易。

（2）设立官办株式会社大连钱钞取引所

大连取引所成立时，当地及东北其他地方的货币流通紊乱，长期不统一，因而货币兑换业较发达。1913 年 5 月大连 20 多家钱庄协议设立钱业公所，在所内设立钱币交易市场。当时的市场准入规则是进场的交易商资本金最少为 3 万元，各交易商要按其营业规模缴纳 25 元至 50 元不等的交易保证金。满足该要求的交易商可以做现小洋的期货与现货买卖。因为当时的商人热衷投机

---

① 《"关东州"最近调查》，《天津益世报》1929 年 1 月 11 日第 2 张第 6 版。
② 东北新建设杂志社：《东北日人之商业》，《东北新建设》，第 5 册，年份不详，第 14 页。

炒作,交易风险很高,所以日本关东厅以监督货币交易、遏制投机、便利金融业者为由,在 1916 年命令大连钱业公所更名为株式会社大连钱钞取引所,并改为官营①。作为大连取引所的第一个子市场,大连钱钞取引所经营正钞、日本金票的买卖,1920 年以前,该所还兼营俄国羌帖的买卖业务,并由大连取引所内设的钱钞部负责专业管理。关东厅规定该交易所由若干经纪人组成,每个经纪人可设两个代理人,可自由买卖小洋元;加入交易所的经纪人须交 5000 元保证金;场内交易以日本金票对正钞和小洋元的买卖为主,买卖分现货(现物)交易和期货(定期)交易两种方式。现货交易不要手续费,期货交易每万元双方各交手续费 2.50 日元,半月为一期,最长为三期;以每月十五和月底为履行契约的日期。交易商按照每千日元缴纳 10 日元证据金作为履约担保;而且每交易万日元,双方还须各交保证费 100 日元;允许日本人加入钱钞取引所。当时加入该所的日商有 20 多家,华商有 80 多家②。

(3)设立大连取引所信托株式会社和大连取引所钱钞信托株式会社作为大连取引所的清算机关

由于官营的大连取引所在办理期货买卖的清算、担保和贷给资金等业务上存在一定的困难,于是日本关东厅又鼓动日商集资 1500 万日元(实收 1/2.5),在 1913 年 6 月附设专为大连取引所特产物买卖提供履约担保、清算交割、融资垫款等服务的官营大

---

① 中国银行总管理处:《东三省经济调查录》,中国银行总管理处,1919,第 144~145 页。
② 中共辽宁省委党史研究室:《历史永远不能忘记——辽宁人民抗日斗争图文纪实》,辽宁人民出版社,2005,第 96 页。

连取引所信托株式会社（豆信），以之作为大连取引所的经营机关，首任理事长是田中喜介。另外，关东厅还招集日商集资 500 万日元（实收 1/4），在 1917 年 5 月 30 日设立官办的大连取引所钱钞信托株式会社（钱信）；以高崎弓彦为首任理事长，以该会社作为大连钱钞取引所的运营机关。该会社专职办理日本货币与其他货币买卖的清算交割、担负因买卖违约而生的损害赔偿、对经纪人通融款项等业务。大连钱钞取引所及其信托株式会社开业后，得益于当时中国暨东北地区混乱的币制，其货币交易业务很兴旺，每天的成交额少则千万日元，多则上亿日元，获利甚多。自 1917 年 6 月至 1924 年上届为止，大连取引所钱钞信托株式会社所发股利，最高曾至九分二厘，最低也有一分五厘。该机构还曾向日本关东军以及日本高级特务土肥原贤二提供特别费用[①]，而后者是发动"九一八"事变，侵占整个东北地区并在上海策划"一·二八"事变的元凶。

大连取引所通过大连钱钞取引所及其附设的大连钱钞取引所信托株式会社兼营日资银行发行的"金票""银票"等钱钞，影响东北各流通货币之间的比价，贬低东北本地货币的价格与信誉，抬升"金票"等日币的市价与信誉，力图使日资银行发行的"金票"等钞券在市场流通中逐渐排挤和取代东北地区流通的本地货币，直接控制当地的金融市场。

（4）创设官办大连粮谷取引所

1920 年关东厅设立大连粮谷取引所（也叫特产物取引所）作

---

① 唐树富、黄本仁：《大连交易所史话》，《辽宁文史资料选辑 第 26 辑 辽宁工商》，辽宁人民出版社，1989，第 102 页。

为大连取引所的第二个子市场，经营大豆、高粱、豆粕、豆油、小麦、苞米等特产物，并由大连取引所内设的粮谷部负责专业管理。大连取引所实力雄厚，其粮谷取引所"自开业以来，实有左右满洲大豆、豆油、豆粕价格之权能"。当时中国大豆的产量和出口量都很大，到 1932 年以后年产量增至 2000 万石①，该产量占到全世界总产量的一半以上，甚至有资料称该比例达到了 70%。尽管如此，"大连在日人势力范围之内，凡运出之豆，非经过该处取引所之查验，不能出运"②，可见大连取引所对大连地区交易的东北特产诸如大豆、豆饼、豆油等的控制与垄断程度非常高。

（5）大连株式商品取引所在大连取引所民营化过程中创设

大连取引所属于官府专利机构，其附设的大连取引所信托株式会社和大连钱钞取引所信托株式会社的"主脑者悉以官吏履历者充任，而成一种习惯。但官吏出身者……在实业经济方面则有未够资格之嫌。盖其从来无经验，又官吏出身者，既无自己所有之股份，则对于取引所之利害关系较少。居常惟自己地位是务。倘若改为民营，则长其所者，悉由民间选出，此等缺点尽可除去。"因此，"近来日本一般商民，有请改为民营之运动，以期利益之普及于国民"③。大连钱钞取引所的日方经纪人、董事经纪人、大股东也认为，要振兴大连的钱钞市场，"务须改取引所为民营"④。1919 年日本政府依据 1893 年取引所法制定和公布"关

---

① 一石＝150 公斤。
② 佚名：《大连豆应予通行》，《申报》1931 年 10 月 29 日第 2 版。
③ 予觉：《专载：满洲忧患史》，《天津益世报》1927 年 10 月 23 日第 2 版。
④ 《大连钱钞取引民营》，《银行月刊》1928 年第 8 卷第 8 号，第 11 页。

东州"取引所令，规定关东厅为"关东州"及满铁附属地内取引所的监理机关，取引所的组织制度分为股份组织和会员组织两种。

日本关东厅为实现大连取引所的民营化，在1920年批准奉天（今沈阳）、铁岭、辽阳、营口取引所之外的其他交易所"根据民国八年日本公布的'关东州'取引所规章……以合股的组织，设立大连株式商品取引所（也叫五品取引所）"①，作为大连取引所的第三个子市场，经营有价证券、砂糖、麦粉、丝棉、麻袋等五种商品买卖，并由大连取引所内设的杂货部负责专业管理。综上所述可知，大连取引所实质上是一个交易所集团，是日本殖民当局为打击中国商户，控制市场，扩大经济侵略而建立的统治性金融机构。

4. 日本人在东北其他地方设立取引所

在大连取引所设立后，日本关东厅及日本驻华使领馆等官方机构又批准日商依照日方的法律或政令，在满铁沿线附属地及东北其他地方的重要城市，例如开原（1915年）、长春（1916年）、哈尔滨（1918年）、公主岭（1919年）、铁岭（1919年）、四平街（1919年）、奉天（1919～1921年）、辽阳（1909～1920年）、营口（1920年）、安（丹）东（1920年）以及吉林等地设立了货币、物品或证券物品钱钞兼营的取引所。

这个时期日本人在东北地区设立的取引所只向日本政府或日本在东北的殖民机构、使领馆注册登记。截至1922年，日本人在东北设立的取引所总数达到14家，实收资本总额为1465万日元，

---

① 王雨桐：《最近之东北经济与日本》，新中国建设学会，1933，第202页。

平均实收资本为 104.6 万日元，规模不小。

　　日本人设立的取引所在经营管理上分为官营和民营二种方式。所谓官营取引所就是归属关东厅管理的交易所，这部分交易所内设有所长、主事、书记等职员，掌理常务；又设有商议员会，而商议员由关东厅长官任命，其职责是审议政策允许的交易方法及其在具体交易上履行情况等重要事项。

　　官营取引所的运营管理要接受日本政府或其在华殖民机构的干预或指导，负有政策性职能，不是纯粹商业性经营的经济组织。在东北，这个时期的官营取引所有九家，分别是大连、营口、辽阳、奉天、铁岭、开原、四平街、公主岭、长春取引所。民营取引所有大连株式商品取引所、安东取引所等五家（见表 2-7）。

表 2-7　1922 年末东北日籍取引所与信托公司数量及其资本额调查

取引所类别		取引所数量（家）	资本额（单位：元）	
			法定资本	实收资本
取引所	私营	4	17200000	7150000
	中日合办	1	10000000	7500000
	官营	9	所在地：大连、营口、辽阳、奉天、铁岭、开原、四平街、公主岭、长春	
信托公司	总所	58	65225000	24225000
	中日合办	14	23200000	7925000
	分所	1	20000000	5000000
合计		87	135625000	51800000

　　资料来源：该表根据 1922 年 3 月朝鲜银行东京调查部编纂的《满洲会社调》及 1922 年官报揭载的商业登记编制。

（二）关内日资取引所的设立与发展

继东北设立取引所之后，日本政府及其在中国关内各地的使领馆、甚至日本驻青岛占领军司令部等官方机构又批准日商依照日方的法律或政令，在日本对华贸易和投资的其他重点城市，例如上海（1918 年）、青岛（1920 年 2 月日本官办，1922 年 2 月改中日商办）、汉口（1920～1922 年四度设立）、天津（1921 年）等地设立物品取引所或证券物品钱钞兼营的取引所。

1. 上海取引所设立

上海是中国工商金融中心，上海经济为中国各地经济之翘楚，上海市场对中国各地市场尤其是华东与华中地区的市场具有很强的辐射作用。控制上海市场与经济就不啻于控制中国的经济。因此，上海市场也是日俄战争后尤其是第一次世界大战爆发后日本极力争夺的经济高地。1916 年东京取引所委员山本久显等人就曾经向上海日本总领事馆提出申请，要求依据英国法律，以资本金 2000 万日元在上海设立取引所，经营有价证券、金银汇兑及其他交易，但未有结果。后来山本久显等人改依美国某州的法律，于 1917 年 8 月携带美国驻日大使的委任状前往上海美国总领事馆办理登记，试图在上海设立东洋信记保证取引所，但也未成功。

1917 年 5～6 月，大阪株式取引所理事长岛德藏等又酝酿发起上海取引所。1918 年 3 月，日本商人声称，"为沟通利用日中两国的经济资源和两国民众的经济信用，联结彼此的力量，相互扶助，发展两国经济，增进两国福利。"① 实则为便利日本纱厂向中国倾销棉纱并收购中国的棉花，同时消化已发行的日本公债，便利日本企业募股集资，方便日商买卖标金，规避金银比价波动产生的汇率风险，再次发起筹设上海取引所。发起人有奥繁三郎、岛德藏、志方势七、藤野藏之助等 14 名日商。筹设中的这家交易所经营范围较为广泛，除股票和债券、棉花、棉纱、棉布外，还有标金、生丝、面粉等其他商品，交易方式包括定期买卖和直接买卖。该所在日本大阪设立总所，在上海设立的是分所，但实际上业务都在上海分所开展，大阪总所仅在名义上对上海分所进行管控。

上海取引所的筹设同时违反了日本国内的取引所法（1893 年修订）和中国的证券交易所法（1914 年颁布），因为中日两国的交易所法都规定，经营同一类对象的交易所每个地方以设立一所为限。上海取引所实行物券综合经营，而在日本大阪，已有了株式会社大阪株式取引所和株式会社大阪三品取引所。显然，按照日本的取引所法，上海取引所的业务范围与日本大阪的另外两家交易所存在经营范围重叠的问题；而在中国，交易所法禁止外国人附股或充当经纪人，那么日本人设立上海取引所就更是违法了。但是日本外务大臣本野和农商务大臣仲小路廉在回复议员的质询时声称，日本现行的取引所法不适用于中国，外务省派驻中国各地的使领馆及其总领事具有对该地取引所设置认可的权限。

① 〔日〕奥繁三郎：《上海取引所设立趣意书》，《取引所关系杂件·上海之部·认可·卷二》，外务省外交档案，大正 6 年（1917 年）7 月 21 日；亚洲历史资料中心，B11090114800；日本外务省外交史料馆，3-3-7-39-6-1-002。

因此，1917 年 12 月 26 日，上海取引所获得日本驻上海总领事有吉明的营业许可，1918 年 12 月该所开业。该交易所采用股份有限公司组织，法定资本金定为 1000 万日元，先收 1/4 即 250 万日元，股份分为 20 万股，每股 12.50 日元。股东中约有 3000 名日本人，还有不少西方人和 60 名中国人。经纪人有 31 名，其中日本人有 21 名，中国人有 7 名，欧美人有 3 名。

上海取引所与日本国内取引所联系较密切，它是由大阪株式取引所的关系人为中坚人物，联合东京、京都各家取引所的关系人以及在对华贸易上有关系的日本人而组建的，不仅势力颇大而且得到各方面的后援。该所的理事长由大阪株式取引所的理事长岛德藏兼任；该所的股票在大阪株式取引所上市，而后者的股票则在该所上市买卖；与东京、大阪株式取引所一样，该所的股票于 1919 年 2 月获准在本所上市，存在操纵股价的问题。上海取引所成立初期，业务集中在棉纱和证券买卖上，业务极为兴旺，交易额迅速扩大，在开业后两年多时间里就垄断了上海大部分的棉纱业务，股票业务也做得有声有色。1921 年 9 月该所又获准开展日本银行兑换券、朝鲜银行金票、上海当地钱钞定期交易的营业许可，交易期限一个月，每月 15 日和最终营业日履约交割。上海取引所开业初期，盈利颇多，大有垄断和控制上海市场的势头。上海取引所咄咄逼人的进取态势引起了中国商民的警觉和抵制，对中国人自设交易所具有强烈的刺激与示范作用。

2. 日本人在青岛和济南创办取引所

第一次世界大战结束后，山东沦为日本的势力范围。1914

年 11 月，日本从德国殖民者手中夺占青岛后，日本商人便涌入青岛，在当地投资，设立了大批工商金融企业，与日本有关的物产、证券及日钞的交易逐渐活跃起来。自 1917 年开始，青岛商人就在马路边的人行道上从事期货买卖，此类买卖被日本宪兵署取缔后，当地商人又组织了集成公所及钱业公所等市场，在北京街专门从事生米、生油、日钞老头票的买卖。当时这些市场的组织还很简单，交易全凭信用，并无押金及经手费；每日交易最盛的时期，可达油近千车，生米近二三日车，老头票约至三百万元的规模。这些市场的交易纯粹是华人营业，外人不得入内交易；外人如有买卖需求，均需委托华人代理。从事贸易的商人殊感不便，鉴于此，青岛的中日商人遂提议在青岛设立交易所以更加便利当地的物券和钱钞交易，当时向青岛的日本民政署呈请创办交易所的事例，前后约有十余起，但都未能得到日本当局的允许。

1919 年日本人峰村正三、田边郁太等人征得日本陆军部及驻青岛日军司令官的允许，不顾华人商会的反对，唆使并代表青岛日本官署发起设立官办的取引所。1920 年 2 月青岛取引所经日本青岛守备军司令部批准后成立，日本军方公布《青岛取引所规则》，规定青岛取引所从事物产、钱钞及有价证券的买卖交易。该所最初定为官营，由青岛日本民政署事务官兼任所长、主事，下设书记及检查员。同年 7 月 20 日，日本军方又公布《青岛取引所规程》，将取引所的经纪人分为物产、钱钞和有价证券经纪人，开始钱钞、证券、物产交易。1920 年 8 月青岛取引所成立，9 月正式营业。理事长为峰村正三，副理事长为朱润身，分物产、钱钞、证券三个部。另外，峰村正三、田边郁太等人还唆使日本官署招诱东京方面的资本家和部分大连华商共同组织株式信托会社，作为青岛取引所的运用机关，办理该所交易的担保、交割清算、融资垫款及信托代理等事务。株式信托会社的额定资本为800 万日元，分为 16 万股，每股 50 元，先收 1/4，计 200 万日元，中日商人平均认股。交易分为物产、钱钞和证券三部，各部均设取引委员会，委员中日各半，但负责人均由日本人担任。三部的交易标的，物产部以花生米、花生油、豆油为限；钱钞部以正金银行所发银票为限；证券部以指定的 24 种股票为限，皆为日本人在青岛组织之各种株式会社的股票。实际上，株式信托会社在最初组织和设立时即为交易所类似组织。至此，青岛的物产、钱钞交易，华人原有的买卖市场，大部分都被日本取引所收入囊中。由于垄断了市场，所以青岛取引所开业第一年，其现货与期货交易都很兴旺，盈利和财产日增。日商通过青岛取引所控制了青岛的物产与钱钞市场，而且该所的证券买卖活动还提高了日商股票的声誉和市价，进而便利了日资企业的资金周转和营业的发展。

在山东，除了青岛，日本人也在济南等地筹组交易所。1921 年初，日华关系活动家、东京取引所委员长南波礼吉、中野二郎、中岛鹏六等日商与大阪贸易商协商后，提出日华合办会社的创设计划，拟由中日两国商人共同出资日金 300 万元，设立株式会社济南信托取引所。该所发起人的总代表南波礼吉与山东省督军顾问渡濑二郎、安藤万吉等人奔走联络，内定由济鲁银行所有者朱五丹认购该所股份的大部分，并在东京设立总所，在济南设立分所，专门向日本输出山东省出产的花生、棉花等物产。

3. 日本人在天津设立取引所

(1) 设立天津取引所

天津是华北的门户和商业中心，也是日商在华北极力扩张经济影响力的战略据点。为便利日商在天津的经济活动，1920 年以前日本人就开始在天津筹组交易所。日本众议院议长奥繁三郎、日商藤山雷太、宫崎敬介、藤野铁之助、志方势七、岛德藏等人发起设立天津取引所。资本金定为 750 万日元，股份分为 15 万股，其中发起人占 3.5 万股，赞成人等其他投资者占 1 万股，在津日本人占 3 万股，发起人关系的内地人占 1 万股，公募 3 万股，中国人占 2.5 万股，其他人占 1 万股。

对天津取引所的监理，依照此前上海取引所设立的惯例，由日本驻天津总领事官负责。1920 年 2 月 24 日，该取引所获得日本驻天津总领事官的营业许可，将取引所的总所设于日本大阪，分所设于天津日租界福岛街（多伦道）东头。天津取引所的营业计划涵盖范围较广，涉及：日本、中国、其他国家的国债证券买卖；公司股票买卖（但禁止买卖本所股票）；公司债券买卖；棉纱交易；棉花交易。

为适应业务发展的需要，1921 年 8 月，日方将天津取引所升格为总所，而将大阪总所降格为分所。此项调整一方面体现了大阪财阀对天津市场的重视，另一方面就像上海取引所一样也是为了逃避中日两国法律的约束。1921 年 9 月天津取引所获得买卖钱钞的营业许可，上市交易的对象是日本银行的兑换券、朝鲜银行的金票和天津的银元，买卖的标准单位是日金 1000 元。标价方法采用直接标价法，日金 100 元应付银若干两。钱钞买卖的方式分为定期交易、竞价买卖、直接交易、延期交易和相对买卖五种，交易期限限定在 1 个月以内，履约交割的日期定为每月 15 日和 25 日。该所同一时间还获得与他人共同经营仓库事业以外的其他附带事业的许可。该交易所的经纪人 80% 为日本人，中国人只有几个人[①]。

（2）改组东洋保证信托取引所，设立五国银公司国际交易所

1920 年东京取引所委员山本久显、楠濑幸彦等人在天津与中美英法四国的商人一起，在株式会社东洋保证信托取引所（1917 年 1 月 28 日在美国特拉华州注册成立）的基础上，创办五国银公司国际交易所，仍照美国法律，在美国注册。资本金定为 1000 万美元，先收 1/4 即 250 万美元。原定在北京设总所，并在天津、上海、伦敦、纽约等中外主要商埠设立分所。1920 年 8 月 20 日，在天津取引所经营钱钞业务的计划招致天津人士反对、中国政府迟疑中未向该所颁发钱钞买卖营业许可的情况下，五国银公司国际交易所就抢先在天津的意大利租界开始金银买卖业务。当日的营业额达到日金 34 万 7000 元，但是其后的交易额逐日减少，到 8 月 25 日，该所的交易已经陷入停顿状态[②]。可见，为抢占中国

---

① 王志华：《中国近代证券法》，北京大学出版社，2005，第 113 页。

② 支那驻屯军司令部：《五国信托取引所落成》，《取引所关系杂件·国际贸易公司（五国信托取引所）》，外务省外交档案，大正 9 年（1920 年）9 月 13 日；亚洲历史资料中心，B11090113400；日本外务省外交史料馆，3-3-7-39-5。

市场，日本人在华交易所之间也存在激烈的竞争。五国银公司国际交易所在 1921 年 4 月 23 日获得美国政府许可正式开业时，又将总所改设在上海，实际上该交易所的营业重心就在中国津、沪等商业中心。五国银公司国际交易所虽然登记为美籍企业，其理事长是中国人杨度，但是日方股东的势力居主要地位。因此，当年日本通商局调查课的统计资料也将该所列入日本在华取引所的名录之内。

4. 创办汉口取引所

湖北地处华中地区，向称九省通衢，而汉口又是湖北省会，为华中商业中心。甲午战争后日本就强迫中国开放重庆、沙市、苏州、杭州为通商口岸，将其经济势力渗透到湖北尤其是汉口。第一次世界大战爆发后，日商在汉口投资和创办企业也日渐增多。

为便利日商在汉口发展，日本取引所"曾于民国八、九年之交证立出张所于英租界，专管大阪三品（棉花、棉纱、疋头）贸易，抛盘、定价仅凭上海来电报告涨跌，一时汉口洋纱业者趋之若鹜，不数月间，该出张所赢利至六十余万"。汉口在 1916 年后就有华商多次筹办物券交易所，但经营都相继失败，历时不长。1921 年华商又在汉口河街开办五交易所，由知名鄂商马刚侯任该所主任，但很快就因为经营亏损而陷入停顿状态。随后华商与政客又在汉口英租界创办物品证券交易所，由湖北省议会议长屈佩兰担任该所主任，但很快该所也陷入亏损和停顿状态。

1921 年底，在五交易所及物品证券交易所尚在经营但面临困难时，大阪株式取引所兼上海取引所社长岛德藏、上海取引所大阪支店长冈松忠利预料华商五交易所及物券交易所必将同归失败，遂与奥繁三郎、仓知义吉、小山出勇等人发起，积极筹组汉口取引所。在获得日本驻汉口总领事官的营业许可后，汉口取引所于 1922 年 4 月 1 日办理设立登记，5 月 20 日在原俄国租界道胜银行后面的三码头正式开幕，21 日开始正式营业。

汉口取引所的社长由大阪株式取引所兼上海取引所社长岛德藏出任。日商取引所"组织之主张，仍不过日人贯彻其对华经济侵略政策之一种。其目的地则惟沪与汉。盖以沪汉为扬子江流域之两大商埠，夙为大阪三品（棉花、棉纱、疋头）之大消场。该取引所之大本营既是株式会社（意指大阪株式取引所），于数年之前，已在沪组设取引所，当然未便将汉口付之缺如"①，鉴于此，大阪日商认为也有必要在汉口组设取引所。

汉口取引所资本金额定为 1000 万日元，股份分为 20 万股，每股 50 日元。该所的股本分四次交纳，其第一次实收的股本为 250 万日元。虽然该所也吸收华人入股，但是华人股份具体而微小，以日本人股份居大多数。汉口取引所的内部组织分设为证券、金银、棉花、棉纱四部。由于该所社长岛德藏不能常驻汉口，所以该所特设专务理事和常务理事各一人，专务理事由中村德五郎充任，而常务理事由江藤丰二郎出任。中村擅长买卖营业，而江藤久居天津，熟谙汉语，因而还担任汉口取引所的庶

---

① 佚名：《日人在汉口已设立取引所》，《天津益世报》1922 年 5 月 29 日第 2 张第 7 版。

务、交际等要职。该所四部的部员及经纪人则全部由华人出任，以江浙帮中经营金银业者来经理该所的证券与金银部业务；以汉口本地帮中一向充任日本洋行买办、熟悉花纱进出口商情者来管理棉花与棉纱部的业务。代理汉口取引所对外接洽和疏通的买办是华人宋伟臣和汪惺斋。汉口取引所开幕时，岛德藏、冈松忠利以及上海取引所大阪支店的岸重立夫均到场祝贺。

汉口取引所在筹办和开业之时遭到汉口华商花纱业、银钱业及报业的反对。该所遂采纳买办宋伟臣、汪惺斋的建议，以极低利率的 25 万银元存款和 8000 银元贿赂金分别收买了汉口 40 多家钱庄和各家报纸，成功地消弭了中国银钱业和新闻界的反对，得以顺利开幕和营业。尽管如此，汉口花纱业和学界仍然强烈反对该取引所的设立及其营业活动，"自该所成立后，各界有识之士则多栗栗危惧，群谋挽救。连日分散传单，警告商民；又设立取引所研究会，指陈取引所利害以供商民之讨论，兼拟定期开演讲会，使商民得晓然于其利害之关系"。湖北省实业厅长黄永熙以汉口取引所设在原来俄国租界，而俄租界已由中国收回管理，该所并未向湖北省官厅呈请备案为由，在 1922 年 5 月 19 日特告北京政府农商部，认为"汉口为重要商埠，关于社会经济，职厅有维护之责，（汉口取引所）不行取缔，易滋流弊"[①]。

总体说来，1921 年资本主义经济大危机和信交风潮爆发之前，日本人在华交易所的扩张势头是非常强劲的，日本人在华设立的交易所及其附属信托公司的数量呈现上升趋势（见表 2-8）。

---

① 佚名：《日人设立汉口取引所之反对》，《申报》1922 年 5 月 25 日第 17690 号第 7 版。

表 2-8　1906~1922 年日人在华设立的取引所及其附属信托会社一览

取引所名称		取引所设立年份	取引所清算机关名称	交易对象种类	取引所资本金
牛庄取引所		1906 年官营	一	大豆、豆饼、豆油、棉纱、棉布和银块	银 10 万
信用组合辽阳取引所		1909 年	一	大豆等特产物、钱钞	
大连取引所	特产物取引所	1913 年官办	大连取引所信托株式会社	大豆、高粱、豆粕、豆油、小麦、苞米	日金 1500 万元 实收日金 600 万元
	钱钞取引所	1917 年官办	大连取引所钱钞信托株式会社	钞票、羌帖	日金 500 万元 实收日金 125 万元
开原取引所		1915 年 12 月官办	开原取引所信托株式会社	大豆、高粱、小麦、豆粕、羌帖、金票、钞票	日金 200 万元 实收 87.5 万元
长春取引所		1916 年官办	长春取引所信托株式会社	大豆、高粱、小麦、豆粕、金票、钞票、羌帖	日金 100 万元 实收 25 万元
哈尔滨取引所		1918 年	哈尔滨信托株式会社	大豆、小麦、豆粕、豆油、面粉、麻袋、棉纱、棉布、银、官帖、有价证券	日金 1000 万元
奉天商品证券交易所（1923 年更名为满洲取引所）		1919 年（1921 年合并重组）	奉天公株信托株式会社	商品（棉纱、棉布、面粉、稻米等）、有价证券（国债、地方债、股票、满铁社债）	日金 320 万元 实收 80 万元

续表

取引所名称	取引所设立年份	取引所清算机关名称	交易对象种类	取引所资本金
公主岭取引所	1919 年官办	公主岭取引所信托株式会社	大豆、高粱、大麻子、粟、豆油、金票、钞票、奉小洋票、羌帖、官帖	日金 50 万元 实收 12.5 万元
铁岭取引所	1919 年 12 月 25 日官办	铁岭取引所信托株式会社	重要物产、钱钞	日金 50 万元 实收 12.5 万元
四平街取引所	1919 年 8 月 15 日官办	四平街取引所信托株式会社	大豆、高粱、大麻子、粟、豆油、金票、钞票、奉小洋票、羌帖、官帖	日金 50 万元 实收 12.5 万元
营口重要物产取引所	1920 年官办	营口取引所信托株式会社	大豆、豆粕、金票、奉小洋票	日金 200 万元 实收 50 万元
奉天取引所	1921 年官办	奉天取引所信托株式会社	特产物、金票	日金 300 万元 实收 75 万元
辽阳取引所	1920 年 1 月 15 日官办	辽宁取引所信托株式会社	金票、钞票、奉小洋票、羌帖、大豆、高粱、粟、小麦、豆粕、豆油、其他杂谷	日金 50 万元 实收 12.5 万元
大连株式商品取引所	1920 年 2 月 5 日	大连株式信托会社	有价证券（股票、国债及地方债）、棉纱、棉布、麻袋、面粉、砂糖	日金 1000 万元 实收 250 万元

续表

取引所名称	取引所设立年份	取引所清算机关名称	交易对象种类	取引所资本金
安东取引所	1921 年 2 月 15 日	安东取引所信托株式会社	柞蚕丝、柞蚕茧、大豆、豆粕、栗、钱钞（镇平银、银票、金票、有价证券（股票、公债社债）	日金 250 万元 实收 52.5 万元
上海取引所	1918 年 12 月	上海取引所信托株式会社	棉纱、证券、钱钞	日金 1000 万元 实收 250 万元
天津取引所	1920 年 2 月 24 日	天津取引所信托株式会社	国债、股票、公司债、棉纱、棉花、钱钞	日金 750 万元
青岛取引所	1920 年 2 月官办	青岛取引所株式信托会社	物产（花生米、花生油、豆油）、钱钞、证券（正金银行所发银票）、证券（日人会社股票）	日金 1000 万元 实收 250 万元
济南信托取引所	1921 年	济南信托取引所信托株式会社	花生、棉花、银块	日金 300 万元
汉口取引所	1922 年 4 月 1 日	汉口取引所信托株式会社	证券、金银、棉花、棉纱	日金 1000 万元

资料来源：东北新建设杂志社：《东北日人之商业》，《东北新建设》（时间不详），第 5 册，第 14 页。[日] 铁岭领事小仓锋：《关于铁岭取引所设置并铁岭取引所信托株式会社设立的报告》，《取引所关系案件·在华取引所类似组织控制案件》，外务省档案，大正 10 年（1921 年）9 月 1 日；亚洲历史资料中心，B11090133400；日本外务省外交史料馆，3-3-7-39-14。

二 整顿与重组阶段

1922 年资本主义世界经济大危机及中国信交风潮爆发后至
1937 年抗日战争全面爆发前，是日本人在华取引所扩张受阻并由
此进行整顿和重组的时期。交易所是中日两国财政经济及政治关
系走向的"晴雨表"，日人在华取引所经营上遇到困难，与这个
时期经济或金融危机接踵爆发、中日两国邦交日趋紧张、中方自
设交易所日渐壮大及中方对日资取引所的抵制有关。

（一）日本在华取引所扩张遇阻并进行整顿和重组的背景

1921 年、1927 年和 1930 年相继爆发的资本主义世界经济大
危机、昭和金融危机、昭和经济危机冲击了日本经济，日本国内
经济陷入萧条，日本政府被迫对经济和金融进行整理，日本在华
企业及相关取引所的经营因此受到波及。1918 年，美国恢复了金
本位制，其他主要资本主义国家在两次世界大战之间也纷纷恢复
了金本位制。日本在 1914 年已放弃了金本位制，是一战结束后唯
一没有恢复金本位制的国家。1920~1921 年经济危机期间，日本
物价水平虽有所降低，但仍然高于国外，以致日本出口商品的价
格竞争力下降，贸易出现逆差，海外黄金储备流失，做空日元的
汇率投机因此盛行，日元汇率下行压力增大，这不利于日本经济
的稳定。日本政府为收缩通货以压低国内物价水平，实现贸易顺
差和恢复经济，拟重建金本位制。与日本国内有大量贸易往来的
中国大连等东北地区实行银本位制，为降低日本对东北地区贸易
的汇率风险，日本关东厅和朝鲜银行遂在大连取引所的交易中强

制推行金本位制即所谓的"金建"，此举招致中国商人和部分日商的强烈反对和罢市抗议，酿成经济恐慌，其影响波及整个东北和与大连商业往来密切的青岛等地区，日本在华取引所的营业因此受到打击。

1905 年中国开始抵制外货的运动后，又在 1908 年、1915 年、1919 年连续掀起抵制日货的运动。1921 年华盛顿会议期间，为解决中日间的"山东悬案"问题，迫使日本交还从德国手中继承的胶州租借地，促成青岛的回归，中国人民掀起抵制日货的运动，致使 1921 年日本对华出口同比下降 8696 万美元，这相当于 1920 年日本出口总额的 9%，日本在贸易、航运和工业方面遭受重大损失。1923 年，为收回日俄战争后俄国转让给日本并被日本强求展期的旅大租借地，中国人民又掀起抵制日货运动，从当年 4 月份到 12 月份，共造成日本对华出口同比下降 3498 万美元，这相当于 1922 年日本出口总额的 4%，同年日本进口额的下降率是其他国家的 50 倍。1925 年 5 月，上海日本纱厂主枪杀工人顾正红及英国巡警打死打伤游行示威群众，酿成"五卅惨案"，中国人民掀起省港大罢工，抵制英货与日货。1927 年 5 月，日本内阁为阻止中国北伐军进入山东，以保护日侨为名出兵山东，日军在青岛打死打伤中国民众多人，1928 年日军又制造"济南惨案"，由此引发中国声势浩大的对日经济绝交运动。

中方在此次运动中首先把粮食、棉花、煤炭、铁矿等出口商品定为绝对禁止品目，全面禁止对日出口。其次，除了国内无法生产的商品外，其他日本商品一律全面禁止进口。再次，在金融部门禁止使用日本货币，存于日本银行的储金必须全部取出，中断同日本的外汇交易。最后，在交通部门禁止乘坐日本船舶，拒绝运输日本货物。此外各商店未在反日会登记的日本商品，一律没收。这次对日经济绝交运动，从 1927 年 5 月持续到 1929 年 5 月，对在华日商的经营活动构成重大打击。1929 年南京国民政府制定和公布了体现关税自主原则、上调进口税率的首个税则，因日本不承认该税则又引发中国人民抵制日货的运动，在华日商损失惨重。1931 年"九一八"事变和 1932 年"一·二八"事变后，日本不断侵略中国，中日国交处于持续紧张对立状态，中国人民抵制日货、对日经济绝交等活动不断加强，国民政府也着手准备对日抗战，取消了给予日本部分进口商品的税收优惠，中日经济关系大受影响，1929~1936 年中国出口量年平均下降 2.4%，进口量年平均下降了 8%。

1922 年以前，日本在华取引所急速扩张的势头引起了中国商民的警觉和强烈抵制，中国人以经济抗日的名义自设交易所，中方经纪人在对日经济绝交运动期间退出日本在华取引所的交易，中国商民不与日本取引所发生经济往来等做法，使得部分日本在华取引所的营业和财务状况陷入困境。为摆脱困境，这个时期部分日本在华取引所在日本官方和民间资本主导下进行了整顿与重组，还有一部分日本人设立的取引所因为营业亏损、无力维持而停业清理。

（二）关内日资取引所经营的窘境及其重组

1. 上海取引所关闭清理

上海取引所在 1918 年开始营业，起初业务扩张很快，一度垄断上海的棉纱交易。1919 年中国发生"五四运动"及抵制日货运动，受此影响，上海取引所在 1919 年的上半年只有微弱的利润；下半年后该交易所的业务开始好转，1919 年下半期和 1920 年上半期也有盈余，华商经纪人及其客户被上海取引所搜刮去的金钱竟达 700 多万银元。1920 年后，上海取引所的营业转入下坡路，经营连年亏损，其中 1920 年全年的营业亏损共计 13.6 万日元；尽管如此，上海取引所仍在 1920 年以本所股票 1.5 股换上海棉纱交易所股票 1 股的比例，以换股收购的方式吸收合并了上海棉纱交易所。1922 年下半年上海取引所亏损竟达 706 万日元，1924 年上半期继续亏损，营业损失为 12.5 万日元。上海取引所的经营在 1920 年后陷入困境，这既与 20 世纪 20 年代初的经济萧条及"信交风潮"的冲击有关，又与上海证券物品交易所、上海华商证券交易所的成立、竞争及中国商民抵制日货的影响有关。例如上海取引所尚在筹备时，其面值 12.5 日元的股票，在东京株式取引所的市价一度飙升至 20 日元；但是在日本投资人听到中国人也在筹设自己的交易所时，担心日本人在华设立的取引所受到排斥和抵制，因而纷纷抛售上海取引所股票，以致该所的股票市价很快跌至每股 9 日元。为减少损失，上海取引所将额定资本从 3000 万日元降至 1500 万日元。上海取引所当局还多方设法，力图挽救。无奈该交易所亏赔过重，已无力维持，其理事会被迫在 1927 年 1 月 20 日宣告该所停业，随后自动清理，不复存在。

2. 天津取引所歇业和天津平井洋行钱钞取引所营业低迷

天津取引所由日商岛德藏等人在 1921 年创设后，利用认购该所股份的华人股东和天津知名人士来拓展业务，壮大声势。该所开始专做买卖日金"老头票"的生意，但因为从一开始就遭到中国商界人士的抵制，加上信交风潮的影响，其钱钞买卖的成交量到1923年日渐萎缩。1924年该取引所为谋求发展，经日本驻天津总领事批准，增设证券部。1925年天津取引所利用北京证券交易所因公债风潮而停业整理的机会，仿效证券交易所的模式，开拍中国的国内公债，以优厚条件吸引中国经纪人进场交易。另外，天津取引所还经北京政府财政总长张弧的介绍，延聘北京华北银行经理邵昌言来组织该所的证券业务。天津取引所证券部开业后也曾经繁荣了一个时期，但好景不长，其证券业务很快就趋于萎缩，成交额不断下降。期间天津取引所也进行过几次整顿，使得证券业务勉强维持了一年。随后邵昌言知难而退，离开了天津取引所，该所的证券买卖业务也随之结束。不过岛德藏对此心有不甘，他转换思路，力图振兴1921年就开设的棉花和棉纱市场，希望振兴花纱业务来挽救该交易所。为此岛德藏专门聘请同聚棉花栈财东黄云舫和三井洋行棉花搭客吴楚卿作为天津取引所棉花市场的主持，招徕棉花商人进场买卖，但此交易场景也不过是昙花一现，花纱市场旋即又告失败[1]。天津取引所虽经几度整顿，但是营业再也没有起色，最终在1926年宣告歇业。

天津取引所歇业后，日商又在天津设立钱钞取引所。由于天津和华北其他地方的流通货币长期不统一，所以钱币交易市场原来就一直存在。为了推行日本金票，控制华北的金融市场，1928

① 吕玉忠：《近代天津证券市场的形成及演变》，《产权导刊》2010年第11期，第36～37页。

年日商创办了平井洋行钱钞取引所。该交易所是将原来华街钱商公会内设的钱币交易市场整个转移到平井洋行而设立的。平井洋行钱钞取引所设立初期，交易只是按照很简单的成文规则和口约进行，买卖规模很小。后来该所因为顺应时势变化的要求并且经营较为得法，所以其营业逐渐发达，一天的营业额可以达到20万元至200万元。出入平井洋行钱钞取引所的银号多达40家。该所买卖的日本金票与天津票的汇率采用直接标价法，规定日本金票100元兑天津票若干元，以金票5000元为交易的标准单位。交易方式以期货交易为主，多为10天或25天的期货交易，而且已成交的期货还可以转卖和回购，现货交易较少。在交割日尽量以现货结清，其余成交额以调换方式，延长交割日期。平井洋行钱钞取引所也经营足金的交易，与法租界的兴裕洋行、英租界的永盛洋行这两个足金和"老头票"交易市场竞争钱钞买卖业务。由于竞争激烈，所以上述三个货币市场时起纠纷，不胜烦扰。后来经过协商，平井洋行钱钞取引所在1932年后成为华商张默亭、玄瑞三、范晋北等人组织的天津商业经济所下辖的第一市场，专做日金"老头票"的买卖；永盛洋行为第二市场，专做足金买卖；兴裕洋行为第三市场，专做有价证券买卖。由天津商业经济所集中收取佣金，在扣除各项开支后，纯利按照规定的40%、35%、25%的比例分给平井洋行、永盛洋行、兴裕洋行三个市场。1935年国民政府推行法币政策，整顿交易所，命令天津商业经济所按照交易所法规定的组织制度改组为会员组织或股份组织的正式交易所。但天津商业经济所因为既无资本金又无基金，加上当地交易商的实力和信用不足，改组为正规的股份制或会员制交易所有

难度，所以就由该所理事会决议解散。天津商业经济所虽然解散
了，但是平井洋行钱钞取引所继续营业。不过，在改革币制以
后，汇兑行市波动不大，平井洋行钱钞取引所的营业因为投机套
利的空间收窄而转入低迷[1]，并在全面抗战爆发前停止营业。

3. 汉口取引所解散

汉口取引所从 1922 年 5 月营业之时，就遭到中方的激烈反
对，产生种种纠纷。后来该交易所在原俄国租界逐渐开展业务，
不过其营业从一开始就不振，"卒至开办未久，即行打消。虽维
时甚暂，而受其害者，固大有人在"[2]。尽管日商在汉口经营交易
所一开始就遭遇了滑铁卢，但是日本人在汉口设立取引所的意图
仍未取消。日商随后变换计策，以 200 万日元在汉口收购因亏损
而限于停顿状态的华商物品等五大交易所，改头换面后重新开
张。日商将重组设立的汉口取引所的资本金降至日金 200 万元并
于 1924 年 5 月 17 日办理了减资登记，该交易所从 1924 年 8 月开
始营业。不过，新汉口取引所的证券及金银买卖业务在开业后同
样很不景气，其棉纱市场也处于停顿状态，直至该交易所将营业
场地从原俄国租界迁移到日本租界才恢复交易。营业的困难使得
新汉口取引所入不敷出，到 1926 年上半期，该所的营业亏损达到
69437 日元[3]。虽然新汉口取引所采取诸多举措去拓展业务，但是

---

① 李洛之：《天津的经济地位》，南开大学出版社，1994，第 126 页。

② 佚名：《汉口日人收买交易所内容》，《天津益世报》1923 年 12 月 31 日第 2 张第 7
版。

③ 株式会社汉口取引所清算事务所：《第贰回清算事务报告书》，《日本取引所关系杂
件·海外·汉口取引所》，外务省外交档案，1926 年 4 月 14 日；亚洲历史资料中心，
B08061492400；日本外务省外交史料馆，E-2-4-0-1-1-9-001。

也未能改变经营的颓势。新汉口取引所的中方大股东中希望解散交易所以减少损失的人居多数；在该交易所召开的几次股东总会上也有部分日方股东表达了解散交易所的意见。鉴于此，汉口取引所临时股东总会在 1926 年 4 月 28 日决议解散该交易所，并由董事宇田贯一郎在 4 月 29 日向日本驻汉口总领事递交了解散取引所的许可申请书。

4. 青岛取引所民营化、合并及营业的衰落

20 世纪 20 年代初，大阪财阀策划了青岛取引所的合并重组活动。青岛取引所成立时定为官营，1920 年 9 月正式营业后，业务发达，盈利和财产日渐增多并产生了民营化的问题。青岛取引所民营化问题与 1921 年的美国华盛顿会议的结果有关，第一次世界大战后期日本出兵山东后引发的山东及青岛归属悬案成为此次会议的中心议题。会议期间，中国人民抵制日货的活动给日方经济造成很大的损失并获得了更多国际舆论的同情与支持，迫使日方在中方承认其在山东既得权益合法的前提下，归还青岛。因为青岛归还中国后，青岛"取引所既为官办，当然由中国政府接收，凡以高价购入股票之股东，届时生如何之影响是一问题"，所以"日本官府及信托会社日人方面之职员，金以（青岛取引所）改归商办，其权利方能确定，一致主张（该所）……改归商办"。1921 年 2 月 21 日，日本民政署取消官办青岛取引所，命令中日商办的青岛株式信托会社接办取引所，并将官办的青岛取引所株式会社改称青岛取引所信托株式会社。在株式信托会社接办青岛取引所之后，该所股票的市价从 12.5 日元涨至 42 日元。

日本大阪财阀见青岛取引所有利可图，遂在该年内派代表松井伊助到青岛，在日本官方支持下，夺取了原官办青岛取引所株式会社理事长的职务，把持了理事会。松井伊助还不满足，继而勾结青岛的日军，企图在青岛取引所信托株式会社改组及民营化的过程中攫取该所的主要股权及管理权。由于接办青岛取引所的株式信托会社（中日合办）的日方股东和经纪人要求将原有股份从16万股增加到30万股并持有更多股权，而中方股东认为"原有十六万股……已以为资本过多，至有减资之说，若再增加数倍，为营业上及股票市价维持上所不可能"，中日双方股东之间、股东与经纪人之间意见相左，争执不下；以大阪财阀为首的日商在青岛取引所控股权的争夺中未能达到目的，所以这部分日商就鼓动该所经纪人在取引所确定商办之日罢市，酿成交易所风潮，导致股价下跌。而"日人方面股东之以高价取得股票者，自四十二元渐落至三十元以内，均大为恐惶"，于是松井伊助等人又借机"力倡外资输入说……诱致大阪方面之资本家设立企业信托会社"，该会社的资本设定与青岛株式信托会社相等而且经营同样的业务，实为取引所类似组织；但新设的企业信托会社的16万股份中大阪财阀先分去9万股，其余7万股，分与华人者不过3万余股。接着大阪财阀又密谋将此中日资本不平均的企业信托会社，与中日资本平均的株式信托会社合并。株式信托会社华商"取引人方面虽亦连络股东反抗，然大势已去，经（1922年）五月十七号之改组，已为事实之合并矣"，与青岛企业信托会社合并后的青岛取引所信托株式会社，其额定资本增至1600万日元，实收资本达到400万日元，但中日双方的股权比例已由先前各占一半，变为日方占 65%，中方占 35%。日本大阪财阀通过主导这次合并，成功攫取了民营化的青岛取引所的经营管理大权，控制了青岛的市场。时人评论此次合并"殊有悖机会均等之主旨，使取引所重要之机关基础永不稳固，除操纵股票外，几无其它营业"[①]。

1931 年"九一八事变"前后，东北局势日趋紧张，日本人在东北设立的交易所均暂停营业时，青岛取引所的交易却因此活跃起来。到 1932 年，该所的交易额竟达到 7.239 亿日元，大有垄断青岛商品及货币市场之势。此时中国人的抗日情绪空前高涨，为抵制青岛取引所独占青岛市场的企图并抗议该所偏袒在特产物期货交易中欺凌中方经纪人的日商，1931 年宋雨亭等华商不顾日本人的胁迫，在青岛市政府和英国领事的支持下创办了青岛物品证券交易所。青岛物品证券交易所在 1934 年 11 月开始营业后，有民族感情的中方经纪人及其他华商纷纷退出青岛取引所而转入该交易所进行交易，以致青岛华商交易所生意兴隆，青岛取引所的营业则转趋萧条。1935 年币制改革后，青岛取引所的交易更显清淡，日本人垄断青岛市场的图谋因此落空。青岛取引所理事长安藤荣次郎等人对华商物品证券交易所心怀嫉恨，必欲去之而后快。日本人先是通过日本驻青岛领事向青岛市政府交涉，要求取缔华商交易所；而后又雇用日本浪人为打手，袭击参加青岛物券交易所买卖的商号代表。另外，日本海军和日商还分别以登陆占领青岛并火烧青岛物券交易所交易大楼相威胁，胁迫青岛市政府

---

① 佚名：《青岛交易所之现况（续）》，《申报》1922 年 7 月 19 日第 17745 号第 10 版。

同意将青岛取引所与青岛物券交易所合计盈余的 60% 划归青岛取引所，赤裸裸地侵犯中方交易所的权益。青岛取引所与青岛物品证券交易所之争，其实就是这个时期中日两国不平等地位及关系的一个缩影及鲜明写照。

（三）东北日资取引所因经营窘迫而开展合并重组活动

20 世纪 20~30 年代，东北的日资取引所因为市场竞争、金融危机、经济金融体制和官方政策等经营环境的变化而涉足多起合并重组活动。

1. 满洲取引所为摆脱经营困境而进行创设合并

日俄战争后日本在东北南部的投资日渐增多，这使得日本在当地的证券业产生并获得了初步的发展。1919 年 9 月，日商在沈阳创立奉天证券商品株式会社，"以株式取引行其精算担保为目的（按即证券交易所也）"[①]。1920 年世界经济陷入大萧条，日本也出现了战后的经济大危机，其国内企业大批倒闭，银行被挤兑，股价暴跌。由于东北地区是中国的大输出入地带，所以资本主义世界暨日本经济的大萧条通过国际收支渠道也冲击了沈大地区的经济及股市，当地证券交易萎缩，股价下跌，日本券商的经营陷入窘境。为渡过难关，1920 年 7 月，奉天证券商品株式会社与奉天商事株式会社创设合并为新的奉天证券商品交易所[②]；1923 年 1 月，该交易所重组并更名为株式会社满洲取引所，资本

---

① 佚名：《沈阳境内之日本主要工商各业》，《申报》1923 年 11 月 25 日第 18230 号第 2 版。
② 另一种说法是满洲取引所为奉天公株信托株式会社及奉天证券株式会社二家合并而成。

金定为 320 万元，由日商手塚安彦和赤塚弥太郎分别充任理事长和专务理事，吸纳三喜株式店、九大株式店、福星公司、川岸株式店、富屋株式店、三裕证券部等日本商号作为该交易所的专属经纪人。

满洲取引所设在沈阳日本总领事馆辖区内，其获准的营业期限系在 1927 年 3 月届满，该所从事棉纱、棉布、麻袋、面粉、毛皮、稻米等商品以及国债、地方债、股票、满铁社债等证券的交易，标准货币则是日本的金票。起初该所的经营较为顺利，其后则忽转颓势，到 1928 年时，该所证券部的股票交易量已下降到143590 股，米谷部的交易量只有 11.220 石[①]，实际上已处于休业状态。由于担心满洲取引所长期休业可能会丧失继续营业的资质，所以该所的利益相关者及当事人，均极力谋求该所尽快复业。最初这些人打算将满洲取引所与东京新设、有 100 万日元资本的满洲商品证券（株式会社）合并；在该计划流产后，满洲取引所"得满洲银行之好意援助，充入新资本十万元，乃于十九年十一月，先行再开股份交易，十二月，复开谷类交易。同时认可期限，则增为五年"[②]。满洲取引所与满洲银行的并购重组活动使其撑过了危机期，重获新生。

2. 奉天取引所为取得竞争优势和规模经济效益而进行吸收合并

1920 年初，日商在沈阳的日本附属地弥生町六番地设立了官

---

① 莫德惠：《沈阳经济概况》，《中东经济月刊》1931 年第 7 卷第 10 号，第 49 页。
② 佚名：《满洲交易所重新交易》，《中东半月刊》1932 年第 2 卷第 23、24 号合刊，第 12 页。

办的奉天取引所，兼营货币与商品买卖，其买卖的货币是日本的
金票，标准货币则是中国的奉小洋票。同年 2 月，日本人又设立
奉天取引所信托株式会社，作为奉天重要物产及钱钞货币买卖的
精算与担保机关。该信托会社资本金 350 万元，是奉天取引所的
运营机关。

1906 年后日本人在东北和关内地区筹设取引所以控制当地市
场的企图，引起了部分中国官绅与商民的警觉和强烈反对。1920
年左右，中国政府也批准官绅商民在沈阳等东北城市开设交易
所，这些交易所的设立，对于抵制日本取引所的扩张起了一定的
作用。为增强经济大萧条期间的竞争力，控制沈阳的物产与钱钞
市场，1921 年 10 月，奉天取引所信托株式会社与满铁会社设立
的奉天取引所重要物产信托株式会社合并。整合后的取引所信托
株式会社仍沿用奉天取引所信托株式会社的名称，由日商岸利信
担任经理。该所的经纪人除日商之外，还有庆丰久银号、天来银
号、三裕钱钞部、德昌盛号等中国商铺。重组后的奉天取引所因
资力与交易规模扩大，其相对于沈阳当地华商交易所的竞争优势
及规模经济效益遂得以改善。

**3. 大连株式商品取引所为促进大连取引所的民营化而进
行创设合并**

大连开埠后，日资开办的各类股份公司快速发展起来，日资
公司证券的发行与交易规模扩大，大连的券商也应运而生。到
1919 年，大连的大小券商已有 100 多家，证券市场初步形成并向
有组织的证券市场演进。早在 1917 年，大连就成立了证券同业公
会和满洲证券株式会社，后者从事证券买卖业务，但禁止期货交

易。1918 年 6 月大连证券同业公会改组为会员组织的证券交易所，该会员制证券交易所在 1919 年又改组为日华证券株式会社。实际上满洲证券、日华证券等株式会社都是公司制的证券交易所类似组织。

大连取引所"自开业以来，实有左右满洲大豆、豆油、豆粕价格之权能，乃属官府专利之机关"。鉴于该所"两信托会社主脑者悉以官吏履历者充任，而成一种习惯。但官吏出身者……在实业经济方面则有未够资格之嫌。盖其从来无经验，又官吏出身者，既无自己所有之股份，则对于取引所之利害关系较少。居常惟自己地位是务。倘若改为民营，则长其所者，悉由民间选出，此等缺点尽可除去。"因而"近来日本一般商民，有请改为民营之运动，以期利益之普及于国民"①。大连钱钞取引所的日方经纪人、董事经纪人、大股东也认为，要振兴大连的钱钞市场，"务须改取引所为民营"②。为实现大连取引所的民营化，日本关东厅在 1920 年批准奉天、铁岭、辽阳、营口取引所之外的其他日资交易所"根据民国八年日本公布的'关东州'取引所规章……以合股的组织，设立大连株式商品取引所"③，作为大连取引所的三个分市场之一，经营有价证券、砂糖、麦粉、丝棉、麻袋等五种商品；此外还准许大连株式商品取引所吸收以东京为首的日本国内几家地方证券交易所及大连一些日本券商的资本，使之成为大连乃至东北地区一家规模甚大的物券交

---

① 予觉：《专载：满洲忧患史》，《天津益世报》1927 年 10 月 23 日第 2 版。
② 佚名：《大连钱钞取引民营》，《银行月刊》1928 年第 8 卷第 8 号，第 11 页。
③ 王雨桐：《最近之东北经济与日本》，新中国建设学会，1933，第 202 页。

易所，额定资本达到 1000 万日元（实缴 1/4），实收资本等于
开原、长春、四平街、公主岭取引所的实收资本总和。凭借合
并后雄厚的实力，大连株式商品取引所取得了主导大连物券市
场的地位和较好的业绩。1921 年下半年，大连株式商品取引所
的纯益高达 49%，其派发的股利有 4 分之多；此后至 1923 年上
半年止，该所派发的股利仍在 1 分以上。不难看出，合并后的
大连株式商品取引所取得了规模经济的效益，并走出了 1921 年
金融动荡和经济萧条的阴影。

4. 大连日本取引所为取得竞争优势和规模经济效益而重
组为交易所集团

在华日本取引所的运营有一个特点，即各家交易所一般都附
设有本所的信托株式会社，作为本所交易的服务机构。随着在华
交易所的发展，日本取引所的行业竞争成本及附设的服务机关的
投资也随之上升。1921 年，日华证券株式会社、满洲证券株式会
社、大连株式商品取引所采用合股的组织形式，集资 250 万日元，
成立大连证券股票信托株式会社①，作为这几家交易所或交易所
类似组织共同的融资、担保、交割清算及委托代理等业务的运营
机构。由此可知，20 世纪 20 年代初在华日本取引所已走上了集
团化发展的道路，其产生的影响有两个：一是通过合股设立共同
的取引所信托株式会社，各家关联取引所均减少了附设本所交易
服务机关及相互竞争的成本，取得了外在规模经济的效果。二是

---

① 刘志英：《近代中国华商证券市场研究》，中国社会科学出版社，2011，第
112 页。

这家新设的交易所运营机关的资力雄厚，而且有多家关联交易所或交易所类似组织的业务作为后盾，其最初的营业规模较大，服务功能和竞争优势得到加强，对日资企业在华融资和业务扩张提供了有力的支持。直到"七七事变"后，大连证券股票信托株式会社的交易量才由于日本殖民当局在东北实行资金统制和限制股票的流动而趋于萎缩。

5. 大连及满铁沿线取引所信托会社为应付 1921 年的危机而开展创设合并

1921 年日本关东厅与朝鲜银行当局在大连制造"金建"事件并由此推动满铁沿线日本取引所的合并。

早在 1918 年，大连取引所鉴于东北地区的华人也有使用金票的情形，为统一金票、控制日本对大连等东北地区贸易的汇率风险及便利交易起见，就"议将从来银币标准之定价改为金币标准之定价"。1921 年 4 月 16 日"关东政府对于大连物产交易所颁布法令，概以金元为本位，彼时商人力图保留银本位，未能有效，此项新法令乃于九月六日实行"。此令一出，大连的华商"以日人操纵金融，后患叵测，一致反对，并派代表向中日官厅要求取消"；奉天总商会为此还特别邀请东北三省各埠的县商会，派遣代表到沈阳开特别会议。与会代表一致反对实行"金建"，并议定多项抵制办法：第一是从此各商一律退出日本取引所；第二是不从日资银行借债；第三是华商不以金票作货币；第四是与日商的交易一律以银币往来；第五是在营口另组华商交易所；第六是以前华商所存的金票，一概向朝鲜银行兑换现金，此后即与该银行断绝往来。此外，华商还要全

体罢市并通电全国商界，请求援助。由于华商抵制"金建"的
"态度坚决，大有不达取消目的不止之概"①，所以"当金本位实
行之日，华商无有与之（即日商）交易者"。后来更有华商"主
张开辟连山湾为商港，迁市于斯。日商以如此办法，大连商业必
致凋敝，亦群起反对"，此举"顿使大连之经济界显现恐慌之状
态"②。大连是东北三省的商务枢纽，与国内外的商业往来密切，
大连市场的恐慌很快便殃及其他地区的商业。例如，"山东商人
与大连交易向以银为本位，自大连物产交易所采用金本位以还，
亦受有影响"③。

大连取引所"金建"危机以及1919年后中国人民此起彼伏
的经济抗日活动使得日资交易所的营业大受打击，例如上海取引
所从1920年起就连年亏损，1922年下半年竟亏损706万日元。
1923年总行设在大连、在日本"关东厅"特别保护下于大连钱钞
取引所做钱票买卖的龙口银行也因此亏损、停业并影响了该所的
业绩。鉴于此，日本关东厅被迫从1921年起对满铁沿线的取引所
进行整顿。

（1）大连株式商品取引所为降低成本以谋市场的振兴而参与
合并活动

20世纪20年代初，因"金建"事件的影响，从1923年下
届开始，大连株式商品取引所的交易"渐呈衰势""交易之未

---

① 佚名：《奉商界反对大连金建（微）》，《申报》1921年10月1日第17461号第10
版。
② 予觉：《专载：满洲忧患史》，《天津益世报》1927年10月23日第2版。
③ 佚名：《商讯》，《申报》1922年6月18日第17714号第21版。

见增加，故手续费之收入，亦随之大减"。由于纯益减少，至1926年下届，该所各期派发的股利均跌至1分以下。1927年日本人原田耕一担任大连株式商品取引所理事长之后，"因财界不振、交易所营业成绩、逐年不良"[1]，甚至1929年下届至1930年下届，该所连续三届出现亏损，亏损额分别为15.7万日元、16.6万日元、33万日元。"于是一部分股东、主张断行更迭……以谋市场振兴之策。"从1928年开始，日本政友系的谋士一直在策动官办大连取引所改为民办以及合并大连株式商品取引所的活动。1929年7月"事将成功之际，因田中内阁倒坏，其计划遂致失败"[2]。

（2）奉天、辽阳等取引所信托会社为降低成本而卷入吸收合并活动

"自欧战以来，财界不振，取引所市场大受打击，关东厅于民国十三年一月三十一日将辽阳铁岭营口之取引所，实行撤废。"[3] 具体的整顿方法是"经在市之川村满铁社长、（山县）儿玉关东长官、中野朝鲜银行总裁等之协议……将照既定之方针，着手停办"这三家日本取引所；但是各家"取引所员，概不全数辞退，以其一部，转勤于他取引所"；另外，鉴于各家日本取引所的营业大幅萎缩，亟须降低费用支出以渡过难关，关东厅对各家日本取引所附设的"信托会社，则使全部合并为一。奉天、辽

---

① 王雨桐：《最近之东北经济与日本》，新中国建设学会，1933，第202页。
② 佚名：《大连交易所案 所谓日本五大疑狱之一 田中时代又一丑事暴露》，《申报》1930年2月11日第20428号第10版。
③ 佚名：《东北日人之商业》，《东北新建设》，时间不详，第5册，第14页。

阳两（取引所）信托（会社），既已合并，俟财界恢复，交易繁盛，取引所再开之时，则各设各店办事"①。这个时期日本在东北设立的取引所开展的合并活动，动因都是要整合彼此的业务和资源，降低成本以摆脱困境。不过结局不一样，日本财阀及一般日商筹划的大连株式商品取引所的合并失败了，而日本关东厅主导的日资取引所的合并却取得了成功。

6. 第二大连取引所钱钞信托为整理第一大连取引所钱钞信托的债务而设立

"民国十五十六两年之交，为满洲各地之取引市场及信托会社多事之秋，如大连株式信托会社之整理，第二株式信托会社之创设，及大连商品市场之麦粉上场交易之实现等是也。"② 1917 年 5 月 30 日设立的官办大连取引所钱钞信托株式会社，又被称为第一大连取引所钱钞信托株式会社，该会社起初营业发达，盈余较多，自 1917 年 6 月至 1924 年上届为止，所发股利，最高曾至九分二厘，最低也有一分五厘。不过，与该会社有业务关系的龙口银行在 1923 年经营失败，拖累了该会社，致使该会社在 1923 年 8 月被并入满洲银行且继续营业（集团化发展），但是营业没有起色。在 1925 年下届，该会社的营业损失总计为 49.8 万日元，自此以后，业务一蹶不振。如 1927 年上半年，亏损 91.7 万日元，下半年亏损 49.1 万日元，第一大连取引所钱钞信托株式会社至此已经难以维持。

---

① 佚名：《沿线取引所停办》，《申报》1924 年 4 月 6 日第 18355 号第 22 版。
② 佚名：《东北日人之商业》，《东北新建设》（第 5 册），时间不详，第 20 页。

　　大连取引所多次提出其整理第一大连取引所钱钞信托株式会社的方法，但均被股东及交易人所否定，经三度纷纠之后，第一大连取引所钱钞信托株式会社的债权与债务方才在新任大连取引所所长斡旋下，逐渐形成一致的整理意见。该整理意见的要点就是在 1927 年末，新设第二大连取引所钱钞信托株式会社，资本为 500 万日元，先缴四分之一，股份分为 10 万股；在第二大连取引所钱钞信托株式会社已缴纳的 225 万日元资金内，拿出 150 万日元去收买第一大连取引所钱钞信托株式会社以往的一切义务权利而承继其事业，而后将旧会社解散。新会社的 10 万股份中以 7.8 万股作为原会社股东的股份，以 2.2 万股分配给钱钞交易人，而将新会社新交纳资金中的 45 万日元用以填补原会社过去缺损的 50 万日元，尚差的 5 万日元，则以 1928 年上半期的利益金来补充；另外还将新会社的信托手续费增至二成五分，并求得反对提高手续费的原有交易人的谅解。该整理方案在 1928 年 1 月 2 日召开的股东总会上得到了股东的谅解，同时也得到了关东厅的认可，第二大连钱钞取引所信托株式会社顺利办理了设立的手续，而第一大连取引所钱钞信托株式会社随"即被收买整理"。

　　此项吸收合并取得了成功。合并对第二大连取引所钱钞信托株式会社的业务规模及经营业绩产生了积极的影响，该会社的"业务因之较佳"。以钞票交易为例，该所的钞票买卖在东北土产贸易旺盛的时候，十分活跃。20 世纪 20 年代末以后，因银价惨落、日本实施金解禁政策等因素的影响，钱钞交易尤见增加。从 1929 年下届至 1931 年上届，该所每届交易额均接近或超过 10 亿日元①，规模可谓空前。由于业务盈余较多，所以该所同期各届派发的股利率均在 10%以上，取得了内在规模经济的效果。

7. 为整理第一大连株式信托会社而设立第二大连株式信托会社

1924 年冬天，大连株式商品取引所发生不详事件，引起市场震动。此后管理层对该取引所进行整顿，经营与管理更始一新，营业内容逐渐改善。而作为大连株式商品取引所清算机关的大连株式信托会社在营业后的数年间负债累累，已经完全失去作为交易所市场清算机关的机能。为使大连的证券及五品交易得以顺畅进行，关东厅对原大连株式信托会社进行整理。其做法就是从 1926 年春开始，由原大连株式信托会社当事者与其债权银行共同协议改善之策，决定在 1926 年 4 月设立第二大连株式信托会社，资本金定为 50 万日元（已缴四分之一），以第二株式信托会社作为原大连株式信托会社整理的助成会社，从 1926 年 5 月 1 日启动原大连株式信托会社的清算业务，由新的大连株式信托会社去收购和继承旧的大连株式信托会社的义务权利而承继其事业，并解散旧的大连株式信托会社。

8. 其他日本取引所的解散

（1）哈尔滨取引所解散

日本人在哈尔滨设立交易所，源自 1918 年。但哈尔滨取引

---

① 王雨桐：《最近之东北经济与日本》，新中国建设学会，1933，第 202 页。

所从成立之日起就遭到哈尔滨商民的激烈反对，吉林省署也应商民要求派交涉员与日本驻哈尔滨总领事据理抗争，要求日方中止取引所的设立。哈尔滨取引所发起人中的重要分子多属于东京政党中人，得到日本政府的援助。日本领事声称日本人设立哈尔滨取引所不违反通商约章，因此，即使激起中日恶感，日方也要强制设立。1922年7月22日哈尔滨取引所未经中国政府许可，擅自举行开幕礼，买卖部分有价证券，此举激起哈尔滨商民公愤。后来经过奉天当局、吉林省署、日本领事赤塚、哈尔滨取引所理事的多次会议，双方妥协，在1923年1月19日达成哈埠取引所协议。中方对哈尔滨取引所和其他外国侨商给予同样保护；中国官宪允许中国人在哈尔滨取引所合法交易或购持该取引所的股票。日方保证下不为例，不再设立新的取引所；哈尔滨取引所的交易对象不涉及哈尔滨华商交易所经营的粮钱等业务，而且当期哈尔滨取引所只买卖日本的有价证券（即公私债券及股票）、日本商品（即从日本输入的各项日货），以免利害冲突。协议达成后，哈尔滨取引所随即开始正常营业，但是该交易所的营业并不顺利，后来"哈日本取引所大亏，现大减薪，有主解散者"①，1924年9月12日哈尔滨取引所的日商决议解散该交易所。

（2）芝罘货币取引所

日本人从1916年7月19日开始就在山东芝罘证券交易所从事日本金票的期货交易。该证券交易所的资本金只有银5万元，

① 佚名：《哈尔滨取引所开业》，《申报》1922年7月25号第17751号第14版。

其最初设立目的是便利俄国纸币（即羌帖）和日本金票（当地俗称老头票）的买卖。后来因为羌帖行市暴跌以及 1919 年中国商民抵制日货的影响，致使金票交易中止。随着"山东悬案"解决以及青岛归还中国，日中贸易逐渐恢复。为便利货币交易，1923年中日商人决定将芝罘证券交易所改组为芝罘货币取引所，并将资本金增至银 25 万元，随后，再由芝罘货币取引所派委员赴北京农商部办理登记申请。芝罘货币取引所准备在 1924 年旧历 1 月8 日开始钱钞期货交易，交易范围是日本金票、纸币、银钱。从1923 年 1 月 21 日起开始金票对钞票（大连银票）的现货交易。"芝罘货币取引所是当地金票交易的唯一机关"①，该取引所专做日本金票的买空卖空，操纵行市，抬升日本金票的价格与信誉，为日本金票取代当地中国纸币流通服务，因而遭到中国商民反对，北京政府农商部也命令山东地方政府长官予以取缔②。此时中日之间正围绕旅大回归中国问题发生争执，中国人民经济抗日热潮高涨，芝罘货币取引所的金票买卖陷入低迷状态。据日本驻芝罘领事官员的报告，该取引所当时的金票买卖至少在明面上是处于停顿状态的。随着中日经济关系紧张的加剧以及关内外币制改革的推进，日本货币取引所及中资交易所的钱钞买卖业务都急剧萎缩，难以生存。

---

① 〔日〕芝罘领事代理副领事别府熊吉：《芝罘货币取引所开展金票买卖状况报告》，《取引所关系杂件·各国取引所第 2 卷》，外务省外交档案，1923 年 10 月19 日；亚洲历史资料中心，B11090110100；日本外务省外交史料馆，3-3-7-39-2-002。

② 佚名：《烟台交易所专以老头票买卖双空，部令鲁长官取缔》，《申报》1922 年 3 月12 日第 17616 号第 4 版。

据日本官方的统计，截至1927年初，日本在中国设立的官营、民营取引所共有12家，其中设在东北地区的有9家；另外，在东北的日本领地内还有2家取引所类似会社（见表2-9）。1932年至1935年间大连等地还有日华证券信托株式会社、大连五品代行株式会社等交易所类似会社①。此处统计的日本取引所及取引所类似会社只包括依照日方法律、政令，由日本政府或在华的殖民机构、使领馆、驻华占领军批准设立并登记为日籍企业的取引所，不包括日方参股、控股，主要在中国营业，但是依照中方或第三国法规注册为中国籍（包括所谓的"满洲国"籍）、其他国籍企业以及"合资""合办"名义的交易所；而在日本外务省档案中日本通商局监理课则将五国银公司国际交易所、广东证券商品交易所等列入日本在华设立的取引所统计表中②。日本外务省统计报告中承认，除了青岛取引所以外，此时的日本在华取引所大多营业不振，已气息奄奄。天津取引所、营口证券信托株式会社、鞍山财事株式会社、鞍山证券信托株式会社等取引所类似会社也都不景气，全都处在整理之中。上海取引所已经处在准备解散的清算程序之内了。

总之，这个时期日本在华取引所整体营业不景气，其在华扩张的势头已经逆转。

---

① 殷师竹、潘文安：《日本经济与中国东北问题》，文艺书局，1932，第61～62页。
② 〔日〕通商局监理课：《广东证券商品交易所》，《取引所关系杂件·在华取引所杂件》，外务省外交档案，1921年4月29日；亚洲历史资料中心，B11090122300；日本外务省外交史料馆，3-3-7-39-8。

表 2-9 在中国建立的日本取引所及取引所类似会社一览 (1927 年 3 月 9 日)

外务省管下民营取引所

取引所	所在地	清算担保会社	取引对象 (主要取引对象)	适用法规
满洲取引所	奉天	奉天证券信托式会社	米、证券(该会社自身股票、其他股票、北地方取引所及附属会社的股票)	领事馆设立许可及附带条件
上海取引所	上海	上海取引所信托株式会社	标金、棉花、棉纱、证券	领事馆设立许可及附带条件
天津取引所	天津	天津取引所信托株式会社	钱钞、证券、棉纱、各种商品	领事馆设立许可及附带条件
青岛取引所	青岛	青岛取引所株式信托会社	钱钞、证券、棉花、落花生油、豆油、棉纱	日军司令官发布的青岛取引所令；青岛取引所规则

关东厅管下官营取引所

取引所	所在地	清算担保会社	取引对象 (主要取引对象)	适用法规
大连取引所	大连	大连取引所信托株式会社(豆信);大连取引所钱钞信托株式会社(钱信)	钱钞、满洲特产物(大豆、高粱、栗、豆粕、豆油)	关于重要物产取引市场的文件(敕令);关东厅取引所规程;大连取引所取缔规则(以上厅令)

关东厅管下官营取引所

取引所	所在地	清算担保会社	取引对象（主要取引对象）	适用法规
奉天取引所	奉天	奉天取引所信托株式会社	钱钞、满洲特产物（大豆、高粱、粟、豆粕、豆油）	关于重要物产取引所市场的文件；引所规程、奉天取引所社取缔规则；关东厅取引担保会社
开原取引所	开原	开原取引所信托株式会社	钱钞、满洲特产物（大豆、高粱、粟、豆粕、豆油）	关于重要物产取引所市场的文件；引所规程、开原取引所社取缔规则；关东厅取引担保会社
长春取引所	长春	长春取引所信托株式会社	钱钞、满洲特产物（大豆、高粱、粟、豆粕、豆油）	关于重要物产取引所市场的文件；引所规程、长春取引所社取缔规则；关东厅取引担保会社
公主岭取引所	公主岭	公主岭取引所信托株式会社	钱钞、满洲特产物（大豆、高粱、粟、豆粕、豆油）	关于重要物产取引所市场的文件；引所规程、公主岭取引所会社取缔规则；关东厅取引担保
四平街取引所	四平街	四平街取引所信托株式会社	钱钞、满洲特产物（大豆、高粱、粟、豆粕、豆油）	关于重要物产取引所市场的文件；引所规程、四平街取引所会社取缔规则；关东厅取引担保

续表

取引所	所在地	清算担保会社	取引对象（主要取引对象）	适用法规
关东厅下管民营取引所				
大连株式商品取引所	大连	大连株式信托株式会社（株信）；大连商品信托株式会社（商信）	麻袋、证券、棉纱、棉布、砂糖	"关东州"取引所令（敕令）；"关东州"取引所规则（厅令）
安东取引所	安东	安东取引所信托株式会社	钱钞、满洲特产物	"关东州"取引所令（敕令）；"关东州"取引所规则（厅令）
外务省所管取引所类似会社（设于日本在中国的领地内）				
铁岭证券信托株式会社	铁岭	铁岭公益信托株式会社	证券（该会社自身股票、其他东北地方取引所及附属会社的股票）	领事馆设立许可及附带条件
开原商品证券信托株式会社	开原	开原交易信托株式会社	证券（该会社自身股票、其他东北地方取引所及附属会社的股票）	领事馆设立许可及附带条件

资料来源：《在支那及殖民地设立的日本取引所》，《设在支那及殖民地的日本取引所调查关系》，外务省档案，昭和 3 年（1928 年）3 月 12 日；亚洲历史资料中心，B08061482300；日本外务省外交史料馆，E-2-4-0-1-001。

（四）抗日战争初期日本人在东北改组、设立与合并取引所

1. 日伪当局改组设立株式会社哈尔滨取引所并吸收合并滨江货币交易所

1916 年，由海关监督侯延爽、前清议员孟荣升等人发起，成立了滨江农产交易信托公司。1922 年 4 月 1 日，滨江农产交易信托公司改组为滨江粮食交易所（即哈尔滨证券粮食交易所），资本 100 万元，买卖大豆、小麦、豆油、豆饼、面粉、杂粮，实际交易的农产仅有大豆和小麦。同日，官商合办的滨江货币交易所成立，资本初定 10 万元，1923 年增至 80 万元，买卖哈大洋、金票、吉林官帖、江帖、奉票等货币。后者开业初期，业务较为平淡，1922 年上半期该所资产为大洋 243 万元，纯益为 7.2631 万元，公积金为 3631 元，股东红利为 4.6 万元，每股红利为 1.15元；但是到了 1925 年前后，滨江货币交易所的交易则异常活跃，市场规模也逐渐扩大。1927 年 4 月，该交易所的合法交易人已有 118 人；至 1932 年，该所的成交额仍达到哈大洋 2 亿元。当时这两家交易所"不独哈市，在北满经济界，占有重要位置"[1]。

1932 年日军侵入哈尔滨后，日满当局认为滨江货币与粮食交易所这类"公共的商业辅助机关长此委诸特殊关系者所垄断，为满洲政治所不许"，遂由伪满实业部出面，与相关当事人协商后，将哈尔滨证券粮食交易所改组为日伪"合办"的株式会社哈尔滨取引所。该取引所的业务范围是代理买卖大豆、豆饼、豆油、面粉、毛皮及米等交易；营业期限再延长 10 年；由日商注资 100 万

---

① 哈尔滨满铁事务所：《北满概观》，上海商务印书馆，1937，第 383 页。

元，将资本扩充至 200 万元，中日商人各半，股东增至 700 人。通过注资，日商控制了原哈尔滨证券粮食交易所[①]。当时"日满输出商颇主张（滨江）货币交易所与新粮食交易所合并，或在新粮食交易所为钱钞交易"[②]，目的就是将株式会社哈尔滨取引所的交易种类从特产品交易延伸到国币大洋的交易上去，以取得范围经济和规模经济的收益；但是伪满洲国财政部及中央银行担心取引所买卖国币大洋，会成为投机炒作的工具，影响国币价格的稳定及信用，不利于国币的流通而未同意此项计划。

1934 年末，伪满洲国统一币制，在东北地区强制使用伪满币，"哈大洋"等其他传统流通货币均被限期收回，东北地区日本取引所和华商交易所此前盛行的"钱钞交易"因伪满洲国统一货币而告萧条；同年，滨江货币交易所因货币交易业务被取缔而自行解体。株式会社哈尔滨取引所又在日伪当局的授意下合并了滨江货币交易所，株式会社哈尔滨取引所则在 1940 年并入满洲株式取引所，作为后者的分所一直经营到 1942 年才自动关闭。

2. 日本人在东北新设中日合办齐齐哈尔取引所

总体说来，1922 年后至"七七"事变前，日本人在华设立的取引所尤其是设在关内的取引所在经营上普遍遇到了困难，大部分的取引所或解散或被整顿、重组；但是 1932 年后，在日本控制下的东北地区，日人为掩人耳目而采取中日"合办"的形式来设

---

① 赵文铭：《"老哈尔滨粮食交易所"见证过的历史》，东北新闻网，http://news.nen.com.cn，2007 年 11 月 4 日。
② 哈尔滨满铁事务所：《北满概观》，上海商务印书馆，1937，第 383 页。

立新的取引所。例如 1933 年日商佐多彦美、松下腾、入江吉三、滨崎清人与王玉堂等华商发起成立齐齐哈尔取引所，采用股份公司组织，资本金定为银 100 万元，股份分为 4 万股，先收 1/4 开业，中日商人各持股 50%。公司注册登记为伪满洲国籍，理事长由东北的中国人出任，而日商佐多彦美就任副理事长。该所内部组织分为特产（大豆、豆油、豆粕、高粱、小麦、粟、米、麦、小豆、其他杂谷）、其他贸易物（皮毛、兽骨、油、棉纱、布、砂糖、面粉、麻袋）、现金证券（金票、钞票、津洋、国债、股票、公司债）三部。向日本出口东北的特产，向东北输入日本生产的纱布、砂糖，买卖日本的金票、国债及日本公司的证券，不难看出，该中日"合办"取引所及其交易为日本经济服务的性质。

1932 年伪满洲国成立后，日本人在东北地区设立的官营取引所还有大连取引所，民营的取引所有大连株式商品取引所、哈尔滨取引所、安东取引所、满洲取引所等几家，都是进行有价证券和特产品交易的，而此前各家取引所盛行的"钱钞交易"，因伪满洲国统一了货币而告萧条。这时期东北地区还有伪满政府官办的新京（长春）交易所、华商经营的奉天粮食交易所、昂昂溪站粮谷交易所、山城镇交易所、通辽粮食交易所、双城堡交易所[1]，这些交易所买卖东北特产物和砂糖、面粉等商品。虽然登记为伪满国籍的企业，但也是从属于日满贸易需要的商业组织。

---

① 国立东北大学出版组：《东北要览》，国立东北大学出版组，1944，第 627 页。

三 撤并和衰亡阶段

1937 年至 1945 年全面抗战时期是日本在华取引所撤并和走向衰亡的阶段。

(一)青岛取引所吞并青岛物券交易所并走向衰亡

1938 年 1 月 10 日日军重新占领青岛后,青岛取引所复业。随后该取引所借助日本占领军的刺刀,胁迫滞留在青岛的华商物券交易所理事刘宾廷等人,开了一个两所理事联席会议。安藤荣次郎等日方代表在会上迫令刘宾廷等人同意将青岛物券交易所并入青岛取引所,从而完全控制了青岛的物券市场。1942 年太平洋战争爆发后,日伪政权在青岛实行严厉的经济和金融统制,青岛取引所因为可上市交易的物资缺乏,业务冷清而歇业。1944 年 6 月,青岛取引所股东会决议解散该交易所以便减少损失。1945 年 5 月,青岛取引所正式停业清理。

(二)上海棉业取引所"昙花一现"

为了垄断上海市场,操纵纱价,1939 年 4 月 30 日,日本人勾结上海纱布业中的不法商人,在原上海金业交易所旧址筹组上海棉纱取引所。此举遭到沪上绝大多数中国商民的反对,国民政府也严令禁止华商参加该非法交易所及其交易,否则一经查实,从重惩处,而且其买卖行为也被认为无效,因此上海棉纱取引所筹办失败。但是 1940 年 7 月间不法华商又勾结日本人筹办上海棉业取引所,于 1940 年 8 月 1 日开业,该所开业后的投机交易一度很兴盛,纱布市价暴涨。岂料好景不长,一周后纱布市价暴跌,做多的投机商被深度套牢，交易清冷。"终于无人上门，无纱可拍。致开拍未成，日方对此深表不满"①，遂由日本"兴亚院"发布命令，要求该交易所从速解散。

（三）东北日本取引所在战时经济统制下再度整合并寿终正寝

1937 年全面抗战爆发后，伪满洲国政府在经济政策上与日本法西斯亦步亦趋，也在东北地区实施并强化战时的经济与金融统制。日本与伪满政府在东北先后实行了农产品及特产品的"配给制"，至此，商品经由市场"自由交易"的环境已经不存在；特别是在 1939 年 10 月 22 日以后，伪满洲国成立了大量的特产专管会社，在交易所进行特产的交易实质上已经不可能了。此时在东北地区买卖大豆等特产物的交易所，例如新京（长春）交易所、哈尔滨交易所等都被废止，就连日本官办的大连取引所也因此在 1939 年 10 月 31 日停办。其他物券综合经营的日本取引所以及华商交易所除了从事证券交易的部门以外，其内设的物品交易部门纷纷解散。至此，东北地区经营证券业务的日本取引所还剩下满洲取引所、安东取引所、哈尔滨取引所、大连株式商品取引所。

1931 年"九一八"事变前，东北的局势日趋紧张，日本人在东北设立的取引所一时间均告停业②。为摆脱困境，满洲取引所

---

① 佚名：《棉业取引所终于解散》，《申报》1940 年 8 月 8 日第 2 张第 8 版。
② 张晓言：《青岛交易所 vs 青岛取引所》，青岛新闻网，http://www.qingdaonews.com，最后访问时期 2011-05-09。

当时就筹划"合并满洲证券会社，业务亦在进步中"[1]。

1937 年后，日伪政府出于普及证券投资、吸引民间游资流入证券市场以支持公债及产业证券发行、奖励储蓄、抑制物价上涨等目的，又在 1939 年 2 月将满洲取引所改组为资本金扩充至 300 万元的株式会社满洲株式取引所。此后，伪满洲国政府以保护证券业者及更好地管理证券业为由，在 1940 年 8 月 1 日发布《有价证券取缔业法》，[2] 按照日伪政府的"一国一交易所"的方针，将安东取引所、哈尔滨取引所等只剩下有价证券业务的交易所并入满洲株式取引所，使之成为后者在安东、哈尔滨的分所[3]。另外，1937 年日本发动全面侵华战争后，日伪政权在东北实行资金统制，限制了股票的流动，致使日本取引所的证券交易量逐渐萎缩。日本关东厅又因循日本政府在国内整顿交易所的政策，在 1941 年 1 月间公布"关东州"会社经理统制令，接着又颁布"7·25"限制令，严禁中国人自由买卖。这些举措使得"关东州"尚存的、仍有证券业务的大连株式商品取引所的地位与经营活动大受影响，最终被迫将其证券业务也并入了满洲株式取引所，从而变身为后者在大连的分所。至此，日伪政权在东北地区实现了"全国"交易所的统一，这与日本在 1943 年将国内所有证券交易所整合为新日本证券交易所一家的做法如出一辙。

整合后的满洲株式取引所实力增强，资本金达到 400 万元，交易规模扩大，该所在 1941 年后主要买卖日本公司的股票，股票

---

① 莫德惠：《沈阳经济概况》，《中东经济月刊》1931 年第 7 卷第 10 号，第 49 页。
② 此处的"取缔"意思接近于"管理"。
③ "满洲国"通信社：《大满洲帝国年鉴》，"满洲国"通信社，1944，第 438、628 页。

的日交易量达到 2.5 万股。该所交易的参与者虽然主要是日本的证券业者，但也有一部分的中国证券业者，而且中国从业者的力量还不弱，最后甚至逼走了大量的日本从业者，致使证券交易量逐步减少。可见，该所在吸收中国人的资本来壮大日商企业的资力并扩大其对华的经济侵略方面发挥了一定的作用。太平洋战争爆发后，受战事扩大及日伪政权强化金融统制、管制资金流动的影响，满洲株式取引所的证券交易陷于停顿而名存实亡，最后在1942 年正式关闭并在 1945 年战争结束后进行清理。

至此，日本取引所在近代中国经济舞台上出演的这部大戏落下了帷幕。

第三节　日本在华取引所组织、经营与管理的特点

近代日本取引所在华经营近四十年，见证了日本对华经济关系的变迁，其在华的经营活动既是日本对华经济扩张的产物，又是日本对华经济扩张的工具和重要内容。相较于其他外商交易所的活动，在华日本取引所在布局、组织、经营与管理等方面形成了自身的特点。

一　取引所数量多而且分布区域集中

近代中国的交易所是先有外籍交易所，而后有华籍交易所；外籍交易所是先有欧美商人设立的交易所，而后有日本人创办的取引所。在华营业的"外籍"交易所广义上分为三类：第一类是

由纯粹的外国人或以外国商人为主出资，依照外国法律或外国在华殖民当局、使领馆颁布的法规政令，向外国政府或外国在华殖民当局、使领馆注册登记为外籍的交易所。第二类是比照第一类方式登记为外籍的交易所类似组织。第三类是完全由中国人或以中国人为主出资，依照外国法律或外国在华殖民当局、使领馆颁布的法规政令，向外国政府或外国在华殖民当局、使领馆注册登记为外籍的交易所，此类外籍交易所还不少，仅在上海，截至1922 年，就有 28 家（见表 2-10）。第三类外籍交易所中除了五国银公司国际交易所等少数交易所外，绝大多数的交易所是为了借助外国势力的保护，规避中国政府和法律的监管，防止军阀土匪和流氓的骚扰而披上"外籍"外衣的华商交易所。真正的外籍交易所应该是第一类交易所。就日本在华取引所而言，应该包括第一类取引所例如大连取引所、第二类取引所类似会社例如日华证券信托株式会社、第三类取引所例如广东证券商品交易所、五国银公司国际交易所等以中国籍或第三国籍面目出现、日本人参与其中并有较大影响力、日本官方统计承认为日本取引所的交易所。

表 2-10　1922 年以前上海设立的华商出资创办的外籍交易所

序号	交易所名称	设立时额定/实收资本总额（万元）
1	上海华商证券棉花交易所（西班牙领事署注册给照）	100/25
2	申市货券交易所（法国领事署注册给照）	100/50
3	华洋证券物品交易所（法国领事署注册给照）	100/50

续表

序号	交易所名称	设立时额定/实收资本总额（万元）
4	太平洋物产证券交易所（上海沪军使署批准备案且法国领事署注册给照）	120/30
5	民国证券物品竞卖场（法国领事署注册给照）	50/25
6	中外海陆产货券联合交易所（西班牙领事署注册给照）	200/50
7	中外证券物品交易所（法国领事署注册给照）	—
8	中国出口物产证券交易所（西班牙领事署注册给照）	100/100
9	上海煤油物券交易所（西班牙领事署注册给照）	100/25
10	平市日夜物券交易所（西班牙领事署注册给照）	50/50
11	中欧（丹）三市物券交易所（西班牙领事署注册给照）	60/30
12	上海日夜证券柴炭联合交易所（西班牙领事署注册给照）	80/40
13	公共物券日夜交易所（西班牙领事署注册给照）	50/25
14	合群昼夜货券交易所（西班牙领事署注册给照）	100/25
15	中国证券交易所（法国领事署注册给照）	50/50
16	合众晚市交易所（淞沪护军使署及公共公廨备案保护）	100/50
17	中美证券物产交易所（美政府注册给照）	50/50
18	中华国产物券交易所（法国领事署注册给照）	100/50
19	东方物券交易所（意大利总领事署注册给照）	150/50
20	华美远东物品证券交易所（美政府核准立案）	200/50
21	大中华物券金币日夜交易所（部）（西班牙领事署注册给照）	—
22	五国银公司国际交易所（呈由美国法庭核准注册给照）	1000/250 万美元

序号	交易所名称	设立时额定/实收资本总额（万元）
23	共和物券日夜交易所（西班牙领事署注册给照）	100/25
24	世界物券交易所（西班牙领事署注册给照）	100/25
25	扬子证券物品交易所（西班牙领事署注册给照）	50/25
26	全国互市物券交易所（西班牙领事署注册给照）	50/25
27	上海日夜物券交易所（西班牙领事署注册给照）	200/50
28	华夏物券日夜通商市场（西班牙领事署注册给照）	50/25

资料来源：进步书局：《交易所一览》，进步书局，1922，1～233 页。洪葭管、张继风：《近代上海的金融市场》，上海人民出版社，1989，第 155～158 页。1915 年 7 月 29 日～1936 年 3 月 1 日《申报》的相关资料。

仅就第一类外籍交易所而言，旧中国的外籍交易所设立最早的是欧美商人在 1905 年创办的上海众业公所，但仅此一家。紧随其后设立的就是 1906 年日商在东北创办的牛庄取引所。随后，日本取引所纷纷设立并成为在华外籍取引所的主体。到 1922 年，日本人在华设立的取引所达到 20 家左右，1927 年仍有大约 12 家；到 1939 年初，还有大连取引所、大连株式商品取引所、满洲取引所、安东取引所、新京（长春）取引所、哈尔滨取引所、青岛取引所；1945 年抗战结束前，还剩下满洲株式取引所、上海棉业取引所、青岛取引所三家。虽然第一类日籍取引所的数量一直在减少，但始终是在华外籍交易所的主体，这类取引所属于狭义的日本在华取引所。

而广义的日本在华取引所还应包括第二类日籍取引所即无取引所之名而行取引所之实的类似会社，例如日华证券信托株式会社、中华取引市场株式会社、营口证券信托株式会社、鞍山财事株式会社、鞍山证券信托株式会社、铁岭证券信托株式会社、开原商品证券信托株式会社等商业组织。另外，第三类日籍取引所例如广东证券商品交易所、五国银公司国际交易所等也属于广义的日本在华取引所的范畴。照此计算的话，日本在华设立的取引所的数量就更多了。

日本在华取引所的数量不仅多，而且区域分布高度集中。这些取引所主要设置在"关东州"殖民地和满铁附属地内，1922年东北的日本取引所占到日本在华取引所总数的75%，1927年该比例为83.3%；其次是设在关内的天津、青岛、上海、汉口等地。上述地方都是日本对华贸易和投资的重心地区。在这些区域密集布设取引所，反映了日本对当地市场和资源控制的热切程度。

二　以兼营特产物的综合类取引所为主体

近代日本的取引所以米谷取引所为主，物券钱钞综合经营的取引所数量并不多，而且就算是综合类取引所也大多属于米谷与证券兼营的取引所，食粮买卖为其交易的重心。日本人在华设立的取引所在1939年满洲特产专管会社成立以前，绝大多数是综合类取引所，这与日本国内取引所的结构不同；另外，除了大连株式商品取引所、天津取引所、汉口取引所兼营证券与非特产物之外，绝大多数的在华取引所都是兼营特产物与钱钞的取引所或特产物、钱钞、证券综合经营的取引所，大豆、豆粕、高粱、杂谷、花生等特产物是交易的重心，这点又与日本国内取引所的情况相同。

日本人在华设立综合经营的取引所既不符合日本国内法律的要求，也违反中国交易所法的规定。因为日本 1893 年的取引所法第二条规定，买卖同种对象的交易所，每一区域以设立一所为限[1]。1914 年北洋政府公布了以日本 1893 年修正的取引所法为蓝本而制定的《证券交易所法》，也规定买卖同种对象的交易所，每一区域以设立一所为限。虽然日本国内取引所一直有物券综合经营的情况存在，但这只是日本政府基于某些取引所所在地方的商情而做出的变通处理，并非经营的主流模式。日本农商务省和外务省在答复议员关于日本在华取引所法律地位的质询时，认为日本国内取引所法律不适合中国情况，在华取引所的设立与经营由日本驻中国各地总领事给予必要的命令与裁决。"关东州"及满铁附属地内取引所相关事宜由关东厅管辖。这样日本在华取引所就具有超然的经营地位，既不接受中国政府和法律的监管，也不受日本国内法律的严格约束，通过综合经营，可以对非日本取引所形成范围经济的竞争优势。另外，产业革命完成后的日本与中国的贸易已经属于工业国对农业国的贸易，日本对中国各地尤其是东北地区进出口贸易的商品结构主要是输出工业品，进口中国的农特产品。在华设立特产物、工业制品、钱钞、证券综合经营的取引所，更便于在当地市场

---

[1] 农商务大臣伯爵后藤象二郎：《取引所法ヲ定ム》，《公文类聚・第十七编・明治二十六年・第三十三卷・产业・农事・商事・工事・矿山・博览会共进会・杂载》，农商务省档案，明治 26 年（1893 年）3 月 3 日；亚洲历史资料中心，A15112687200；日本国立公文书馆，类 00664100。

收购中国的特产品并倾销日本的工业制品；同时买卖金银钱钞，控制金银钱钞比价，既有利于贸易发展又有助于日本钞票的流通，便于其控制当地的金融市场。东北是特产物丰富而且币制混乱的地区，因而日本人在东北地区设立了许多以特产物交易为中心物券钱钞综合经营的取引所。

三　在华取引所多采用公司组织

近代在华外籍交易所的组织制度主要分为会员制和公司制。欧美人设立的上海众业公所采用会员组织，而日本人在华设立的取引所有过信用合作制、会员制和股份制三种组织形式，以股份制为主。1909年日本人设立的信用组合辽阳取引所选择信用合作社组织。1918年日本人将大连证券业协会改组为证券交易所，采用会员组织。1919年日本关东厅发布"关东州"取引所令，规定交易所的组织制度分为会员组织和股份组织。前述大连会员组织证券交易所又改组为日华证券信托株式会社，变身为股份有限公司组织的证券交易所类似会社。1919年后日本人在华设立的取引所及取引所附设的信托株式会社均采用股份有限公司的组织形式。

日本在华取引所及取引所附设的信托株式会社都选择股份有限公司的组织制度，是基于几个方面的考虑：

第一，沿袭其国内取引所一贯采取的组织形式。从1876年株式会社大阪堂岛米谷取引所产生以降，股份有限公司组织就是日本取引所主流的组织制度。日本国内取引所行业的人士有不少人参与了日本在华取引所的筹办活动。例如在大连取引所民营化过程中，以东京为首的日本国内几家地方证券交易所就在 1920 年参股创办大连株式商品取引所。大阪株式取引所的理事长岛德藏参与发起和筹办上海取引所、天津取引所、汉口取引所，并兼任这三家取引所的社长或理事长。大阪三品取引所理事长今西林三郎也参与创办天津取引所。东京和京都各取引所的关系人则参与了上海取引所的创办。上海取引所理事萩野芳藏、东京株式取引所经纪人铃木圭三、川又贞次郎等则参与了广东证券商品交易所的筹办活动。因此，日本国内取引所制度选择的有效经验也行之于日本在华取引所的创设活动之中。

第二，中国的国情与日本取引所发展初期的国内情况相似，更适合股份制交易所发展。首先，日本取引所选择股份有限公司组织，通过资本的社会化，比较容易取得设立取引所必需的巨额资本及昂贵的营业设施。其次，采用股份有限公司组织，取引所的资本和营业设施由股东提供，与经纪人无关，这可以降低对经纪人资历的要求，使得中小券商也有资格成为经纪人，从而可将取引所经纪人的数量维持在该所正常运营必须的规模之上。再次，公司组织的取引所有担保本所买卖的责任，需对交易上违约所生成的损失进行赔偿，这使得在本所交易的经纪人可以不问对方为何人、信誉如何而安心从事交易，实际上降低了取引所设立时对经纪人信用的要求；而这又有助于增加经纪人的数量并活跃所内的交易，有利于取引所的设立和发展。

第三，采用股份有限公司组织，以营利为目的，取引所可以该所预期股利及股价的上涨为诱饵，吸引部分中国人参股日本人创办的取引所，一来可以借力华人资本；二来可以对外宣扬中日合作与互利，减少中国人的恶感；三来还能利用华人股东去宣传、推广业务。另外，取引所采用股份有限公司组织，通过募股集资和资本积累而具有成长性，能够适应日商为争夺中国市场而扩大的商品流通和资金融通方面的服务需求，并使得取引所更容易发起和实现彼此间的合并重组，有利于其在华的扩张。1906年后日本在华取引所快速发展，成为日本人控制中国各地市场、掠夺资源、推行日本金票、便利日本国债和公司证券发行、替日本殖民当局和关东军筹款的重要工具，危害甚大。民国时人对此也有痛彻心肺的感悟："观夫我国从前关于满蒙特产大豆油饼之买卖，实权全操于日人所设之大连取引所、开原取引所、四平街取引所、公主岭取引所及长春取引所五处，可见民国二十年九月十八日不幸之事件，及二十六年七月七日之事变，自有其积渐之由来也。"① 日本在华取引所有如此巨大的能耐，与其选择的股份有限公司组织不无关系。

四 官营取引所较多，与官方联系密切

近代欧美人在华设立的交易所例如上海众业公所属于民营性质，日本人在华设立的取引所有很多属于官营取引所。甲午战争前后日本政界和财经界就有在华设立带政策职能的对华贸易金融机关的主张。日俄战争的硝烟尚未散尽，日本驻营口兵站司令部军政部即在1906年批准日商设立株式会社牛庄取引所，由官厅管

---

① 吴德培：《交易所论》，上海商务印书馆，1946，第68页。

辖。1913 年大连取引所设立后官营取引所快速发展，到 1922 年，日本在华设立的第一类日籍取引所有 20 家左右，其中 11 家为官营取引所，占比为 55%。所谓官营取引所就是归属日本在华殖民当局管理的交易所，此类交易所的运营管理要接受日本政府或其在华殖民机构的干预或指导，负有政策性职能，不是纯粹商业性经营的经济组织。以大连取引所为例，该取引所由日本关东厅严格控制，历任取引所的领导人是常务董事（即专务取缔役），完全由日本人担任。大连取引所设立辅助常务董事，分管取引所内设的钱钞部、粮谷部和杂货部，对大连钱钞取引所、大连粮谷取引所、大连株式商品取引所三个市场进行专业的管辖；还设立监事，负责监查取引所的工作情况，该职务完全由日本人担任；又设有商议员会，负责审议政策允许的交易方法及其在具体交易上履行情况等重要事项，而商议员由关东厅长官任命，直接对殖民地当局的最高官员负责。可见，官营取引所是执行日本对殖民地经济政策的重要工具，其在华的经营活动有日本官方为后援，并从属于日本官方的指挥。大连钱钞取引所信托株式会社就曾拿出其部分盈余，向日本关东军提供特别费用①，"七七事变"前日本高级特务土肥原贤二向关内进行特务渗透的活动经费即由大连取引所的获利款项中拨给。东北和山东青岛是日本在华殖民地及占领地集中的区域，因而日本在华的官营取引所就集中在这两个地方。与日本国内取引所一样，日本在华取引所的营业也受到日本官方较多的干涉，因此，部分日商在华筹办取引所的时候也打算

---

① 佚名：《日本在大连的殖民经济机构》，哈尔滨百年网，最后访问日期：2014 年 9 月 22 日。

依照实行自由主义的英美国家的法律在这些国家注册登记。1916
年山本久显等日商在筹办上海取引所时就拟依照美国法律在美国
注册。1920 年山本久显、楠濑幸彦、神田镭藏、大井诚之助、南
波礼吉、德田昂平等日商与杨度等中美英法四国商人一起筹办五
国银公司国际交易所，此项计划"原拟依据日本之会社法而组
织，但以当局剧烈之干涉，故改以美国会社法为基础，期有自由
流动之余地"①。

五　关东厅和外务省对在华取引所实行双线监理

日本在华取引所的监理体制与其国内交易所监理体制和其他
在华外籍交易所的监理体制不同，这与日本在华领事裁判权及殖
民地管理权相关。日本国内对取引所的监理采取干涉主义，先后
以农商务省和商工省作为取引所审批与管理的唯一机关。在华其
他外籍交易所例如上海众业公所的管辖权在于欧美国家驻华领事
馆。日本在华取引所分为官营与民营两类，前者位于日本在东北
的"关东州"、满铁附属地和青岛日本领地内，日本取引所的事
宜分别由日本关东厅和青岛日本民政署两个殖民地官方机构管
辖。在华殖民地和领地之外的中国土地上设立的民营取引所的相
关事宜，则由农商务省和外务省释法后交由外务省派驻中国各地
的总领事负责管理。日本派驻中国各地的总领事要向外务省和农
商务省大臣汇报在华取引所的经营情况。农商务省也派出官员来
华巡视调查各地的日本取引所情况。1924 年 7 月 27 日，日本政

---

① 佚名：《日商拟在华设立取引所》，《申报》1921 年 5 月 11 日第 17318 号第 7 版。

府就曾经派农商务省务官铃木氏组团来华，调查日本在华各取引所的营业状况，并兼受外务省委托，调查其他相关事宜。该调查团先抵上海，分别至日本取引所及中国各家交易所考察，而后再搭车赴天津，抵津后再赴东北各地调查。在1922年青岛归还中国以及青岛取引所民营化之后，事实上形成了日本关东厅和外务省对在华取引所进行双线监理的体制。

甲午战争后日本在华逐步确立了片面的领事裁判权，在中国各地派驻领事，其领事裁判权中规定日本人在华不受中国法律支配；日本人在华自由开设商店，不受中国法律拘束；日本人住所不得侵入；日本可以在中国各地领署内附设警察，行使警察权力等。日本驻华领事滥用此项权利，侵犯中国主权，保护日本人及不法华人在华的非法活动，允许华籍之人或商店及其财产在日本领事馆注册登记，以致此等华人及其财产不受中国法律支配和法院的管辖。1919年的巴黎和会及1921年的华盛顿会议上，中国代表屡陈领事裁判权的弊害，严正要求各国撤废。1928~1931年南京国民政府不断与各国交涉，终于取消了部分国家在华的领事裁判权。但是日本直到1931年3月仍抓住领事裁判权不放，要求中国承认日本在东三省特别区域之利益后，才能放弃在上海、天津、北平、汉口、广州等口岸的民事诉讼和轻微刑事诉讼的领事裁判权。实际上在日俄战争后，日本驻华使领馆就积极运用其取得的片面领事裁判权来支持日本人在华遍设取引所。

日本人在华设立取引所严重违法并侵犯中国主权，因而哈尔滨、上海、天津、青岛、汉口等地取引所的设立与经营，均招致当地中国商民和官府的抵制。日本驻上述商埠的总领事则出面对中国政府交涉、施压，迫使中国政府妥协退让，允许日本取引所设立并营业，这在哈尔滨取引所筹办过程中表现得淋漓尽致。

1924年9月，第二次直奉战争开始时，奉军节节胜利，但其大本营东北的金融却陷入混乱。1926年7月31日，奉票与现洋的兑换比例从1924年的1.5：1贬值为5.64：1，贬值率达到276%。这是日本人及其支持的中国货币投机商在奉天钱币交易保证所内投机倒把，抛售奉票，导致奉票毛荒和金融混乱的结果。张作霖为稳定东北局势，铁腕整顿金融。张作霖要求奉天总商会配合调查华商钱币投机的行为，查封沈阳中方车站内华商奉天钱币交易保证所，逮捕并枪毙为首的投机商，将钱币交易保证所改组为银钱现货交易公所，取缔银钱的期货交易，派人监督交易所的营业，禁止投机倒把。另外，张作霖还要求奉天警察厅调查沈阳日方车站内奉天取引所日本钱商的交易行为，使该取引所内日本人的投机行为有所收敛。奉天警察厅还逮捕了躲入日本取引所从事投机买卖的中国钱商。这些举措使得奉天和东北的金融乱象有了显著的改善，但也影响了奉天取引所的投机经营。鉴于此，日本驻奉天总领事不断向省政府交涉和施压，要求中方释放被逮捕的中国钱商，撤销整顿钱钞交易、遏制投机的措施。不仅如此，日本驻华领事官员为保护日本取引所的利益，还应日商要求，向中国政府交涉，要求取缔中方交易所以免对日本取引所的营业构成竞争，这一强盗行径在"九一八"事变后青岛取引所与青岛证券物品交易所的竞争中表现得极其露骨。

六　取引所在华设立与经营引发的纠纷多，营业不稳定

日俄战争后，日本在华取引所的扩张势头虽然强劲，但1922年后其经营活动就遇到了困难，被迫整顿、收缩并在1937年后逐渐走向了衰亡。总体看来，日本在华取引所的营业并不稳定，尤其是关内民营取引所的经营并不成功，这有其特定的历史原因：首先，明治维新后的日本不断对近邻国家进行侵略扩张，对中国的侵害尤为严重。1874年日本入侵台湾；1894年对中国发动甲午战争；1900年参加八国联军侵华战争；1904～1905年在中国东北进行日俄战争；1915年提出灭亡中国的"二十一条"；1918年出兵山东并在1919年巴黎和会上胁迫列强和中国承认其继承德国在山东的权益；1925年制造"五卅惨案"；1927～1928年三次出兵山东，阻止中国北伐军进入济南，制造"济南惨案"；1928～1931年不承认中国关税自主权，抵制中国废除外国领事裁判权的努力；1931年发动侵华战争。近代日本对中国的戕害引发中国人对日本的极度恶感，国力孱弱的中国人民以抵制日货，对日经济绝交，不与日商往来等经济抗日活动来反抗日本侵略。没有中国商民参与交易，取引所在华业务难以展开。其次，日本人在华设立取引所，严重侵犯中国主权，而且取引所尤其是官营取引所与日本殖民当局及日本在华占领军存在密切关系，这使得日本人在华设立取引所成为一个很容易引发中日两国政府和民间纷争的敏感问题。中方舆论的反对、华商的抵制以及1916年后华商交易所的兴起，都不利于日本取

引所在华业务的长久发展。再次，1921年世界经济大萧条和大连取引所"金建"风潮、1927年昭和金融危机、1930年恢复金本位制和昭和经济危机等的冲击，导致日本金融界萎靡不振，日本在华取引所的营业大受打击。最后，日本在华取引所采用股份有限公司组织，以营利为目的，为追逐利益而存在道德风险。为活跃本所的交易，增加交易手续费、履约担保费、清算交割服务费、交易垫资利息等收入，日本在华取引所移植日本国内取引所的经营方式，将本所股票在本所上市，从事现货交易（直取引）、远期交易（延取引）、期货交易（定期取引）。投机商利用期货交易，在日本取引所内买空卖空，操纵行市，给众多交易者造成巨额损失。1921~1922年信交风潮爆发后，交易所投机陷入低潮，日本在华取引所的营业也走上了下坡路。1939年后，受日伪政权战时经济统制政策的影响，东北地区的物品取引所及综合类取引所的物品部被撤销，株式取引所则被整合为一家。青岛取引所虽然在日军重新占领青岛后复业并强行吞并了华商青岛物品证券交易所，但在日伪政权实施的战时经济统制政策的影响下，其营业也未能再现1932年以前的兴旺景象，为减少亏损，该取引所在战争结束前也已经停业。

小　结

综上所述可知，近代日本在华取引所是适应日本对华贸易和投资发展的需要而产生的，其在华39年的经营史可谓跌宕起伏。

经历 16 年快速扩张之后，日本在华取引所即步入了 15 年的低迷与整顿期，而后则是 8 年的衰败期。每个历史转折节点的出现均有其特定的历史原因。期间，日本取引所在华的营业活动是风云骤变，先是钱钞交易业务走向萎缩，而后是物品买卖业务被限制或取缔，最后是证券交易业务终止。日本在华取引所的经营范围也从物券钱钞综合经营，演变为证券或棉制品的专营。日本在华取引所的数量则从 1922 年以前的大约 20 家，减少到了 1932 年的 7 家左右，1939~1945 年更是下降至 3 家。日本在华取引所见证了日俄战争后至抗战结束这段时间日中经济关系的变化，其在华的活动既是日俄战争后中日经济关系变迁的产物，又是变迁中的日中经济关系的重要内容，对这个时期日中经济关系的变化也有影响。

在特定的历史背景下，日本取引所在华的活动形成了自身的特点。相较于其他外国在华交易所，日本在华取引所的数量众多而且集中于东北地区。与日本国内取引所多为专营交易所不同，在华日本取引所大多违反中国法律，开展综合经营以争取范围经济的优势，这点与欧美商人在华设立的上海众业公所也不同。与日本国内取引所并行会员组织和公司组织不同，1919 年后日本在华取引所均采用股份有限公司组织，这点与欧美商人在华设立的上海众业公所也不同。上海众业公所为民营，而日本在华取引所有官营与民营两种类型。日本在华取引所与日本官方的联系较为密切，官营取引所不是纯粹的经济组织，而是负有政策性职能的商业机关。日本在华取引所的监理体制与其国内交易所监理体制和其他在华外籍交易所的监理体制也有差异。日本国内先后以农商务省和商工省为交易所唯一的监理机关，在华其他外籍交易所例如上海众业公所的管辖权在于欧美国家驻华总领事；而青岛归还中国以及 1922 年青岛取引所民营化之后，形成了关东厅和外务省对日本在华取引所进行双线监理的体制。由于中日两国关系紧张敌对以及日本取引所在华的活动损害中国主权尤甚，所以相较于上海众业公所，日本取引所引起的中日纷争更多，遭到中国人民的抵制也更激烈。

第三章

近代日本在华取引所的商业活动与其他活动

日本取引所是通过其在华的商业及其他活动来履行自身职能并为日商和日本官方利益服务的。日本取引所在华的商业活动主要是经营各项交易所业务。因为 1939 年以前日本在华取引所绝大多数都实行综合经营，所以其业务涉及商品买卖，金银钱钞买卖、有价证券买卖。交易方式分为现货交易与期货交易，具体的交易方式因取引所和交易对象的不同而有所异同。在诸多日本在华取引所中，大连取引所、上海取引所、满洲取引所和青岛取引所业务经营的时间较早，持续时间较长，影响较大，比较具有代表性。

第一节　日本取引所的物品买卖业务

日本取引所在华买卖的商品主要是工业制品及原料（棉纱、棉布、砂糖、面粉、棉花等）、中国各地出产的特产物（大豆、豆饼、豆粕、豆油、高粱、小麦、粟、苞米、其他杂谷、柞蚕

丝、柞蚕茧、花生、花生油等）、其他食粮（稻米等）与杂货
（毛皮、麻袋等）。买卖的目的，一是为了便利日商在中国各地分
销日本输华或在华生产的工业品；二是方便日商将中国出产的特
产品及其他食粮输入日本或其他地区，是为了掠夺中国的农特产
物和其他资源。

一 特产物买卖是日本取引所在华营业活动的重心

（一）日本取引所对东北特产物买卖的垄断

日本国内的取引所以米谷等食粮为交易的大宗商品。为
满足国内生活消费及食品等轻工业原料的供给，日本在华取
引所也以中国各地出产的特产品尤其是大豆为交易的主要对
象。日本人曾将中国东北的农产品分为五类（见表 3-1）并
认为农产品中以大豆最为重要，高粱次之。因为日本人以大
豆为上上之宝物，所以 1932 年以前东北地区每年输入日本的
大豆数量高达 394 万 9305 担，价值为 1431.8 万海关两。豆
油、豆粕也是出口日本的大宗特产品，日本人用豆油做食用，
用豆粕做上好的肥料。

表 3-1　伪满洲国成立前日本人对中国东北农产品的分类

序号	分类	农产品
1	食料作物类	高粱、粟、玉蜀黍、黍、大小麦、陆水稻等
2	菽豆类	大豆、小豆、莫头、绿豆、菜头等
3	蔬菜类	白菜、葱、芹菜、韭、茄子、马铃薯、南瓜、胡瓜、甜瓜、蒜、山芋、甘薯等

续表

序号	分类	农产品
4	特用作物类	大麻、苎麻、蓖麻、苴、落花生、胡麻、烟草、棉花、瓜子、亚麻、甜菜等
5	果树类	葡萄、梨、苹果、枣、杏、桃等

资料来源：许宅仁：《中日的旧恨与新仇》，中华印书局，1932，第36页。

　　表3-1所列第1、2、4类农产品中的许多例如大豆、小豆、高粱、落花生等中国特产，为日本国内大量需求。因此，日人在华设立的牛庄、辽阳、大连、开原、长春、哈尔滨、公主岭、铁岭、四平街、营口、安东、青岛、济南等取引所均设立商品部或物产部，以买卖中国各地的特产物为其重要营业品类，并制订了本所的营业细则，规范了特产物买卖的方法（见表3-2）。

　　从表3-2所列的取引所交易规则可知，日本在华取引所基本上都经营现货交易与期货买卖，但是以期货交易为主。商品期货与金融期货属于衍生工具，对市场经济而言，具有"双刃剑"的作用，交易商既可利用它发现价格、跨期交易、杠杆经营、套期保值并引导现货交易、活跃市场，又可利用它做投机套利活动，危及市场稳定和交易所的生存。期货交易方式对日本在华取引所以及华商交易所的投机经营有较大影响。另外，日本在华取引所交易的计价和结算货币主要是日本设立的朝鲜银行和正金银行发行的金银钞票，因而日本取引所在华业务的发展有助于提高日钞在中国各地市场上的地位和影响，有利于日钞取代各地市场上流通的中国货币。

表3-2 部分在华日本取引所特产物交易方法比较（1922年以前）

取引所名称	交易对象种类	交易方法	标准结算货币	契约期间	交割日期	买卖经手费	保证金
牛庄取引所	大豆、豆饼、豆油、棉纱、棉布和银块	交易方法分现货交易和期货交易两种类型，具体包括大豆、豆粕的直取引、延取引、定期取引三种方式。	日本正金银行的银票	直取引（7日以内）、延取引（50日以内）、定期取引（3个月以内）	—	—	—
大连粮谷各取引所	大豆、高粱、豆粕、豆油、苞米、小麦	大豆、豆粕、豆油、高粱、小麦等买卖分现货（现物）交易和期货（定期）交易两种类型；杂粮仅限于现货交易。具体的交易方式，定期取引为直取引、延取引三种，或者说分为零件交易、短期交易、长期交易。交易办法大体与日本国内设立的取引所相同。现货交易以竞买卖的办法进行，但豆油期货交易则按照现货交易办法进行。	原来用正金票，后来因为日本人长期欲改用金钞，因为中国商人反对改用金钞不成功，现货交易仍用银票、金票为主，长期交易用银票、金票也可以用。	现货：10日以内。若买卖双方同意且经日人所认可，可以延长到30日以内。钱钞现货交易按照向来习惯执行。期货：4个月以内，但经日人所认可，可延长至6个月以内。	大豆、高粱、豆粕、豆油为每月末日。钱钞每万日14日及月末日。现货每月13日及月28日。	现货交易不要手续费，期货双方各交手续费2.50日元。	原保证金：大豆每车（49000斤）为100日元；豆粕每枚（46000斤）交60日元；高粱每车（49000斤）为80日元；银对交5000日元。续金交200日元。其他保证金、特别保证金等均依照日本国内取引所的成例。增加保证金

续表

取引所名称	交易对象种类	交易方法	标准结算货币	契约期间	交割日期	买卖经手费	保证金
开原取引所	大豆、高粱、金条、豆粕、银票、小麦、其他金谷、钞帖	现货交易：粮豆及钱钞按以往的惯例进行。期货交易：特产物、小麦、豆饼、银票，这些对象按以往惯例进行。如小洋票、经关东都督认为有必要，可以增减以粮豆为对象有关的期货品种。	特产品期货交易为金票和奉天票；钱钞期货为奉天货交易为小洋票，但银票期货交易也可用金元券。	特产物期货交易为3个月以内，最长6个月以内。钱钞期货交易为3个月。	特产交易为每月15日或由中所长决定，由中所长决定为每月10日及25日。	特产物交易每车向交易商收1日元。钱钞交易每1000元向买卖双方收日金20钱。	特产品原保证金每车车票800元，钱钞交易每1000元交480元。追加保证金为原保证金的一半。
长春取引所	大豆、高粱、小米、小麦、豆粕、其他杂谷、金条、钞票、钞帖	现货交易：大豆、高粱、小米、小麦、其他杂粮，示以现货或者照通常买卖办法进行。期货交易：按历年来现货交易的办法进行。特产物、高粱、豆粕、小麦，以宽买卖。依据标准品，以宽买卖（拍买拍实）方式进行。钱钞交易也用兑买卖办法进行。	日本银票	特产品期货交易为4个月以内，最长为6个月以内。钱钞期货交易为3个月以内。	特产品期货交易中大豆为每月15日，高粱为10日，小豆为1日及10日。钱钞期货交易为每月12日及28日兑货。	佣金向期货交易商征收，特产品买卖每车向交易双方收日金1元，外加特别佣金20钱。钱钞每1000元向买卖双方收日金15钱。	基本保证金按照买卖数量单位计算，在特产单位价格的30%以内核定，向买卖双方征收。追加保证金为基本保证金额的一半。如买卖交易时有发生风险的可能，可向交易商索取特别保证金。

续表

取引所名称	交易对象种类	交易方法	标准结算货币	契约期间	交割日期	买卖经手费	保证金
哈尔滨交易所和黑龙江官谍取引所	大豆、小麦、豆粕、面粉、麻袋、棉布、棉纱、大洋银、小洋银、吉林帖和黑龙江官帖、有价证券（国债、地方债、公司股票和债券）	特产品、钱钞采用现物交易和定期交易方式进行；证券采用现物交易，定期交易方式进行；现物（货）交易：成交后5日内办理交割。以得到哈尔滨日本总领事认可的特种办法进行。延期交易以上至180日。定期（期货）交易依据竞买卖进行，也可以用转买卖的办法进行	金票、银票	期货（定期）交易：大豆、小麦、豆粕、等特产品，豆油、粉等商品为3个月以内，棉布为6个月以内，棉纱、钱钞、有价证券为3个月以内	期货交易：大豆为每月15日及营业末日前一天；小麦为每月14日及28日；面粉为每月12日及26日；棉纱、棉布为每月末日前一天；豆油、豆粕、麻袋为每月11日及25日；钱钞为每月13日及27日；有价证券每月10日及24日	—	基本保证金由本所根据交易情况核定并向交易双方征收。追加保证金为基本保证金额的一半。如果交易所根据买卖交割时有发生风险的可能，认为做买卖市交割时，可要求交易商增加保证金

续表

取引所名称	交易对象种类	交易方法	标准结算货币	契约期间	交割日期	买卖经手费	保证金
公主岭取引所	大豆、高粱、大麻子、豆粕、豆油、金票、钞票、奉小洋票、羌帖、官帖	现货交易用相对买卖进行；期货交易或用相对买卖办法或竞买卖办法进行	小洋钱、小洋票、金票	大豆、高粱交易为4个月以内，最长6个月以内。钞钞交易为6个月以内	大豆、高粱交易为每月15日及每月15日及末日。钞钞交易为末日	大豆、高粱交易每车向买卖双方征收日金20钱。钞钞交易向买卖双方征收日金20钱	买卖保证金占原保证金的一半。追加保证金：大豆交易每1000元向买4000元，钞钞2000元，奉天高粱3000元
四平街取引所	大豆、豆饼（粕）、豆油、高粱、粟、金票、钞票、奉小洋票、羌帖、官帖	现货交易：或用相对买卖的方法进行；或就货物以相对买卖办法进行。期货交易：以竞买卖办法进行	大洋钱、小洋票、金票	特产物期货交易为4个月以内，最长6个月以内。钞钞期货交易为3个月以内	特产物交易每月1日至15日。实际交易以15日为限。钞钞交易以为多月13日及27日为多	特产期货交易每买卖1单位向交易所征收日金1元。钞钞期货交易向买卖双方收日金20钱	按日本政府颁布的交易所法规征收
安东取引所	柞蚕丝、柞蚕茧、大豆、粟、钞钞、粮票、金票、银（镇平银、金票、小洋票）、价证券（股票、公债、社债）	特产品、钞钞、证券交易分为现货交易，延期（货）交易，定期（期）交易三种。定期交易以竞现货交易或延期交易。现货交易以相对买卖进行	以日本金票、镇平银、小洋钱为标准货币	金银、股票交易为1个月，大豆为2个月。现货交易为2日以内，延期交易为90日以内	股票交易为每月25日或10日；镇平银交易为每月13日及28日。每月交割2次	—	—

续表

取引所名称	交易对象种类	交易方法	标准结算货币	契约期间	交割日期	买卖经手费	保证金
青岛取引所	物产（花生油、米、花生油、豆油），钱钞（正金银行所发纸票），证券（日人会社股票）	特产物、钱钞、有价证券的交易分为现货交易、期货交易。具体交易分为现物交易、延期交易、定期交易三种。物产部营落花生米甲部分为甲乙两部。甲部经营落花生油期货。乙部从事其他的，落花生米的期货交易的青岛地方通用大洋买卖。钱钞部经营带壳落花生粒物，带壳落花生经营青岛买卖用大洋交易		落花生粗油。落花生及带壳落花生米交易当事人约定为 3 个月，每月交割	落花生粗油买卖每个月 20 日交割。落花生生米及带壳落花生米同为契约期头一个月的上月 26 日至最后一个月的 20 日。钱钞取引每月 15 日及月末两次交割，但实际上多为每期交割前 3～4 日	—	设立基本保证金。物产甲部的基本保证金是落花生油买卖 1 车交银 50 元；追加保证金额的一半可以视情况取引所可以随时加增保证金。还有像保证金和特别保证金

资料来源：东北新建设杂志社：《东北日人之商业》，《东北新建设》（时间不详）（第 5 册），第 5 页；《中东经济月刊》，东省铁路经济调查局编辑部东省铁路经济调查局编辑部，1931 年，第 4、5 合号，第 167 页；《中东经济月刊》，东省铁路经济调查局编辑部，1931 年，第 2 号，第 7 卷，第 149～151 页。（日）铁岭领事小仓：《关于铁岭取引所设置并铁岭取引所信托株式会社设立的报告》，《取引所关类似组织控制杂件·在华取引所关系杂件·铁岭取引所类似取引组织》，外务省档案，大正 10 年（1921 年）9 月 1 日；亚洲历史资料中心，B1109013400。《株式会社哈尔滨取引所章程》，《开原取引所规程》，《在华取引所关系杂件·哈尔滨取引所营业细则》，外务省档案，大正 11 年（1922 年）7 月 11 日；亚洲历史资料中心，B1109013110。《株式会社安东取引所关类似商品取引所便览》，满洲部分·卷 2），外务省档案·海外·安东取引所》，外务省档案，亚洲历史资料中心，B0401088080。《在华办企业调查·第一号·满洲部分·卷 2），外务省档案·海外·安东取引所》，外务省档案，1926 年 12 月 1 日～1927 年 5 月 31 日；亚洲历史资料中心，B0806148360。《日本取引所便览》，外省档案·海外·青岛取引所，昭和 2 年（1927 年）。外省档案，《取引所关系杂件·海外·青岛取引所营业细则》，亚洲历史资料中心，B0806149010。

以东北地区为例，日本取引所在华买卖特产物分为现货交易（见表 3-3）与期货交易两种方式，期货交易活跃。

表 3-3　1920 年东北日本取引所特产物现货交易量

地名	大豆（吨）	高粱（吨）	豆粕（吨）	豆油（吨）
大连发	1621366	164151	260712	11572
营口发	110169	31853	46899	2294
辽阳发	13331	3357	16049	97
奉天发	385	6044	11303	16
铁岭发	42023	32321	14252	334
开原发	302326	86038	45982	5418
四平街发	54525	52784	14974	331
公主岭发	99467	51452	12026	371
长春发	587018	102363	16236	417

资料来源：根据 1920 年表列各家日本取引所成交并经火车站发运的特产物数量编制。

日本在华取引所不仅以东北地区设立最早，设立最多，而且官营取引所也最多，这些官营取引所的特产物买卖尤其是大豆买卖中的期货成交量远大于现货成交量（见表 3-4）。在东北特产物的买卖中，大连取引所最为重要。1908 年以后，日本政府在中国东北地区推行大连中心主义政策，改变了东北地区对外贸易的格局。到 1912 年，大连港压倒营口港成为东北第一大港，其作为日本与东北贸易的物流中心地位得以确立。故而 1913 年后日本关东厅在大连设立官办的大连粮谷取引所，操纵"关东州"及满铁附属地内大豆、豆粕、豆油、高粱等特产物的现货与期货交易，利用期货交易进行大豆三品和高粱的投机交易很盛行。

表 3-4 1921 年东北官营取引所重要物产期货与现货
买卖成交量及交割量

官营取引所重要物产期货买卖成交量及交割量

取引所名	大豆（车）		高粱（车）		豆粕（车）		豆油（百函）	
	成交量	交割量	成交量	交割量	成交量	交割量	成交量	交割量
大连	54309	6912	8815	7701	71608	4859	28251	760
营口	408	142	．—		1164	405	—	
辽阳	18	—	28	—	18	—		
铁岭	390	7	4	—	10	—		
开原	54132	1035	10267	310	—		—	
四平街	16865	378	5340	189	—		—	
公主岭	20016	783	10001	317	—		—	
长春	25160	409	1107	27	—		—	
合计	171298	9666	35562	8544	72800	5264	28251	760

备考：奉天取引所重要物产期货买卖

官营取引所重要物产现货买卖成交量

取引所名	大豆（车）	高粱（车）	豆粕（枚）	豆油（斤）	杂谷（车）
大连	9738	217	24721400	99236548	65
长春	3185	2740			
合计	12923	2957	24721400	99236548	65

备考：营口等六家取引所的现货买卖

资料来源：《原拓殖局书记官次田大之郎 1922 年 9 月 26 日出发关东州及南满洲视察复命事项》，《关于南满洲进行取引所整理的文件》；大正 12 年（1923 年）1 月 24 日；亚洲历史资料中心，B11090123500；日本外务省外交史料馆，3-3-7-39-8。

1920 年大连粮谷取引所成交的大豆、豆粕及高粱期货的交易规模达到了历史的高度，大豆期货成交量升至 11.7 万车，豆粕期货成交量增至 11.7 万车，豆油期货成交量提高到 296.4 万两，高粱期货成交量上升至 3.6 万车（见表 3-5），大豆三品期货成交额达到 4.9 亿日元。

表 3-5　1920 年大连（粮谷）取引所粮豆期货成交量/额统计

物品	数量	价额（万日元）
大豆	117（千车）	24677
豆粕	117（千车）	21736
高粱	36.349（千车）	4803
豆油	2964042（两）	2121

资料来源：予觉：《1920 年大连取引所粮豆先物出来高统计》，《天津益世报》1927 年 10 月 24 日第 2 张第 7 版。

从 1923 年东北日本取引所特产物期货买卖的情况看，1920 年后大连粮谷取引所的特产物期货成交量显著下降了。尽管如此，大连粮谷取引所的农产物期货交易规模在东北地区仍然排在首位，其次为开原、长春、公主岭等地取引所，营口、辽阳、铁岭取引所的交易规模很小，可以忽略不计（见表 3-6）。

表 3-6　日本取引所在东北各地的农产物期货交易概况（1923 年）

地别	物别	数量	价额（万元）
大连	大豆	60748（车）	16255（金）
		1318（车）	3599（银）

续表

地别	物别	数量	价额（万元）
大连	高粱	22640（车）	3150（金）
		28（车）	4（银）
	豆粕	59791（千枚）	11586（金）
		110（千枚）	20（银）
	豆油	3483500（两）	3013（金）
		1500（两）	7（银）
营口	大豆	2（车）	0.5
	豆粕	10（千枚）	1
辽阳	大豆	29（车）	22
	豆粕	66（千枚）	16
	粟	390（车）	105
铁岭	大豆	53（车）	15
开原	大豆	71710（车）	22477
	高粱	19319（车）	3049
长春	大豆	35126（车）	6939
	高粱	14910（车）	1381
	小麦	488（车）	146
四平街	大豆	12391（车）	3694
	高粱	8728（车）	1213
公主岭	大豆	22046（车）	6643
	高粱	17623（车）	2415

资料来源：许宅仁：《中日的旧恨与新仇》，中华书局，1932，第 43～44 页。

上述情况是 1920~1921 年经济大危机爆发后日本经济陷入萧条、中国出现"信交风潮"、东北发生大连取引所"金建风潮"、中国商民为解决山东悬案而掀起经济抗日运动，日本在华取引所市场受到冲击的结果。

大连取引所信托株式会社是大连粮谷取引所的运营机关，该会社的营业状况及业绩可以反映大连取引所买卖特产品的大致情况。大连取引所信托株式会社自创立后，营业成绩颇佳，至 1924 年上营业期为止，能够持续向股东派发 10% 以上的股利。尤其是 1916 年上营业期和 1918 年下营业期派发的股利分别高达 44% 和 153%。不过，在 1924 年该会社将额定资本从 300 万日元增加到 1500 万日元（实缴 600 万日元）后，因为资本负担加重，收入逐渐减少，该会社盈余及派发的股利下降，每年的股利大多处在 8% 以下，1930 年下营业期派发的股利更是降至 5.6%（见表 3-7）。

从大连取引所信托株式会社 1930~1931 年的损益表中可以看到营业手续费收入是其各个营业期收入的主要来源，但是 1930 年上营业期至 1931 年下营业期，该会社营业手续费收入占其营业期收入的比例从 48.7% 降至 31.8%，甚至低于 1931 年下营业期回购本所新旧股票各 3 万股的差价收益。营业手续费收入由大连取引所信托株式会社向大连粮谷取引所现物交易、延期交易、定期交易的买卖双方征收，因而其数额的急剧减少表明该取引所特产物交易的严重不景气和交易规模的萎缩。

表 3-7   1926 年上营业期至 1931 年下营业期大连取引所
信托株式会社历年业绩

年份	已缴资本（千元）	盈余金（千元）	盈余率（成数）	股利率（成数）
1926 年上期	6000	433	1.443	1.000
1926 年下期	6000	340	1.133	1.000
1927 年上期	6000	288	0.960	0.850
1927 年下期	6000	248	0.827	0.750
1928 年上期	6000	217	0.723	0.720
1928 年下期	6000	242	0.807	0.720
1929 年上期	6000	254	0.847	0.752
1929 年下期	6000	276	0.920	0.800
1930 年上期	6000	237	0.790	0.704
1930 年下期	6000	181	0.603	0.560
1931 年上期	6000	203	0.677	0.600
1931 年下期	6000	141	0.684	0.600

资料来源：柳亚之：《暴日最近之经济侵略与日本》，东北研究社，1935，第172～173 页。

事实上 1931 年上下两个营业期，大连粮谷取引所的高粱交易量已各减至 9000 车，只及 1929 年下营业期的 1/4。豆粕交易量在 1931 年下营业期还不及同年上营业期的半数。作为该所交易重心的大豆交易量，在 1931 年上营业期以前，还有逐期增加的趋势；但是一进入该年下营业期，就出现锐减的情况，这是"九一八"事变后中日关系恶化、中国商民经济抗日运动的影响所致。虽然营业上出现波折，但是大连取引所作为日本官府的专利机关，有日本关东厅的支持，实力和规模巨大。该交易所开业以后，实有左右东北地区大豆、豆油、豆粕价格的权能，以致在日本人势力范围之内的大连，凡是由此运出的大豆，非经过该取引所的查验，都不能出运。以大连取引所为首的日本取引所对我国东北特产物出口的控制与垄断之深，由此可见一斑。

从1929年日据"关东州"进出口贸易国别结构表可知，当年日本本土输入"关东州"的货值为银647.2万关两，占"关东州"输入品总值（1532万关两）的42.2%；而"关东州"输往日本本土的货值为856.8万关两，占到输出品总值（2100万关两）的40.8%，二者均列首位，日本对东北地区贸易之兴盛由此也可窥见其一斑。据当年"关东州"进出口贸易商品结构表可知，1929年"关东州"输出品以大豆最多，为968.8万关两，占输出总值的46.1%；如果加上豆粕、豆油、小豆、高粱、蜀黍的出口值，那么特产物出口货值（1459.4关两）约占到了输出总值的69.5%，这些特产物主要输往日本本土。"关东州"的输入品以日本机制面粉最多，为163.3万关两；如果加上麻袋、棉花、丝织物等输入品货值，则这部分输入品货值占到输入品总货值的28.9%，也居输入品结构的首位。官营的大连粮谷取引所和民营的大连株式商品取引所在上述商品的买卖上具有支配地位。可见，日本对中国东北地区贸易的扩张承惠于大连取引所的贡献颇多。

在东北地区，1924年营口、辽阳、铁岭取引所因为营业不振而被关东厅撤废后，其他的取引所则继续进行重要物产的买卖活

动，安东取引所在 1925 年申请设立商品部时，即将粟买卖加入其
交易对象之中，其后各方面均急于准备，但因为检查等级较为困
难，所以此项交易事业进展缓慢，但是期望在 1928 年 6 月 1 日开
始上场营业。安东取引所粟米的交易规则是叫值单位为 100 斤
（麻袋装）（现货亦同），买卖单位为一车。转卖及买回的时候，
一车为 50000 斤，但交货时包括封袋在内标准总斤两为 49500 斤。
粟米现货交易的办法是记印买卖或样本买卖的相对买卖，其成交
额以金票计值，以三个月为限期，分为三期（但当年限期为二个
月，分为二期）。买卖每成交一单位，无论是现货，还是期货交
易，取引所要向买卖双方都征收 3 元以上 18 元以内的手续费。粟
米的交货标准是每年新谷期，由取引所委托安东商业会议所所属
的安东检量局，从该年度的精白粟中选定品种，再由取引所决定
标准品，记印为一等青印品。

　　四平街取引所也从事重要物产期货买卖，该所曾于 1919 年和
1921 年各做一次粟米期货交易，虽然这两次粟米上场交易不久即
行中止，但是在 1926 年又向关东厅申请粟米上场交易，1928 年
获得关东厅许可，遂自 1928 年 5 月 15 日开始粟米上场交易。该
取引所粟米的交易规则是，买卖方法为竞卖法。叫值单位为一中
国斗（43 斤），买卖单位为一车（49450 斤）。其成交额先是以
金票或钞票计值，后来取引所力排万难，断然以金票作为计价标
准。取引所附设的信托会社对于该所的物件买卖负清算担保的责
任。大豆与高粱买卖的手续费相同，每成交一车，取引所信托会
社向买卖双方均征收金票一元。交货物件是将当年上场买卖的粟
米分为一、二、三等，再将一等分为三级，二等分为五级，三等

分为七级。1928 年后，一等品均无上场，上场者均为二三等品而已[1]。1928 年四平街取引所的大豆期货成交量达到 14729 车，高梁为 60 车，粟为 286 车[2]。

（二）关内日本取引所重视山东特产物的买卖

山东也是日本掠取中国特产物的重要区域，在中国关内买卖特产物的日本取引所主要是青岛取引所和济南取引所。大阪财阀成立并与青岛株式信托会社合并后控制青岛取引所的青岛企业信托会社（实为交易所）宣称，"营业目的是：一、为所属经纪人从事落花生、落花生油、豆油、钱钞及有价证券的现物取引、延取引及定期取引服务。二、对经纪人融通资金。三、从事与买卖物件相关的仓库业。四、经营信托业。五、与前四项业务相关联的一切业务。"[3] 落花生、落花生油等山东特产就是青岛取引所物产甲部和物产乙部买卖的主要物件。

1920 年 9 月至 1924 年 7 月青岛取引所的物产交易集中在落花生米和粗油上，落花生米的买卖只有延期交易和定期交易方式，而粗油买卖只有延期交易方式，二者都没有进行现货交易。1921～1922 年前后，该取引所的落花生和粗油成交量变动较大，尤其是粗油的交易量在 1922 年后下降很多。这与此时发生的世界经济大萧条、信交风潮、青岛取引所股票风潮、大连取引所"金建"风潮、中日两国关于山东和青岛回归悬案的纷争所带来的影

---

① 东北新建设杂志社：《东北日人之商业》，《东北新建设》第 5 册，年份不详，第 20 页。
② 佚名：《四平街取引所》，《东省经济月刊》1925 年第 7 卷第 10 号，第 49 页。
③ 佚名：《青岛取引所概要》，《国民新闻》大正 11 年（1922）9 月 25 日。

响有关。另外，青岛取引所物产买卖中没有现货交易，而延期和定期交易的交割量占成交量的比例极低（见表 3-8），表明其特产物的买卖以买空卖空为主，投机成分很高。

表 3-8　1920 年 7 月至 1924 年 7 月青岛取引所物产
买卖成交量及交割量统计

交易方式种类 年月		落花生米	粗油	
		延期交易（车）	定期交易（车）	延期交易（车）
1920 年（9~12 月合计）	成交量	—	790	577
	交割量		—	—
1921 年（1~12 月合计）	成交量	—	9863	6269
	交割量		248	1620
1922 年（1~12 月合计）	成交量	596	2575	20346
	交割量	2	362	762
1923 年（1~12 月合计）	成交量	1177	—	14495
	交割量	31	—	766
1924 年（1~7 月合计）	成交量	—	—	2856
	交割量	—	—	165
总计	成交量	1773	13228	44543
	交割量	33	610	3313
交割量占成交量的比例		0.019	0.046	0.074

资料来源：《株式会社青岛取引所月别买卖高及受渡高表》，《日本取引所关系杂件·海外·青岛取引所·卷一》，外务省档案，大正 13 年（1924 年）8 月 14 日。亚洲历史资料中心，B08061489700；日本外务省外交史料馆，E-2-4-0-1-1-6-001。

1922 年华盛顿会议后，日方被迫将青岛交还中国，但在鲁案善后条约上，日方又保留了一些不符合国际公约的条款，例如，规定青岛取引所不准中国政府干涉，中国商人必须到取引所交易，在青岛不得另行设立同样的交易所，等等。不仅如此，在中国收回青岛前夕，日方还急忙把官办青岛取引所改为民办，将该所的监督管理权，交给了商办的青岛取引所信托株式会社，并将后者更名为株式会社青岛取引所，拒不交给中国当局，以致此后的株式会社青岛取引所仍不受中国法律和官府的监管，日本人得以继续操纵该所的交易，在物产和钱钞市场上，继续兴风作浪，酿成风潮，致使中国商民受害不浅，1931 年青岛取引所华商罢市风潮就是鲜明的写照。此次风潮的发生，是因为在青岛取引所的特产物买卖中，日中两国交易商的权利地位不平等，日方交易商在花生米期货交易中"五六两月多作空，获利五六十万元，七月份期货日商又（做）空五千吨，目下期货涨价，日商不认赔，反在市场捣乱"①，欺凌中方交易商，激起后者不满，酿成纠纷和斗殴，中方交易商因激愤而退出该所交易以致该所营业中止。

1931 年 6~11 月间青岛取引所落花生粗油买卖共计 150 天，总成交量为 4436 车，但月成交量从 6 月份的 1997 车暴跌至 10 月份的 8 车，11 月份则无成交量；日均成交量为 44 车，但日均成交量从 6 月份的 80 车降至 9 月份的 8 车。落花生米总成交量为 16150 英吨，但月成交量从 6 月份的 14450 英吨降至 10 月份的 50 英吨，8、9、11 月份则无成交量；日均成交量为 280 英吨，但日

---

① 佚名：《青取引所华商罢市》，《申报》1931 年 6 月 16 日第 20904 号第 8 版。

均成交量从 6 月份的 580 英吨变为 8~11 月份的无成交量。同期青岛取引所落花生米、粗油、精油的入库量分别为 3957 袋、243车、6521738 斤，出库量分别为 3957 袋、243 车、6492379 斤。在此期间，除了落花生精油出库量有增加外，落花生粗油、落花生米的入出库量以及落花生精油入库量都急剧下降①。

青岛取引所特产物买卖业务的急剧萎缩，与"九一八"事变后中国商民经济抗日热潮高涨以及华商青岛证券物品交易所的创办有关。青岛取引所自己认为，"期初各项交易堪称顺善。自万（宝山）案发生以来排日声浪日趋紧张，几逼全土（中国）。又加之东北事变相继而起，愈致人心激昂。……一般关心国权者遂发起交易所之组织，于 9 月间已告成立。而华方经纪人皆一致脱离本所，多年之中日经济机关由此分立。故致本所之物产营业一蹶陷于休业状态，各出口贸易商均受异常打击。"②

综上所述可知，1922 年以前，在关内外经营中国特产物买卖的日本取引所，除了哈尔滨取引所和安东取引所两家民营取引所之外，全都是官营的取引所。由此可以看出，日本政府对于利用具有政策性职能的官营取引所来控制中国各地的特产物是非常重视的。

---

① 佚名：《株式会社青岛取引所第二十三期营业报告书·落花生米、落花生粗油、落花生精油出入库表》，《本邦取引所关系杂件·在外ノ部·青岛取引所·第二卷》，外务省外交档案，昭和 6 年（1931 年）6 月 24 日；亚洲历史资料中心，B08061490700；日本外务省外交史料馆，E-2-4-0-1-1-6-002。

② 佚名：《株式会社青岛取引所第二十三期营业报告书·营业概况》，《本邦取引所关系杂件·在外ノ部·青岛取引所·第二卷》，外务省外交档案，昭和 6 年（1931 年）6 月 24 日；亚洲历史资料中心，B08061490700；日本外务省外交史料馆，E-2-4-0-1-1-6-002。

二 工业制品和其他农产物买卖也是日本在华取引所营业活动的内容

日本取引所在华买卖的对象，除了特产物以外，还有棉纱、棉布、砂糖、面粉、麻袋等工业制品以及稻米、棉花等非特产物农产品，经营此类商品买卖的日本取引所在关内外都有。

（一）日本取引所在东北买卖工业制品和其他农产品

在东北，日本人主要利用取引所来掠取当地特产和自然资源，但也重视工业制品与非特产物农产品的买卖。与特产物买卖主要由官营取引所经营不同，买卖工业制品和其他农产品的日本取引所以民营取引所为主。1923 年前后，位于沈阳的官营奉天取引所鉴于中国东北地区大量进口日本的棉布而且一直是采用商业信用的方式从日本购入，华商稍占日商提供的商业信用的便宜，遂拟按照日本国内办法，申请将棉布纳入奉天取引所的营业范围内，但遭到华商反对，奉天中国当局也未许可。1924 年哈尔滨取引所解散后，东北的民营取引所还有大连株式商品取引所、满洲取引所和安东取引所，而安东取引所经营特产物和钱钞。这样，在东北地区经营工业制品和稻米等非特产物农产品的取引所就是大连株式商品取引所和满洲取引所这两家民营取引所了（见表 3-9）。

大连株式商品取引所是大连取引所民营化过程中创立的第三个交易所市场，该市场除了买卖有价证券以外，还经营棉纱、棉布、面粉、麻袋等工业制品与杂货，为日本国内及在华日商购销棉纱、棉布、面粉、砂糖、麻袋等物品提供场所。该取引所设立初期，正值第一次世界大战之后，日本织布业和中国纺纱业获得发展，日本棉布输华及进口中国棉纱的需求增加，因而营业很顺利，营业手续费及其他与本所交易相关的业务收入相应增多，向股东派发的股利也较多。从 1920 年开始营业至 1923 年上营业期，该所派发的股利都在 10% 以上，例如，1921 年下营业期因为获得 49% 的纯收益率，其派发的股利高达 40%。

不过，从 1923 年下营业期开始，大连株式商品取引所的营业则忽然转入颓势，到 1929 年上营业期，纯收益率已降至 0.16%，股利率降至 0.60%，1929 年下营业期和 1930 年上营业期还持续发生营业损失。

表 3-9　在华经营工业制品及其他农产物买卖的日本取引所一览

取引所	所在地	清算担保会社	取引对象（主要取引对象）
满洲取引所	奉天	奉天证券信托株式会社	稻米以及证券（该会社自身股票、其他东北地方取引所及附属会社的股票）
大连株式商品取引所	大连	大连株式信托株式会社（株信）	砂糖、麻袋、棉纱、棉布、证券
哈尔滨取引所	哈尔滨	哈尔滨信托株式会社	面粉、麻袋、大豆、小麦、豆粕、豆油、棉纱、棉布、银、官帖、有价证券
天津取引所	天津	天津取引所信托株式会社	钱钞、证券、棉纱、棉花、各种商品
青岛取引所	青岛	青岛取引所株式信托会社	棉纱、落花生、花生油、豆油、钱钞、证券

续表

取引所	所在地	清算担保社	取引对象（主要取引对象）
济南信托取引所	济南	—	棉花与花生、银块
上海取引所	上海	上海取引所信托株式会社	棉花与标金、棉纱、证券
汉口取引所	汉口	汉口取引所信托株式会社	棉花与棉纱、证券、金银

资料来源：《在支那及殖民地设立的日本取引所》，《设在支那及殖民地的日本取引所调查关系》，外务省档案，昭和 3 年（1928 年）3 月 12 日；亚洲历史资料中心，B08061482300；日本外务省外交史料馆，E-2-4-0-1-1-001。

为减少损失，大连株式商品取引所进行整理，减资 50%，将额定资本降至 500 万日元。不过，该所整理的成效也不明显，到 1933 年上营业期，其营业纯收益也只有 8000 日元，股利率只有 0.30%。大连株式商品取引所的经营业绩不佳，与其营业手续费收入不理想有关。1933 年上营业期该取引所的营业手续费收入为 5.3 万日元，其中证券交易的手续费收入是 4.33 万日元，麻袋交易收入为 0.67 万日元，棉纱交易收入为 0.3 万日元，棉布交易收入仅为 400 日元，而面粉交易及其手续费收入为零[1]，这反映了该所营业的不景气。

大连株式商品取引所交易低迷，究其原因，除了有 1929~ 1933 年世界经济大危机和抗日战争局部爆发的影响，还与民营的大连株式商品取引所内部经营管理上存在的弊端有关系。1930 年

---

[1] 柳亚之：《暴日最近之经济侵略与东北》，东北研究社，1935，第 200~201 页。

该取引所爆出理事长原田耕一等内部人侵吞公款的丑闻，日本关东厅派检察官和特务查封并调查该所的账簿和其他关系文书，搜查原田耕一家宅、拘捕其本人并寻求善后之策，这表明该取引所经营管理一度较为混乱①。

满洲取引所也设有米谷部，买卖稻米等其他农产品，1928年该取引所米谷买卖的成交量有11220石。1929年大连株式商品取引所和满洲取引所买卖的棉纱、棉布、面粉、麻袋等工业制品的成交额达到1116.5万日元（见表3-10）。

表3-10　1929年东北地区日本民营取引所买卖物件及数额

交易对象	交易额（日元）
股票	7145000
麻袋	7748000
棉纱	2646000
棉布	558000
面粉	213000
纸币	137718000

资料来源：侯厚培、吴觉农：《日本帝国主义对华经济侵略》，黎明书局，1931，第351页。

在1939年至1941年间伪满洲国特产专管会社成立、"关东州"会社经理统制令和"7·25"限令公布、严禁中国人自由买卖之前，大连株式商品取引所的经营地位依然较高，其非特产物的交易仍有相当的规模（见表3-11）。

① 佚名：《大连之疑狱案》，《天津益世报》1930年2月11日第1张第4版。

表 3-11 1937 年 5 月～1938 年 5 月大连商品交易额月度

年月	麻袋（定期）		棉纱（定期）		棉布（延期）		人造丝（延期）	
	数量（千枚）	价额（元）	数量（捆）	价额（元）	数量（捆）	价额（元）	数量（捆）	价额（元）
1 月以降累计 前年	5600	1894750	38070	9902270	—	—	5090	857790
本年	36260	13735200	8500	2158090	54692	29051113	10	1470
1937 年 5 月	1260	443550	6060	1589200	—	—	750	39760
1937 年 6 月	720	254080	3320	2240450	—	—	240	—
1937 年 7 月	1880	618250	12840	3173040	—	—	50	—
1937 年 8 月	1250	450000	27580	6089720	—	—	—	—
1937 年 9 月	3250	1181600	12990	2097110	10	3600	—	—
1937 年 10 月	8270	450000	7140	1599730	90	28788	—	—

近代日本在华交易所（1906~1945 年）

续表

年月	麻袋（定期）		棉纱（定期）		棉布（延期）		人造丝（延期）	
	数量（千枚）	价额（元）	数量（捆）	价额（元）	数量（捆）	价额（元）	数量（捆）	价额（元）
1937 年 11 月	5330	2158600	3950	895240	1380	440013	—	3900
1937 年 12 月	7640	3039450	3360	777170	1126	359677	25	3900
1938 年 1 月	4280	1600450	1660	390690	1495	524655	—	—
1938 年 2 月	2090	788500	2600	610000	3578	1424468	—	—
1938 年 3 月	7590	3041350	2250	572490	15170	6978072	—	—
1938 年 4 月	9050	3141800	1750	382440	14663	7840216	10	1470
1938 年 5 月	13250	5183100	870	202470	19786	12283702	—	—

资料来源：〔日〕古山胜夫：《满洲经济统计月报》，南满洲铁道株式会社，时间不详，第 15 卷第 5 号，第 51 页。

（二）日本取引所也在关内买卖工业制品和其他农产品

华北、华中和华东是中国政治、经济的重心地区，人口众多，交通便利，经济较为富庶，而且是中国棉花的主产区，纺织业等近代工业已有一定的发展，市场广阔。因此，日本人在该区域主要利用取引所来购销工业制品和棉花等其他农产品。天津、青岛、上海、汉口、济南等地的取引所都设立物产部、商品部或棉纱部来买卖棉纱、棉布等工业制品及棉花等其他农产品。

例如，天津取引所 1921 年的棉纱期货买卖成交量为 1820 捆，棉花期货买卖成交量为 2900 俵。1922 年棉纱定期买卖成交量为 570 捆，棉花定期买卖成交量为 28900 俵①。总体看来该所花纱成交量不大且没有开展现货交易，买空卖空的成分较多，业务开展情况不如其钱钞买卖和股票买卖顺利。

青岛取引所设有物产甲乙两部、钱钞部、证券部和棉纱部，从该所各期的营业报告书所披露的营业概况来看，其业务重心在于物产及钱钞买卖，这两项营业也较为发达；而棉纱买卖则进展不顺利，从第一至第八营业期，棉纱买卖均无成交量，第九至第十三营业期才有成交量，成交量较小，其中第十期的成交量最大，也只有 53680 捆；此后成交量持续下降，到第 13 期只有 1630 捆；第十四至十五期则没有成交量（见表 3-12）。1926 年 6 月 1 日至 11 月 30 日青岛取引所第十三期营业报告书认为，其物产交易进"入本营业期以来每月所成之交易堪称顺适"，而钱钞买卖因为银价暴跌，该

① 佚名：《株式会社天津取引所大正十年一至十二月月报》，《取引所关系杂件·天津取引所·营业报告》，外务省外交档案，大正 11 年（1922 年）1 月 14 日；亚洲历史资料中心，B11090125700；日本外务省外交史料馆，3-3-7-39-9-1-001。

营业期内银票市价相差 30 多元，"诚十年以来罕有之起落也，交易之殷盛亦系自民国十一年下半期以来买卖成数最为巨额，极为活跃"。至于出租新筑的房产等业务，"亦颇收预期以上之好果"；但是从第十一期以降，"棉纱买卖仍然不振，深以为憾，拟与纺纱厂方面及与斯业有关系者研究改良扩张方法以期渐有起色"①。

表 3-12　1926 年 6 月至 11 月青岛取引所棉纱买卖成交量

月别	有市日数（天）	成交量（捆）	日平均成交量（捆）
1926 年 6 月	25	460	18
7 月	24	10	—
8 月	23	—	—
9 月	25	790	31
10 月	24	370	15
11 月	25	—	—
合计	146	1630	11

资料来源：《株式会社青岛取引所第十三期营业报告书》，《日本取引所关系杂件·海外·青岛取引所·卷一》，外务省档案，昭和 2 年（1927 年）3 月 9 日；亚洲历史资料中心，B08061489900；日本外务省外交史料馆，E-2-4-0-1-1-6-001。

日人在华设立的取引所大多吸引华人入股或充任该所的经纪人，一来对外标榜中日经济合作与"亲善"，缓解中国人的反感与抵制；二来利用华人股东和经纪人的资金与人脉去拓展业务，

---

① 佚名：《株式会社青岛取引所第二十三期营业报告书·营业概况》，《本邦取引所关系杂件·在外ノ部·青岛取引所·第二卷》，外务省外交档案，昭和 6 年（1931 年）6 月 24 日；亚洲历史资料中心，B08061490700；日本外务省外交史料馆，E-2-4-0-1-1-6-002。

分销日本货物，这对日货的涌入起到了助推的作用。在青岛，日本取引所的经营策略对部分华商就颇为奏效，该所的影响也很大。时人对此评论说："前岁在取引所内之华商（取引所名为中日合办实则为日商垄断）因受日人之压迫，率率退出取引所，另在齐燕会馆组织一青岛市交易所，经营一切银钱货物交易事项。最近竟有奸商福聚东等九家，盛倡中日合作，于本月十四日复归取引所营业，以贯彻其媚外行为。闻福聚东等商号复归取引所开始卖买时，曾先在钱钞会场开一会议，由日方理事安藤主席报告此次华商回所之经过，并陈述该市场此后之应行规则，最后表示欢迎之意。次有华商利丰号经理刘叔衡演说华商复归取引所之利益，且极劝大众遵守规则，合谋利益，勿为意气冲动，故违定章。倘有扰乱市场安宁者，应受相当处罚，最后并祝中日人一处交易，永无分离云云。"这些回归取引所交易的华商，期望值还很高，准备每天与日方达成 1000 万元以上的交易。日商见此情势，遂聘请青岛协源盛经理王渭滨及利丰号经理刘叔衡为顾问，力谋发展青岛取引所的营业。青岛取引所的业务曾经很兴旺，大有垄断青岛市场的势头，对日货涌入以及日企融资帮助甚大。"自九一八事变发生，举国义愤填胸。独青岛一隅，则歌舞升平如故；而一般奸商更大贩日货，以致市面日货充斥。据码头消息，最近日货由青岛入口之总额，较九一八以前已超越数倍，青岛之成为日货输入之总枢，且陕甘云贵各省，亦有派员来青订购日货者、言之殊足痛恨。"[1]

---

[1]　佚名：《每日一千万元以上交易 入口总额较前增数倍 华商九家与日商合作》，《申报》1933 年 1 月 21 日第 21474 号第 10 版。

第二节　日本取引所的钱钞买卖活动

近代中国流通的货币长期不统一，日俄战争后各地还有各种实银两、虚银两、外国银元、中国银元、铜元、外国纸币、中国纸币在流通。及至 1935 年 11 月，南京国民政府推行法币政策，虽垄断纸币发行权，但也没有排斥外国纸币流通。我国东北地区货币流通紊乱的问题尤为严重。"满洲之货币，即如上述之复杂，国籍异同，地方不同，价格亦差，毫无联络之情势。对于使用上生（出）种种之困难，此货币买卖事业所由起。"[1] 在关内外地区，将货币作为商品来买卖的钱庄、银号等货币兑换商以及货币买卖市场早就存在，但这些货币交易市场分散、无组织，没有固定的交易时间和场合，缺乏有约束力的成文规则，也无有力的管理。这不利于日商影响和控制各地市场金银钱钞的比价，降低对华贸易和投资的汇率风险。鉴于此，日本人在中国设立货币取引所或取引所钱钞部，利诱或强迫场外的中国货币交易商加入日方控制的取引所，进行集中的、有组织和管理的、标准化的、大宗的货币买卖。大连钱钞取引所和青岛取引所就是这两个地方的日本殖民当局取缔当地原有的华商交易市场之后建立起来的。

日本钱钞取引所的设立有利于日商操纵场内金银钱钞的比价，影响当地货币市场的行市，进而达到三个目的：第一是攫取货币买卖的差价利润；第二是控制金银钱钞的比价，规避对华贸

---

① 予觉：《满洲货币之取引所》，《天津益世报》1927 年 1 月 21 日第 2 张第 7 版。

易和投资的风险，降低日商的交易成本，促进对华贸易和投资的
扩张；第三也是最重要的，就是通过操纵取引所的金银钱钞比
价，扰乱金融，抬升日本钞票的市价和吸引力，贬抑中方纸币的
市价和信誉，吸引更多中国商民自觉选用日本钞票，以日币排挤
并最终取代中方货币的流通地位，进而控制中国各地的金融与经
济。日人在华设立的取引所，除了大连粮谷取引所、大连株式商
品取引所和沈阳的满洲取引所之外，都经营金银钱钞的买卖（见
表2-6）。实际上大连和沈阳已分别设有经营钱钞买卖的大连钱
钞取引所和奉天取引所，也就是说日人在取引所设立的所有地方
都从事金银钱钞的买卖活动。

一 东北地区日本取引所的钱钞买卖活动

东北地区有组织的货币市场"今以日人所设者言之，如大
连、奉天、长春、开原、营口、吉林"取引所，其中钱钞买卖业
务较为著要的是长春取引所和大连取引所属下的钱钞取引所（见
表3-13）。

表3-13　1914～1917年长春取引所与大连钱钞取引所的货币交易额

（一）长春取引所羌帖与钞票交易额（计价货币：吉林官帖）

年度	羌帖		钞票		共计
	取引额（百万留）	价额（百万吊）	取引额（百万留）	价额（百万吊）	总价额（百万吊）
1916	343	2995	217	3242	6237
1917	408	2294	180	3026	5320

续表

（二）大连钱钞取引所金银交易额

1. 现货交易额

年度	银对金 （万元）	银对小洋钱 （万元）	金对小洋钱 （万元）		共计 （万元）
1914	912	361	2		1275
1917	2358	419	112		2889

2. 期货交易额

年度	银对金 （万元）	银对俄币 （万元）	金对银币 （万元）	银对钞票 （万元）	共计 （万元）
1915	333	2403	1224	1	3961
1917	20813	26226		44095	91134

资料来源：《满洲货币之取引所》，《天津益世报》1927 年 1 月 21 日第 2 张第 7 版。

　　从表 3-13 所列两家日本取引所的营业情况看，长春取引所的羌帖成交量是增加的，其货币交易额减少却较明显，这是俄国十月革命爆发后羌帖市价暴跌的影响所致。尽管 1917 年该所的货币成交额下降较多，但仍然达到吉林官帖 53 亿吊以上的规模。大连钱钞取引所货币成交额则逐年增加，尤其是期货成交额则是爆炸性增长，这显示第一次世界大战期间日本在东北地区的金融势力在迅猛地膨胀。诚如前述，这种钱钞买卖业务的兴旺，既有期货投机的助长之功，又与第一次世界大战期间日本在东北地区贸易和投资扩张的需要相关。

第一次世界大战结束后，日本在主要资本主义国家中首先发生经济危机，为转嫁危机，更是大力对华尤其是在东北地区进行经济扩张。1918 年至 1920 年东北地区日本取引所的钱钞买卖业务继续发展，以大连钱钞取引所为例，其钞票对金这个品种的现货买卖成交额从 4290.4 万元增至 10944.2 万元；期货买卖成交额从 10194.6 万元增至 21500.3 万元，增加约 1.1 倍（见表 3-14）。

表 3-14　1918~1920 年大连取引所钱钞现货与期货买卖成交额

钱钞现货交易		
年别	种类	成交额（千元）
1918	钞票对金	42904
	小洋钱对钞票	5423
1920	钞票对金	109442
	小洋钱对钞票	7494

钱钞期货交易		
年别	种类	成交额（千元）
1918	钞票对金	101946
	俄帖对银	57774
1920	钞票对金	215003
	俄帖对银	1395

资料来源：《大连取引所之交易》，《天津益世报》1927 年 10 月 24 日第 2 张第 7 版。

从1921年开始，日本国内就在筹划"金解禁"的问题。为控制中日贸易的汇率风险，便利日商在东北扩大贸易和投资，日本关东厅和满铁株式会社联手在大连取引所强制推行"金建"制度，即要求在大连取引所的交易中以朝鲜银行发行的金本位的钞票（金票）作为计价和结算的货币标准。这遭到了华商和部分日商的反对，引发了大连取引所"金建"风潮和"关东州"的经济恐慌，大连钱钞取引所的营业也受影响。

在关东厅被迫允许大连取引所的交易同时采用"金建"和"银建"之后，"金建"风潮逐渐平息。因为适应日本与"关东州"及东北其他地区贸易发展的需要，日本取引所在东北的钱钞买卖尤其是钱钞期货买卖依然热络（见表3-15）。

表3-15　1923年东北各取引所钱钞买卖期货交易概况

地别	种类	数量（千元）	价额（元）
大连	金票对钞票	1409215	1499367883
营口	金票对小洋票	7726	10414912
辽阳	金票对小洋票	4735	6594661
铁岭	金票对小洋票	1301	33877
	金对小洋钱	335325	350233000
长春	银对官帖	4000	508004900
四平街	四平街	480362	67655148
公主岭	金票对小洋票	20075	27806095
	钞票对小洋钱	51	71526

资料来源：《满洲各取引所钱钞取引先物概况》，《天津益世报》1927年10月23日第2张第7版。

从表 3-15 可知,在各家取引所中,以大连钱钞取引所的钱钞买卖规模最大,1923 年金票对钞票品种的期货买卖成交额达到 15.0 亿元,其次是长春取引所和铁岭取引所。这种格局与日本在东北地区推行的大连中心主义政策以及"关东州"突出的贸易地位相关。大连钱钞取引所信托株式会社是大连钱钞取引所附设的营运机关,为该取引所的日钞对他种货币的交易提供履约担保、交割清算、违约损害赔偿、对交易商融资等服务。1917 年 6 月成立后至 1924 年上营业期,该信托会社所派发的股利率最低也有 15%,最高达到 92%,表明 1924 年上营业期以前,大连钱钞取引所的钱钞买卖业务很发达。不过,第一次世界大战结束后日本国内经济萧条,1923 年关东大地震产生的赈灾票据善后处理问题导致渡边银行等中小银行倒闭,铃木商店破产及其关系银行朝鲜银行停业,这些因素酿成了 1926~1927 年的"昭和金融危机"并波及日本"关东州"的日商。1923 年总行在大连、在日本关东厅特别保护下做期票买卖、代日本军队滥发钱票和军票、与大连取引所有业务关系的龙口银行倒闭,影响了大连钱钞取引所信托株式会社的营业状况。1925 年下营业期,该信托会社营业损失达到 49.8 万日元,1927 年上营业期该信托会社营业亏损高达 91.7 万日元,表明这段时间大连钱钞取引所的钱钞买卖业务一蹶不振。这个时期,除了奉天取引所之外,东北的其他取引所也大做金银钱钞的期货买卖,1928 年四平街取引所金票对奉票的期货买卖成交额也有 1303.9 万日元[①]。

---

① 佚名:《四平街取引所》,《东省经济月刊》1925 年第 7 卷第 10 号,第 67 号。

到了 1929 年至 1933 年世界经济大危机期间，大连钱钞取引所信托株式会社的钱钞买卖业务又得到了发展，规模可观。1929年上营业期至 1932 年下营业期，该会社钱钞现货交易额增加了 2倍，期货交易额增加了 4.2 倍，总交易额增加了 4.1 倍；但是现货交易额与期货交易额之比却从 0.05 降至 0.02，而且该比值畸低，一直在 0.05 以下（见表 3-16）。这表明世界经济大萧条期间和伪满洲国成立后大连钱钞取引所钱钞买卖取得的"业绩"主要拜期货交易的兴旺所赐。期货合约有效期内，卖方可以回购售出的钱钞期货，买方也可以转售已购入的钱钞期货，无形中加大了期货买卖的成交量和成交额，但期货合约到期时实际交割的钱钞数量只占成交总量的很小部分，买空卖空的交易居多。此类钱钞交易越发达，对金融稳定的扰乱就越严重，对日币排挤中国货币流通就越有利。

表 3-16　1929 年至 1933 年大连钱钞取引所信托株式会社钱钞交易额

单位：千元

年期	期货（A）	现货（B）	合计	B/A
1929 年上	447415	20360	467725	0.05
1929 年下	975685	29924	1003715	0.03
1930 年上	1085685	38341	1124026	0.04
1930 年下	1126480	35224	1161704	0.03
1931 年上	1088390	33112	1121502	0.03
1931 年下	928555	34635	963190	0.04

续表

年期	期货（A）	现货（B）	合计	B/A
1932 年上	1471220	68916	1540136	0.05
1932 年下	2345715	61164	2406879	0.03
1933 年上	1302175	30315	1332490	0.02

资料来源：柳亚子：《暴日最近之经济侵略与东北》，东北研究社，1935，第 203~204 页。

二 日本取引所在关内的钱钞买卖活动

为控制中国关内的贸易和金融，日人在上海、天津、汉口、济南、青岛、芝罘等地设立的取引所也从事钱钞买卖活动。

天津取引所在 1921 年创设后，一开始就专做买卖日金即老头票的生意，但因为从一开始就遭到中国商界人士的抵制，加上信交风潮的影响，其钱钞买卖的成交量到 1923 年日渐萎缩。该所营业不佳，因不堪亏损而在 1926 年宣告歇业。天津取引所歇业后，日商又在 1928 年创办天津平井洋行钱钞取引所，从事金票与天津票的现货与期货买卖，以 10 天或 25 天的期货交易为主，现货交易较少。1932 年平井洋行钱钞取引所并入天津商业经济所后，就专做日金"老头票"的买卖。1935 年天津商业经济所解散后，平井洋行钱钞取引所继续营业，只不过受国民政府币制改革的影响，其钱钞的投机性交易转入低迷①，并在全面抗战爆发前停止

---

① 李洛之、聂汤谷：《天津的经济地位》，经济部冀热察绥区特派员办公处结束办事处驻津办事处，1948，第 126 页。

营业。

在山东，1916 年 7 月 19 日开始，日本人就在芝罘证券交易所从事俄国纸币（即羌帖）和日本金票的期货交易。后来金票交易因为羌帖行市暴跌以及 1919 年中国商民抵制日货的影响而中止。"山东悬案"解决、青岛归还中国以及日中贸易逐渐恢复后，日商又在 1923 年联络华商将芝罘证券交易所的组织变更为芝罘货币取引所，以日本金票、纸币、银钱为买卖物件，从 1923 年 1 月 21 日起陆续开展金票对钞票（大连银票）的现货与期货交易。该取引所专做日本金票的买空卖空，操纵行市，抬升日本金票的价格与信誉，为日本金票取代中国纸币在当地的流通服务，因而遭到中国商民反对，北京政府农商部也命令山东地方政府长官予以取缔[①]。另外，中日双方此时正围绕旅大回归中国问题发生争执，中国商民经济抗日的热情高涨，纷纷抵制该取引所的钱钞买卖，致使其金票买卖业务处于低迷状态。据日本驻当地领事官员的报告，芝罘货币取引所当时的金票买卖至少在明面上已经处于停顿状态。

青岛取引所设立钱钞部，以现物交易、延期交易、定期交易三种方式开展钱钞买卖业务。1920 年 7 月至 1924 年 7 月间，青岛取引所钱钞买卖以远期交易（包括延期交易和定期交易）为主，远期交易成交额是现物交易成交额的 2.2 倍，而且三种交易方式的转手额与成交额的比值都很低，均不足 0.05，表明青岛取引所钱钞市场的买卖也是买空卖空的投机性交易为主（见表 3-17）。

---

① 佚名：《烟台交易所专以老头票买卖双空，部令鲁长官取缔》，《申报》1922 年 3 月 12 日第 17616 号第 4 版。

这种情况在上海、天津、汉口、济南取引所和芝罘货币取引所也不同程度地存在。

与特产物买卖一样，钱钞买卖是青岛取引所业务的重心。该所从第一营业期至第十五营业期的钱钞买卖均有成交量，其中第一至第四营业期的钱钞成交量都在 1 亿日元以上，第二期的成交量最大，达到 39389.1 万日元。不过，从第四期开始，青岛取引所的钱钞买卖成交量持续骤降，到第十五期成交量减至 6551.9 万日元（见表 3-18）[①]。

表 3-17 1920 年 7 月至 1924 年 7 月青岛取引所钱钞买卖成
交额及转手额月别表

单位：千日元

年月	现物交易	延期交易	定期交易
1920 年 9~12 月	198580	—	—
	4714	—	—
1921 年 1~12 月	184888	—	535440
	5236	—	10005
1922 年 1~12 月	—	67270	98815
	—	1095	5540
1923 年 1~12 月	14495	127031	—
	766	6685	—

① 佚名：《株式会社青岛取引所各期买卖数及损益金其他一览表》，《青岛取引所检查复命书》，昭和 3 年（1928 年）3 月 14 日。

年月	现物交易	延期交易	定期交易
1924 年 1～7 月	—	32326	—
	—	2961	—
总计	383468	226627	634255
	9940	10741	15545
转手额与成交额之比	0.025	0.047	0.024

资料来源：《株式会社青岛取引所月别买卖高及受渡高表》，《日本取引所关系杂件·海外·青岛取引所·卷一》，外务省档案，大正 13 年（1924 年）8 月 14 日；亚洲历史资料中心，B08061489700；日本外务省外交史料馆，E-2-4-0-1-1-6-001。

  青岛取引所以日本政府及军方为后盾，利用币制改革前中国各地流通货币紊乱的局面，经营钱钞买卖。日商利诱部分中国人加入该所，成为其股东和经纪人，而后利用这部分中国人去宣传、推介业务，吸引更多中国人参与钱钞的投机性交易以兴旺该所的钱钞买卖业务，达到"一石三鸟"的效果，既赚取钱钞买卖的厚利，又能便利日商扩展在华的贸易和投资，还有助于日本钞票取代中国货币在各地市场的流通地位，有利于日本加强对华的金融与经济控制。

  青岛取引所开展钱钞买卖业务在日本取引所中比较具有代表性。其钱钞买卖业务从第四期开始步入下坡路，这是因为随着日本对华侵略加剧和中日关系持续恶化，越来越多的中国人对于日人在华买卖钱钞的危害有了更深刻的体会，华商对日本取引所营业活动的抵制不断增强。

表 3-18 青岛取引所各营业期买卖数、损益金及其他一览表

单位：日元

种类\期数	买卖数					损益金（元）	配当率	期末经纪人数			
	落花生油（车）	落花生米（车）	钱钞（千元）	棉纱（捆）	证券（股）			日方（名）	欧美（名）	中方（名）	合计（名）
第一期	—	109	109092		301020	20085	0.20 滚存	62		105	167
第二期	25765	4515	393891		434080	133150	分割 0.10	45		98	143
第三期	31889	4664	383840		664820	183232	0.13	29		107	136
第四期	19667	3936	109175		478530	117348	0.10	39		112	151
第五期	3816	490	84755		1221670	26935	—	39		147	186
第六期	12262	1231	64160		47070	30041	—	37		106	143
第七期	3002	39	59352		101082	4204	—	30		56	86
第八期	2422	17	31612		4160	6677	—	30		36	66
第九期	2280	24	41185	48030	12100	3241	—	26		60	86

续表

种类 \ 期数	买卖数					损益金（元）	配当率	期末经纪人数			
	落花生油（车）	落花生米（车）	钱钞（千元）	棉纱（捆）	证券（股）			日方（名）	欧美（名）	中方（名）	合计（名）
第十期	5213	4	31272	53680	/	13900	滚存	20	/	53	73
第十一期	2576	30	42910	27330	/	4615	0.04	21	/	48	69
第十二期	3977	137	43418	4520	/	8722	0.03	20	/	41	61
第十三期	4785	6105（屯）	78873	1630	/	6271	0.052	32	2	55	89
第十四期	9984	25032（屯）	64928	—	/	14549	0.052	22	2	52	76
第十五期	2111	14350（屯）	65519	—	/	2693	滚存	25	1	51	77

资料来源：《株式会社青岛取引所各期买卖高及损益金其他一览表》，《日本取引所关系杂件·海外·青岛取引所·卷一》，外务省档案，昭和 3 年（1928 年）2 月 14 日；亚洲历史资料中心，B08061490000；日本外务省外交史料馆，E-2-4-0-1-6-001。

"九一八"事变及青岛物券交易所成立后，中方经纪人退出青岛取引所转而加入华商交易所；币制改革后钱钞比价波动较平缓，钱钞投机牟利空间缩小，钱钞买卖业务的吸引力下降。这些因素使得青岛取引所的钱钞买卖规模缩小。

三　日本取引所买卖钱钞的目的与危害

青岛等地日本取引所开做钱钞买卖的意图实际上已为许多中国人所认知。"近日日人又在我山东组有一种钱币取引所，其注重之点即在以其纸币吸我现金。其进行之步骤，第一乃利用我中国官僚崇拜外人银行之思想，厚其利息以广寄存之招徕。第二则窥伺我（山）东之各银行之力量薄弱者，竭力收存其钞票。迨收储既多，以迅雷不及掩耳手段拥负前往，支取现洋。一俟无力兑付，或引诱加入其资本，或强迫搭行其取引所之钞票。由此方法，逐渐推广，不过一年光景，我山东官商银行可完全变为钱币取引所支店。"如果"迨该取引所纸币完全充斥后，一旦宣告倒闭，又是第二之羌帖"。中国东北地区和山东省内持有羌帖并因为羌帖严重贬值（羌帖一元不值中国现洋一毛）而家破人亡者不计其数。另外，中国银行与交通银行是当时中国最重要的两家商业银行暨国家银行，其纸币到1920年仍然不能恢复兑现，这虽与此两家银行纸币的滥发有关，但真实原因是日本"正金横滨及其他银行一面收储我大官僚之存款以吸收现金，一面积收我中交两行之纸币。积久暴现，使其猝难兑付以颠扑两行"[①]，借此增强横

---

①　佚名：《山东日人设立钱币取引所》，《天津益世报》1920 年 2 月 15 日第 2 张第 10 版。

滨正金银行的势力，推广其钞票的流通。

日本取引所从事金银钱钞的买空卖空交易，危害很大。1926 年第二次直奉战争期间，中日两国的钱钞投机商利用期货交易，在沈阳的奉天取引所和华商奉天钱币交易保证所内大做买空卖空的钱钞交易，抛售奉票，抬拉现洋的市价，扰乱金融，以致 1926 年 7 月 31 日奉票与现洋的兑换比例从 1924 年的 1.5∶1 贬值为 5.64∶1，贬值率高达 276%[1]，酿成奉票毛荒的金融风潮。而东北各省的金融，"自奉票被日人捣乱后大受影响，日本正金银钞票遂得畅行于东北境内"。奉票风潮爆发后，张作霖指示奉省当局严厉整顿金融业，打击钱商投机倒把，"派员调查开原、长春、营口各处倒把钱商，设法究办，附属地亦难免。（奉省当局）派员密访，遇机逮捕。（钱商）遂相约特别戒备，有买卖甚多者，急为减少数目，或昼夜闭门，私自严防亦。有不买不卖者，取引所之交易亦遽然冷落。""日本取引所、交易所，华人不敢往顾，无形停业。"[2]

日人不满奉省中国当局整顿金融的举措，不仅由日本驻奉天总领事出面向中国官厅交涉、施压，要求中方撤销金融整顿举措，释放被逮捕的中国投机钱商；而且，"日人野心未已，复阴嘱设在南满站线各地之交易所及沈垣日人所谓附属地内之各取引所，于粮食买卖、钱货交易，强分银洋、钞票为两种，异其价值

---

① 董瑞军：《奉系军阀与奉天总商会在整顿金融乱象中的合作与冲突》，《党政干部学刊》2014 年第 11 期，第 48 页。
② 佚名：《1926 年 8 月 19 日奉省整顿金融之严厉》，《申报》1926 年 11 月 3 日第 19280 号第 9 版。

以示高低。即对铸有总理及袁世凯像之硬洋行市，比较辽宁四行准备库暨边业、中交各行钞币之行市，提高一二分，例如硬洋对金票，为一一九元五角，则（中国）钞票对金票，必为一二一元五角。其用意即欲使（中国）钞票价值信用低于硬洋，日久必愈形跌落。"结果是社会上的一般人士必然会贱视中国官商银行发行的钞票而存拒绝不用之心，相反对于硬洋这类贵金属银币的需要日渐增加。贵金属银币存在供给不足和使用不便等缺点，因而市场上的买卖两方，在进行大宗交易的时候断然不能收受笨重的巨额硬洋，结果，还是得使用日资银行发行的轻便且有"信用"的金票而堕入日本人的计策之中。日本官方为破坏中国金融，还奖励在日本取引所大做钱钞投机买卖的中日商人。1929 年结束时，"日当局特奖励一年中向我国倒把最甚、取引额数最高之商店五家。（日当局）备有金杯、座表、挂钟等五类奖品，分别发给各该商店。第一等为远洲银号，其取引额数为一二三八一三元；第二等为祥隆银号，其取引额数为一一三九六七元；第三等为成恭祥银号，其取引额数为九七零一七元；第四等为振源长银号，其取引额数为八七四二一元；第五等为干亨达银号，其取引额数为八七零八九元。以上五家商店，于领得奖品后，并曾召集同业，举行欢宴，以示夸耀。"[①] 日本取引所从事钱钞的投机性买卖，既害人又害己。因为此项营业的风险也很高，所以日本取引所的营业受诸多因素的影响而波动较大。青岛取引所就曾经因为经济大萧条期间美国金融动摇的影响，而致挂牌交易的日本金票

---

① 佚名：《十八年度之南满情形》，《申报》1930 年 1 月 25 日第 20165 号第 10 版。

市价从 102 元暴跌至 91 元，市场陷入慌乱而停市，与取引所钱钞买卖有干系的日本正金银行也因此发生挤兑风潮。1927 年 4 月 26日，设在日本附属地内、操纵东北地区金融的奉天取引所因受日本"昭和金融危机"期间台湾银行倒闭、日本金票市价波动的影响而被迫休业①。

钱钞买卖业务是日本在华取引所的主营业务，该项业务既是其祸害中国金融与经济最大的业务，又是其最早丧失的业务。1934 年伪满洲国统一货币和 1935 年国民政府垄断法币发行权后，关内外日本取引所的钱钞部及其钱钞买卖业务就失去了存在的制度土壤，货币取引所及取引所的钱钞部首先被解散或取消。

第三节　日本取引所的证券交易行为

日俄战争后日本取引所进入中国的目的之一就是为日本在华投资及控制中国的财政金融服务。日人在华设立的取引所专营证券买卖的很少见。1918 年大连证券业同业公会改组为会员组织的株式取引所，但 1919 年后就改组为日华证券信托株式会社，变身为取引所类似会社了。1916 年的时候，在山东芝罘有一家证券交易所，但该交易所主要从事俄国羌帖和日本金票的买卖，实为货币交易所。1923 年日商联络华商将芝罘证券交易所改组为芝罘货币取引所。1939 年物券兼营的满洲取引所改组为株式会社满洲株式取引所，此前在华经营证券买卖业务的日本取引所是上海、汉

① 佚名：《青岛日取引所停市》，《天津益世报》1933 年 3 月 8 日第 2 张第 6 版。

口、青岛、天津、大连、沈阳、哈尔滨、齐齐哈尔等地的 9 家综合类取引所，而且基本上都是民营取引所，这点与经营特产物买卖的取引所多为官营不同（见表 3-19）。

表 3-19　在华买卖有价证券的日本取引所一览

取引所名称	取引所设立年份	交易对象种类	取引所资本金
上海取引所	1918 年 12 月	棉纱、证券、钱钞	日金 1000 万元 实收 250 万元
哈尔滨取引所	1918 年	大豆、小麦、豆粕、豆油、面粉、麻袋、棉纱、棉布、银、官帖、有价证券	日金 1000 万元
奉天商品证券交易所 （1923 年更名为满洲取引所）	1919 年 （1921 年合并重组）	商品（棉纱、棉布、麻袋、面粉、毛皮、稻米等）、有价证券（国债、地方债、股票、满铁社债）	日金 320 万元 实收 80 万元
大连株式商品取引所	1920 年 2 月 5 日	有价证券（股票、国债及地方债）、棉纱、棉布、麻袋、面粉、砂糖	日金 1000 万元 实收 250 万元
青岛取引所	1920 年 2 月官营 1922 年改民营	物产（花生米、花生油、豆油）、钱钞（正金银行所发银票）、证券（日人会社股票）	日金 1000 万元 实收 250 万元
安东取引所	1921 年 2 月 15 日	柞蚕丝与大豆等特产物、钱钞（镇平银、银票、金票）、有价证券（股票、公债、社债）	日金 250 万元 实收 52.5 万元

取引所名称	取引所设立年份	交易对象种类	取引所资本金
天津取引所	1920 年 2 月 24 日	国债、股票、公司债、棉纱、棉花、钱钞	日金 750 万元
汉口取引所	1922 年 4 月 1 日	证券、金银、棉花、棉纱	日金 1000 万元
齐齐哈尔交易所	1933 年	特产（大豆、豆油、豆粕、高粱、小麦、粟、米、麦、小豆、其他杂谷）、其他贸易物（皮毛、兽骨、油、棉纱、布、砂糖、面粉、麻袋）、现金证券（日本的金票、钞票、津洋、日本的国债、日本公司股票与债券）	银 100 万元实收 25 万元

资料来源：东北新建设杂志社：《东北日人之商业》，《东北新建设》（时间不详），第 5 册，第 14 页。（日）铁岭领事小仓铎：《关于铁岭取引所设置并铁岭取引所信托株式会社设立的报告》，《取引所关系杂件·在华取引所类似组织控制杂件》，外务省档案，大正 10 年（1921 年）9 月 1 日；亚洲历史资料中心，B11090133400；日本外务省外交史料馆，3-3-7-39-14。

前述日本取引所设置的城市都是关内外重要的工商业中心或省城，经济较为富庶，市场较大，因而也是日商和日本公司较为集中的商埠。这些地方以及中国其他地方的日本公司乃至日本国内的公司为了扩张业务而进行证券融资，其新股和新债的发行，投资者持有的旧股与旧债的流转都需要取引所及其附属的信托会社提供交易的场所、设施、场务管理及履约担保、违约损害赔偿、清算交割、对交易商融资等服务。日本政府发行的巨额国债则需要中国这样的海外市场及资金来消化；另外，控制中国的财政与金融也需要进入中国的公债市场，操纵中国的公债市价，影

响中国公债的买卖。这是以上日本在华取引所设立证券部，买卖
有价证券的原因与目的。

一 以现物交易、延期交易和定期交易三种方式买卖有价证券

与特产物、非特产物及钱钞买卖一样，日本取引所在华买卖
有价证券也沿用其国内取引所采用的直取引、延取引、定期取引
等交易方式，将证券买卖分为现物交易、延期交易和定期交易三
种方式。现物交易也叫现货交易（直取引），延期交易（延取引）
和定期交易（定期取引）属于远期交易，定期交易就是期货交
易。从哈尔滨取引所、大连株式商品取引所、满洲取引所和青岛
取引所的营业报告书或报表中可以看到关内外日本取引所营业方
式上的相同点（见表3-20、表3-21、表3-22）。

从表3-20可知，哈尔滨取引所的证券买卖是在"信交风潮"
爆发后才开始的，营业初期就有现货交易和远期交易方式。该取
引所证券买卖业务开始的时候是以现货交易为主的，股票现货交
易的成交数超过了远期交易（延期交易及定期交易）的成交数，
交易的杠杆性相对较低。因为没有交割数，不好判断其交易中买
空卖空的投机成分；但是三种方式的证券交易有市天数接近，买
卖均有成交量，表明证券买卖业务的结构还较为均衡。估计在营
业中也借鉴了"信交风潮"的某些教训。

大连株式商品取引所和满洲取引所是在华从事证券买卖业务
时间较长、规模和影响也较大的日本取引所。这两家取引所以定
期、长期、延期交易方式从事日本国内及在华公司股票的买卖，

表 3-20　哈尔滨取引所 1922 年下半季有价证券买卖有市天数、买卖成交数及经手费

买卖物件		交易方式	有市天数（日）	买卖成交数		约定代金	经手费	
				成交数（股）	一日平均（股）	总额（日元）	总额（日元）	一日平均（日元）
股票		定期	57	137440	2411	98826800	814500	14289
		延期	50	127040	2541	94002500	248396	4968
		现物	59	290100	4917	228897400	644655	10926
		合计	营业日数 59	554580	9869	421726700	1707551	30183

资料来源：《株式会社哈尔滨取引所第二回营业报告书·大正十一年下半期，自大正十一年四月一日至九月三十日》，《取引所关系杂件·哈尔滨取引所·营业报告》，外务省档案，1922 年 3 月 31 日；亚洲历史资料中心，B11090131900；日本外务省外交史料馆，3-7-39-12-1。

利用中国市场的资金包括中国人的资金去支持日本企业的经营与扩张。1937 年 5 月~1938 年 5 月，大连株式商品取引所与沈阳的满洲取引所的股票买卖均以延期交易为主。大连株式商品取引所的股票定期买卖和延期买卖成交量以及满洲取引所的股票长期买卖和延期买卖成交量都在波动中下降，但是延期买卖的成交量仍有不小的规模，到 1938 年 5 月分别为 71400 股和 44030 股，其中 1937 年 12 月延期买卖的成交量最高，分别达到 144210 股和 70740 股（见表 3-21）。大连和沈阳的两家取引所上市买卖的股票主要是满铁、满洲重工业、满洲电业、满化工业、南满瓦斯、鞍山钢铁、满洲电信电话、满蒙毛线、大连机械制作所等日本在东北的垄断性会社以及日本国内的钟渊纺织、日本邮船、日本矿业、日本石油、日本钢管等重要企业。日本发动全面侵华战争之初，对军需品及相关服务的需求增加，这刺激了上述日本企业的发展，与这些企业经营相关的股票投融资活动也活跃起来。由于投资者对前述日本企业的经营前景看好，所以这部分企业股票延期买卖的成交量也随之增加。

表 3-21　1937 年 5 月~1938 年 5 月大连、沈阳两股市
股票定期、长期、延期交易额

年月	大连（定期）		沈阳（长期）		大连（延期）		沈阳（延期）	
	数量（股）	价额（日元）	数量（股）	价额（日元）	数量（股）	价额（日元）	数量（股）	价额（日元）
1 月以降累计前年	15860	374259	78670	3024730	535600	52157978	397930	47679002

续表

年月	大连（定期）		沈阳（长期）		大连（延期）		沈阳（延期）	
	数量（股）	价额（日元）	数量（股）	价额（日元）	数量（股）	价额（日元）	数量（股）	价额（日元）
本年	14380	305437	16770	784077	357090	45544490	214370	31719547
1937 年 5 月	3030	75536	13860	450182	91430	8165589	52560	6111225
1937 年 6 月	3520	72447	14720	534716	70900	6250420	45410	5197266
1937 年 7 月	3000	49109	10600	413287	93530	9590921	54940	7159110
1937 年 8 月	2500	53247	8810	279733	90640	9312599	56800	7027792
1937 年 9 月	1830	28525	6710	225285	97890	11094792	53530	6846838
1937 年 10 月	3370	65726	5920	226373	73480	8575642	48500	9564307
1937 年 11 月	2810	45329	4620	177750	68530	8916985	40720	5597021
1937 年 12 月	2490	53825	3630	172116	144210	21029433	70740	11231176
1938 年 1 月	3250	60029	3650	172960	83530	11591507	45480	7041930
1938 年 2 月	2990	66786	3880	176799	63160	8212600	39050	6077994
1938 年 3 月	2230	68372	3330	146428	67590	8126793	39480	5962846
1938 年 4 月	3040	52357	3330	161450	71410	8962042	46130	6564383
1938 年 5 月	2870	57893	2910	126440	71400	8651542	44030	6072394

资料来源：〔日〕古山胜夫：《满洲经济统计月报》，南满洲铁道株式会社，时间不详，第 15 卷第 5 号，第 51 页。

青岛取引所在 1920 年成立后就经营证券买卖业务，该取引所的交易方式也分为现物交易、延期交易和定期交易三种方式，业务开办初期也是以现物交易为多，现物买卖的成交数及交割数均超过远期交易（延期交易和定期交易）的成交数与交割数（见表3-22）。

表 3-22　1920 年 7 月至 1924 年 7 月青岛取引所有价证券成交数及交割数月别表

种类 年月		证券交易		
		现物交易（股）	延期交易（股）	定期交易（股）
1920 年 9~12 月	成交数	352620	—	—
	交割数	112640	—	—
1921 年 1~12 月	成交数	1121500	—	—
	交割数	272420	—	—
1922 年 1~12 月	成交数	381560	467350	837970
	交割数	50430	301330	93230
1923 年 1~12 月	成交数	148152	—	—
	交割数	—	—	—
1924 年 1~7 月	成交数	11860	—	—
	交割数	6150	—	—
总计	成交数	2015692	467350	837970
	交割数	441640	301330	93230
交割数与成交数的比值		0.218	0.644	0.111

资料来源：《株式会社青岛取引所出来高及受渡高月别表》，《日本取引所关系杂件·海外·青岛取引所·卷一》，外务省档案，大正 13 年（1924 年）8 月 14 日；亚洲历史资料中心，B08061489700；日本外务省外交史料馆，E-2-4-0-1-1-6-001。

青岛取引所证券远期交易不如现物交易活跃，除了 1922 年"信交风潮"期间有成交数，在此前后数年都没有成交量。证券现物成交量最高的是 1921 年信交业投机热期间，达到 1121500 股，但是交割数只有 272420 股，交割数与成交数的比值只有 0.243，表明买空卖空的投机成分很高。因为投机盛行，所以青岛取引所在 1921 年就发生了股票投机风潮。

1922 年"信交风潮"爆发后青岛取引所现物交易的成交数持续骤降，该所现物交易和定期交易的交割比例都很低，不足 26.4%。定期交易的交割比例低于现物交易的交割比例，是因为前者在合约有效期内，同一标的物可以多次回购或转售，可以进行差价交易，以致其成交数额远高于合约到期时标的物交割的数额，交易的跨期性、杠杆性和投机性相对较高。现物（货）交易的契约有效期较短，同一标的物不能多次买卖，到期时是全额交割，钱物两清，交易的投机性相对低些，但不意指此种交易方式没有投机性。青岛取引所现物交易的交割比例偏低，表明其证券买卖的投机性和违约率比较高。从 1922 年前后现物交易成交数的变化可知，青岛取引所的证券买卖业务受"信交风潮"的冲击也比较大。从表 3-18 可知，青岛取引所的证券买卖成交数从第一营业期至第五营业期持续增加（第四营业期下降），第五期达到最高数，为 1221670 股，此后则剧烈下降，到第九营业期成交数只有 12100 股，第十至第十五营业期证券买卖业务已陷于停顿。青岛取引所的证券买卖业务波动很大，总体看来发展不如特产物和钱钞买卖顺利，但比棉纱买卖业务略好。

青岛取引所的证券买卖与其物产、钱钞买卖一样具有浓重的投机性，青岛市总商会对此早有预见并致函日本驻青岛最高行政机构民政署，提出反对设立青岛取引所的意见。因为，"取引所对地方商民有莫大之危害，因该所交易，必有投机架空情形。而一般人之心理，每每易于入彀，希图侥幸一试，结果必遭受卒至折亏倒闭之苦，幸而少数人有所获利，亦不过冒险事，绝非正常行为"。所以青岛商民"皆以为取引所，断不宜实行于今日之青岛也"①；但日本官方不顾华商反对在 1920 年设立了青岛取引所。青岛取引所虽名为中日股金各半的合资企业，但大权皆操在日本人手中。在青岛取引所经营的 20 余年中，日本人采用造谣、欺骗等手段，暗中操纵行市，兴风作浪，大发横财。1921 年日本大阪财阀松井伊助一手酿成的青岛取引所股票风潮就是其中的典型个案，此次风潮不仅坑害了华商，而且也导致青岛取引所的证券市场关闭。

二 将本所股票在本所上市买卖

日本国内取引所例如大阪和东京株式取引所存在将本所股票在本所上市买卖的惯例。1922 年 7 月 24 日大阪株式取引所的股票在本所本月期买卖的开盘价为 115.10 日元/股，收盘价为 115.30 日元/股。东京株式取引所老股在本所本月期买卖的开盘价为 114.60 日元/股，收盘价为 115.50 日元/股②。日本在华取引所买卖有价证券时也普遍存在将本所股票在本所上市交易的问题（见表 3-23）。

---

① 苗润屋、失羊、润宇：《青岛取引所始末》，青岛投资网，http://xinbao.qdxin.cn/
html，最后访问日期：2015 年 12 月 1 日。
② 佚名：《东京株式取引所股价》、《大阪股票现货市价》，《申报》1922 年 7 月 25 日第
4 张第 14 版。

表3-23　日本取引所及株式取引所类似会社股票交易额调查

单位：日元

项目	本所股票	本所股以外的取引所类似股票	小计	事业股票	合计
安东取引所（自1921年2月至1922年7月）					
成交数	1100680	10360	1111040	156040	1267080
交割数	195580	5580	201160	77200	278360
营口证券信托株式会社（自1921年1月至7月）					
成交数	53130	30100	83230	26982	110212
交割数	45520	26230	75750	22132	97882
铁岭证券信托株式会社（自1921年1月至7月）					
成交数	655340	1555144	2210484	55420	2265904
交割数	97100	345190	442290	13060	455350
鞍山证券信托株式会社（自1921年1月至7月）					
成交数	160840	279440	440280	129273	559552
交割数	未详	未详	未详	未详	未详
开原相互证券信托株式会社（自1921年1月至7月）					
成交数	492360	999402	1491762	223810	1715572
奉天证券商品取引所（后来的满洲取引所）					
成交数	1058100	未详	未详	未详	2600100
交割数	552080	未详	未详	未详	207220

资料来源：《取引所取引高调》，《取引所关系杂件·在华取引所杂件》，外务省档案，大正10年（1923年）1月24日；亚洲历史资料中心，B11090123500；日本外务省外交史料馆，3-3-7-39-8。

1938 年 1~5 月，大连株式商品取引所与满洲取引所都在本所从事本所股票的延期交易，同期大连株式商品取引所股票在本所的延期交易成交数为 20560 股，成交金额为 316259 日元；满洲取引所股票在本所的延期交易成交数为 10 股，成交金额为 107 日元①。取引所负有流转货物、疏通金融、平准市价等职能，因而取引所应该置身于本所的交易之外，与本所的交易无牵连关系，这样才能秉持公正的立场去组织和管理本所的交易，由市场交易生成公允的价格。而日本取引所为了增加本所资产的市值、资产溢价和资本公积金，为便利新股的发行，将本所股票在本所市场挂牌交易，存在操纵交易，哄抬本所股价，进而放任道德风险并助长市场投机炒作风险等问题。

三　日本在华取引所相互上市买卖彼此的股票

日本国内取引所例如东京和大阪株式取引所还存在相互上市买卖彼此股票的惯例②，在华日本取引所也存在类似情况。从表 3-23 可知，安东取引所、满洲取引所两家一类取引所以及营口证券信托株式会社、铁岭证券信托株式会社、鞍山证券信托株式会社、开原相互证券信托株式会社等二类取引所即证券交易所类似组织，不仅将本所股票在本所市场上市买卖，而且还相互上市买卖彼此交易所或交易所类似机构的股票。

---

① 〔日〕古山胜夫：《满洲经济统计月报》，南满洲铁道株式会社，时间不详，第 15 卷第 5 号，第 61~62 页。
② 〔日〕古山胜夫：《满洲经济统计月报》，南满洲铁道株式会社，时间不详，第 15 卷第 5 号，第 52~55 页。

以安东取引所为例，1921 年 2 月至 1922 年 7 月间，该所在本所市场买卖本所股票，成交额达到 1100680 日元，交割数为 195580 日元，交割率仅为 17.8%；买卖本所股以外的取引所类似股票，成交额为 10360 日元，交割数为 5580 日元，交割率为 53.9%；股票买卖总成交额为 1267080 日元，但交割数为 278360 日元，交割率仅为 22%。安东取引所买卖的其他取引所股票包括朝鲜取引所新股、满洲取引所股票、大连株式商品取引所股票、哈尔滨取引所股票、大连取引所信托株式会社（豆信）新股[①]，这表明上述取引所及取引所类似会社存在操纵本所股票买卖、买空卖空、投机牟利和相互倚靠、抱团取暖的情况。这种情况在哈尔滨、大连、沈阳、上海、天津、汉口、青岛等地取引所的证券买卖活动中也同样存在。

上海取引所 1918 年 12 月设立，开业后仅半年即将其股票在本所上市买卖。1922 年 7 月中哈尔滨取引所在本所市场以现物、延期、定期三种方式买卖本所股票。另外，哈尔滨取引所还买卖大连株式商品取引所、安东株式商品取引所、奉天取引所信托株式会社、长春取引所信托株式会社的股票以及开原取引所信托株式会社新股，分别成交 690 股、820 股、440 股、20 股、40 股（见表 3-24）。1938 年 5 月，满洲取引所以延期交易、长期交易方式买卖大连株式商品取引所的股票以及大连取引所信托株式会社的新股；而大连株式商品取引所则以长期交易方式买卖安东取

---

① 佚名：《安东取引所月报·股票延取引相场》，《日本取引所关系杂件·海外·安东取引所》，外务省外交档案，昭和 7 年（1932 年）1 月 19 日；亚洲历史资料中心，B08061484200；日本外务省外交史料馆，E-2-4-0-1-1-1-001。

引所及安东取引所信托株式会社的股票①。1938 年 1～5 月，满洲取引所以延期交易方式买卖大连株式商品取引所股票的成交数和成交额分别为 680 股及 10380 日元；同期，满洲取引所以延期交易方式买卖大连取引所信托株式会社新股，其成交数和成交额分别为 210 股及 3595 日元（见表 3-25）。

表 3-24　1922 年 7 月中哈尔滨取引所股票买卖成交数

股票名称	定期买卖（股）	延期买卖（股）	现物买卖（股）	合计（股）
株式会社哈尔滨取引所	8350	680	14240	23270
株式会社大连株式商品取引所	690			690
株式会社大连株式信托会社	920			920
奉天证券株式会社	980			980
北满电气株式会社	760	40		800
奉天公株信托株式会社	1090			1090
满蒙证券株式会社	780	40		820
开原相互证券信托株式会社	740	20		760
株式会社安东株式商品取引所	800	20		820
铁岭证券信托株式会社	60			60
大连商品信托株式会社	450			450

① 〔日〕古山胜夫：《满洲经济统计月报》，南满洲铁道株式会社，时间不详，第 15 卷第 5 号，第 61 页。

续表

股票名称	定期买卖（股）	延期买卖（股）	现物买卖（股）	合计（股）
开原交易信托株式会社	400			400
东洋拓殖株式会社新	60			60
南满洲铁道株式会社新	60			60
株式会社大阪株式取引所新	120			120
奉天取引所信托株式会社	440			440
哈尔滨贮金信托株式会社		40		40
株式会社哈尔滨		20		20
株式会社哈尔滨仓库		20		20
株式会社哈尔滨仓库新		20		20
株式会社哈尔滨银行		20		20
北满兴业株式会社		120		120
开原取引所信托株式会社新		40		40
满洲制粉株式会社旧		20		20
株式会社龙口银行第一新		520		520
株式会社龙口银行第二新		20		20
长春取引所信托株式会社		20		20
满洲制油株式会社		20		20

股票名称	定期买卖 （股）	延期买卖 （股）	现物买卖 （股）	合计 （股）
满洲制材株式会社		20		20
哈尔滨土地建物株式会社		40		40
株式会社京城株式现物市场		20		20
合 计	16700	1740	14240	32680

资料来源：哈尔滨总领事山内四郎：《（哈尔滨）取引所买卖及市况报告》，大正11年（1922年）8月18日；《取引所关系杂件·哈尔滨取引所·营业报告》，外务省档案，大正11年（1922年）3月31日；亚洲历史资料中心，B11090131900；日本外务省外交史料馆，3-3-7-39-8。

四　在本所挂牌买卖日本国内取引所的股票

日本在华取引所不仅相互上市买卖彼此的股票，而且还与日本国内取引所相互上市买卖彼此的股票。上海取引所在1918年12月成立，12月9日该取引所即开售日本的公司股票及公债，其中就有大阪株式取引所的旧股和新股、东京株式取引所的旧股和新股、大阪三品取引所的股票，其收盘价分别为银97两/股、84两5钱/股、101两5钱/股、8两9钱5分/股、64两/股。上海取引所的股票也在东京和大阪株式取引所上市交易，上海取引所在筹备阶段，其面值为12.5日元的股票，在东京株式取引所的市价一度飙升至20日元，后来又跌至每股9日元。1922年7月23日，上海取引所新股在大阪株式取引所的现货买卖市价为18.30日元/股，

24 日飙升至 22.00 日元/股①。

大连株式商品取引所与满洲取引所也从事大阪株式取引所新股及东京株式取引所新股的长期、延期交易。1937 年 5 月，东京株式取引所新股在大连株式商品取引所递延交易的公定市价平均为 153.23 日元/股，1938 年 5 月为 148.34 日元/股；1937 年 5 月，在满洲取引所递延交易的公定市价平均为 153.78 日元/股，1938 年 5 月为 148.56 日元/股。1937 年 5 月，大阪株式取引所新股在大连株式商品取引所递延交易的公定市价平均为 99.13 日元/股，1938 年 5 月为 82.01 日元/股；1937 年 5 月，在满洲取引所递延交易的公定市价平均为 94.91 日元/股，1938 年 5 月为 81.92 日元/股。综上所述可知，日本在华取引所买卖的取引所股票市价都不低，这与取引所彼此哄抬股价有较大的关系②。

1937 年 5 月至 1938 年 5 月，大连株式商品取引所的股票延期交易中东京株式取引所新股买卖成交数为 161600 股，成交额为 25912978 日元；大阪株式取引所新股买卖成交数为 7340 股，成交额也有 670452 日元。同期，满洲取引所的股票延期交易中东京株式取引所新股买卖成交数为 165680 股，成交额为 26734170 日元（见表 3-25）；大阪株式取引所新股买卖成交数为 3410 股，成交额也有 309222 日元③。1937 年 9 月

---

① 佚名：《东京株式取引所股价》、《大阪股票现货市价》，《申报》1922 年 7 月 25 日第 4 张第 14 版。
② 佚名：《上海取引所》，《申报》1918 年 12 月 10 日第 3 张第 20 版。
③ 〔日〕古山胜夫：《满洲经济统计月报》，南满洲铁道株式会社，时间不详，第 15 卷第 5 号，第 52~55 页。

安东取引所股票延期买卖中东京株式取引所新股成交量为21660 股，大阪株式取引所新股的月末行市为 81 日元/股，但没有成交量①。

在华日本取引所普遍上市买卖日本国内取引所股票尤其是东京和大阪株式取引所股票，一方面表明二者存在较为密切的关系，另一方面则是在华取引所利用中国市场的资金直接支持日本国内取引所发展，进而间接地为日本国内企业融资以及日本政府财政筹款提供帮助。

五 买卖日中两国的公司股票与公债票

日本取引所在华买卖的有价证券包括公司股票和中日两国的公债票。股票以日本国内及在华的日本公司股票为主，也有部分在华的欧美公司股票和华商公司股票。

上海取引所开业之初，主要的交易标的物是有价证券与棉纱。其买卖的股票包括东京株式取引所、大阪株式取引所、大阪三品取引所及东洋拓殖、日本石油、大日本纺织、钟渊纺织、久原矿业等 8 种日本会社股；债券主要是日本帝国五分公债票，1918 年 12 月 9 日该公债票在上海取引所的收盘价为银 42 两 2 钱/100 日元，市价并不低②。开业半年后，上海取引所的股票

---

① 佚名:《安东取引所月报·股票延取引相场》,《日本取引所关系杂件·海外·安东取引所》,外务省外交档案,昭和 7 年（1932 年）1 月 19 日；亚洲历史资料中心,B08061484200；日本外务省外交史料馆,E-2-4-0-1-1-1-001。
② 佚名:《青岛取引所财产目录》,《日本取引所关系杂件·海外·青岛取引所》,外务省外交档案,大正 13 年（1924 年）8 月 14 日；亚洲历史资料中心,B08061489700；日本外务省外交史料馆,E-2-4-0-1-1-6-001。

部分就增加了大日本制糖新老股、东洋制糖新老股、日华纺织股、东洋纺织新老股、上海取引所股五种；中国股票方面，包括西商在内，增加了老公茂纺织公司、上海自来水公司、杨树浦纱厂、上海纺织有限公司、上海地产投资公司、英法地产投资公司、上海某电话公司、上海某船坞公司8种。债券部分则增加了民国3年公债、民国4年公债、民国7年公债3种，该所还邀请京津银行号充任证券买卖的经纪人。天津取引所自1921年开幕后，专做买卖日金"老头票"等钱钞交易；1924年该所看到天津没有华商证券交易所，遂乘北京交易所因"二四公债风潮"而停业之际，经天津日本总领事馆批准，也在该所开拍中国公债。

安东取引所则以本所股票、日本东京和大阪株式取引所的新股、在东北的其他取引所例如满洲取引所股票、哈尔滨取引所股票、大连株式商品取引所股票、大连取引所信托株式会社新股、朝鲜取引所股票、满铁股票、钟渊纺织股票、日产旧股与新股、东拓股票、满洲电气甲乙股票作为买卖的对象。

大连株式商品取引所买卖的股票包括本所、满铁、满洲重工业、满洲电业、南满瓦斯、满化工业、满洲电信电话、东亚土木、钟渊纺织、帝国人寿、日鲁渔业、日本邮船、东电、日糖、日本矿业、大阪株式取引所、东京株式取引所等日企股票。1937年5月至1938年5月大连株式商品取引所股票延期交易成交数为357090股，成交额为45544290日元，其中东京株式取引所新股买卖成交数为161600股，成交额为25912978日元，占该取引所此年度成交数和成交额的45.3%%和56.9%，居首位。钟渊纺织股票成交数为

38270 股，成交额达到 10357838 日元，占该取引所此年度成交数和成交额的 10.7% 和 22.7%，居第二位。满洲重工业股票成交数为36940 股，成交额达到 2793746 日元，占该取引所此年度成交数和成交额的 10.3% 和 6.1%，居第三位。满铁股票成交数也有 12240股，成交额为 690657 日元，占该取引所此年度成交数和成交额的3.4% 和 1.5%，居第四位[1]。

满洲取引所是日本在东北地区存续时间最长的交易所，从1919 年设立到 1942 年关闭共存续了 23 年，期间该交易所经历了多次重组，1939 年改组为满洲株式取引所，1940 年将安东取引所和哈尔滨取引所并入，1941 年吸纳大连株式商品取引所后，成为日本在东北地区唯一营业的交易所。该取引所买卖的有价证券主要是本所股票、日本国内及在华的其他取引所的股票、与大连株式商品取引所买卖大体相似的股票，还有北海道炭矿汽船、满蒙毛线、东亚烟草、日本钢管、满洲土建、鞍山不动产等日本公司股票（见表 3-25）。

1937 年 5 月至 1938 年 5 月满洲取引所股票延期交易成交数为 214170 股，成交额为 31719547 日元，其中，东京株式取引所新股买卖成交数为 165680 股，成交额为 26734170 日元，占该取引所此年度成交数和成交额的 77.4%% 和 84.3%，居首位；满洲重工业股票居第二位；钟渊纺织股票居第三位；满铁股票居第四位。

---

① 〔日〕古山胜夫：《满洲经济统计月报》，南满洲铁道株式会社，时间不详，第 15 卷第 5 号，第 61~62 页。

表3-25　1938年5月满洲取引所股票延期买卖成交数表（金元建）

股票名称	原始股股价（日元）	公定市价（日元）			本月中成交数额		本年度成交数额累计	
		最高	最低	平均	数量（股）	价额（日元）	数量（股）	价额（日元）
合计	—	—	—	—	44030	6072394	214170	31719547
当所股	12.50	—	—	—	—	—	10	107
东株新	37.50	154.00	143.50	148.56	33150	4924710	165680	26734170
大株新	25.00	86.00	79.00	81.92	580	47511	3410	309222
满洲重工业	50.00	85.00	79.40	82.12	4880	400724	17870	1522063
满洲重工业新	37.50	88.50	63.00	66.17	1380	91318	6860	467415
大连株商	20.00	16.00	15.10	15.56	90	1400	680	10308
大连取信新	12.50	—	—	—	—	—	210	3595
北海道炭矿汽船	50.00	91.50	87.00	89.95	40	3598	380	35766
北海道炭矿汽船新	40.00	81.00	81.00	81.00	50	4050	60	4820
日本矿业	50.00	113.00	108.00	111.18	40	4447	530	61640
日本矿业新	37.50	97.00	97.00	97.00	30	2910	400	40517

续表

股票名称	原始股股价（日元）	公定市价（日元）			本月中成交数数额		本年度成交数数额累计	
		最高	最低	平均	数量（股）	价额（日元）	数量（股）	价额（日元）
日鲁渔业	50.00	63.50	60.00	61.72	330	20367	1780	114692
日本邮船新	25.00	53.80	50.30	52.14	160	8342	920	45832
钟纺	50.00	280.00	245.00	251.36	1970	495172	7210	1931938
满蒙毛线	50.00	—	—	—	—	—	280	13866
满蒙毛线优先	50.00	51.00	51.00	51.00	10	510	430	17596
满蒙毛线新	12.50	—	—	—	—	—	10	132
满铁	50.00	59.30	57.00	58.25	360	20970	1790	103326
满铁新	50.00	58.80	57.20	58.17	110	6399	1320	75553
电信电话	25.00	—	—	—	—	—	40	1181
电信电话乙	25.00	—	—	—	—	—	120	3160
南满瓦斯	50.00	—	—	—	—	—	30	1860
满洲电业	50.00	48.00	48.00	48.00	50	2400	410	19985

续表

股票名称	原始股股价（日元）	公定市价（日元）			本月中成交数额		本年度成交数额累计	
		最高	最低	平均	数量（股）	价额（日元）	数量（股）	价额（日元）
满化工业	37.50	—	—	—	—	—	10	490
日本石油	50.00	78.30	75.00	76.48	100	7648	670	54030
日本石油新	40.00	65.00	65.00	65.00	100	6500	220	14810
东拓新	25.00	29.30	29.00	29.15	100	2915	220	6938
东亚烟草新	35.00	—	—	—	—	—	10	830
日本钢管	50.00	105.40	102.50	104.23	100	10423	780	83387
日本钢管新	30.00	75.00	75.00	75.00	50	3750	110	7990
东亚土木	12.50	12.20	12.00	12.15	200	2430	710	9325
满洲土建	25.00	26.00	26.00	26.00	150	3900	740	19190
满洲土建新	12.50	—	—	—	—	—	210	3071
鞍山不动新	20.00	—	—	—	—	—	60	742

资料来源：（日）古山胜夫：《满洲经济统计月报》，南满洲铁道株式会社，时间不详，第 15 卷第 5 号，第 62 页。

东京株式取引所是日本资本市场的核心以及日本经济的"晴雨表"，担负着为日本国内企业融资和消化日本公债的职责。满洲重工业（即满业或满洲重工业开发株式会社）则是1937年12月在日本政府、军方和日本财阀的共同策划下成立的伪满洲国国策会社，是垄断伪满洲国重化工业和军工生产，为日本帝国主义扩大侵略战争服务的特殊会社。1906年成立的满铁（即南满洲铁道株式会社）也是日本在中国东北地区设立、执行日本国策、积极配合日本帝国主义发动侵华战争的特殊公司，是日本对华进行政治、经济、军事等方面侵略活动的指挥中心。钟渊纺织株式会社则是日本纺织业的龙头企业，而纺织业是日本的重要产业，纺织品是日本对华贸易的大宗商品，钟渊纺织在日本对华纺织品贸易以及日本对华纺织业投资领域具有突出的地位。

随着日本侵略战争的扩大，上述日本企业的投资规模以及日本公债的发行规模也不断扩大，而依托取引所来发行股票和消化公债则是日本企业获取投资资金及政府财政筹款的重要手段。从这个角度来说，日本取引所在华开拍上述日本企业股票及日本国债，为日本企业融资和日本政府财政筹款提供服务和便利，扮演了战争金融机构的角色，支持了日本对华的经济和军事侵略。

第四节　日本取引所的其他商业活动

日本取引所在华的商业活动除了物品、钱钞、证券买卖等主营业务涉及的交易场务管理、履约担保、违约损害赔偿、清算交割、管理各项保证金、对交易商融资放款、信托等商业活动外，还有仓库货柜经营、货物保险、货物运输、资产租赁、投资并购等其他非主营的商业活动。

一　仓库货柜、保险、运输经营

日本在华取引所大多选择综合经营的方式并以现物交易、延期交易和定期交易三种方式买卖特产物和非特产品，交易对象的买卖从成交到履约交割存在时长不等的契约期。契约有效期内交易对象需要仓库和货柜来存放保管，例如，青岛取引所物产部买卖落花生油、精油及豆油就需要专门的混合保管仓库和油柜来储存，棉花买卖也需要保管棉花的仓库；交易对象的品级质量也需要专业的检测和评定，例如，东北地区盛产大豆，而大连取引所垄断了东北地区大豆的交易，当时但凡经由大连运出的大豆，不经过该取引所的查验是不能出运的。另外，契约届满交割也产生交易对象的出入库和装车启运等事务。因此，控制青岛取引所的青岛企业信托会社（实为交易所）就宣称其营业范围包括："一、为所属经纪人从事落花生、落花生油、豆油、钱钞及有价证券的现物取引、延取引及定期取引服务。二、对经纪人融通资金。三、从事与买卖物件相关的仓库业。四、经营信托业。五、与前四项业务相关联的一切业务。"[1] 事实上在华日本取引所都颇为重视仓库货柜经营事业。青岛取引所就投资建有仓库、货柜、油柜，经营与买卖物件相关的仓储业务，形成仓库资产。青岛取引所财产目录表显示其1924年8月

---

[1]　佚名：《青岛取引所概要》，《国民新闻》大正11年（1922年）9月25日。

14 日的仓库资产估值为 14 万日元[1]。仓库业务属于取引所的非主营业务，该项业务的收支状况对取引所的损益表也有影响。青岛取引所经营的油柜业务，支出较大，历年的投资额达到 20 万日元。因为租地设立油柜发生的地租及维持费耗支甚大，取引所不堪重负，所以在 1928 年决定转让此项资产和业务。当时华人股东主张以 12 万日元卖给英商宝隆洋行，但是日本人股东反对，而后瞒着华人股东和理事将该所的油柜仅以万元的低价私自卖给日商东京旭电化会社。青岛取引所将油柜资产转让给其他日商，不仅作价极低而且还是赊销。该项资产转让合同规定，如果受让方经营失败时，则以 5 万日元向青岛取引所支付油柜转让的价款[2]。这是日商之间赤裸裸的关联交易和利益输送，严重侵犯华人股东的利益。华方理事对此极为愤慨，纷纷辞职。华人在标榜为"中日合办"的取引所中的经营地位及权利之低下，由此可见一斑。

除了仓库货柜经营业务，日本取引所还经营货物的保险、运输等业务。1921 年冬，由日本人小泉、森上二人发起，日商在哈尔滨设立取引所，资本金定为日金 2000 万日元，中日各半。该取引所的规画方针得到日本政府同意，计划在哈尔滨设总所，在吉林、奉天设分所。为掩饰国人的耳目，该取引所以重金年俸并给予股份作为条件去延揽若干东三省的官绅加入该机构。"形式上美其名曰中日合资，实际上则纯属日人股本。查该取引所组织缘

---

① 佚名：《青岛取引所财产目录》，《日本取引所关系杂件·海外·青岛取引所》，外务省外交档案，大正 13 年（1924 年）8 月 14 日；亚洲历史资料中心，B08061489700；日本外务省外交史料馆，E-2-4-0-1-1-6-001。

② 佚名：《日商私卖青岛取引所》，《申报》1928 年 8 月 28 日第 19918 号第 9 版。

起，原系日人拟以金融势力操纵东省商权，垄断东省物产。其业务甚为广阔，举凡保险业、仓库业、运输业、以及粮食信托、货币信托并一切生产均行包括其中。"①

二　资产租赁

按照日本 1893 年取引所法第一条的规定以及日本国内取引所设置的惯例，在华日本取引所也设立在商业繁盛、交通便捷的通商大埠的商业区域，在此投入巨资，租购或兴建房地产以为营业用途。青岛取引所资产评价表显示其 1924 年 8 月 14 日的不动产估值为 26.3 万日元②。日本取引所在各商端口商业区拥有的房地产大都具有区位优势，租赁需求很大，出租房地产遂成为取引所营利丰厚的业务之一，青岛取引所的非主营业务中就包括房屋租赁业务。"自 1931 年 9 月 1 日迁移以来，租房者接踵不绝，其大部分均已订出。现未租出者，仅不过一大市场外约有十间，再坐落在四方路之房产，除本所使用外均包租他人。"③

三　资产收购与取引所并购

1922 年以前日本取引所在中国关内外地区大肆扩张，可谓遍地开花，其扩张势头之猛令华商惊惧和警惕，但是 1922 年后日本

---

① 佚名：《吉人反对设立取引所》，《申报》1922 年 1 月 5 日第 17557 号第 11 版。
② 佚名：《青岛取引所财产目录》，《日本取引所关系杂件·海外·青岛取引所》，外务省外交档案，大正 13 年（1924 年）8 月 14 日；亚洲历史资料中心，B08061489700；日本外务省外交史料馆，E-2-4-0-1-1-6-001。
③ 佚名：《株式会社青岛取引所第十三期营业报告书》，《日本取引所关系杂件·海外·青岛取引所》，外务省外交档案，昭和 2 年（1927 年）3 月 9 日；亚洲历史资料中心，B08061489900；日本外务省外交史料馆，E-2-4-0-1-1-6-001。

取引所在华的扩张即转入退潮期与整顿期。日人在华取引所基于
不同的目的，在日本官方主导或日本财阀策动下进行了多起交易
所的并购重组活动。

（一）20世纪20年代初日本取引所首先在东北地区开展合并活动

1. 大连地区取引所的合并

1920年，为了实现大连取引所的民营化，提高其经营效率，
日本关东厅批准奉天、铁岭、辽阳、营口取引所之外的其他交易
所，吸收以东京为首的日本国内几家地方证券交易所及大连一些
日本券商的资本，并根据1919年日本公布的"关东州"取引所
规章，以合股的组织，创设合并为大连株式商品取引所①。大连
株式商品取引所作为大连取引所的第三个子市场，买卖有价证
券、砂糖、麦粉、棉纱、麻袋等五种商品，成为大连乃至东北地
区一家规模甚大的物券交易所。

1924年冬天，大连株式商品取引所发生不详事件，引起市场震
动。作为该取引所清算机关的原（第一）大连株式信托会社经营管
理不佳，数年间负债累累，已经失去作为交易所清算机关的机能。
为使大连的有价证券等五品交易得以顺畅进行，在关东厅协调下，
由原大连株式信托会社当事者与其债权银行共同协议改善之策，在
1926年4月设立第二大连株式信托会社，由其收购和继承第一大连
株式信托会社的义务权利而承继其事业，从而吸收合并了第一大
连株式信托会社，顺利完成了对该取引所及其信托会社的整理。

---

① 王雨桐：《最近之东北经济与日本》，新中国建设学会，1933，第202页。

1927年日本人原田耕一担任大连株式商品取引所理事长之后，"因财界不振、交易所营业成绩、逐年不良……"①，从1928年开始，日本政友系的谋士就一直在策动"引起满洲财界一大波澜"之官办大连取引所改为民办以及合并大连株式商品取引所的活动，1929年7月"事将成功之际，因田中内阁倒坏其计划遂致失败"②。

1928年1月第二大连取引所钱钞信托株式会社成立，并吸收合并了因为1923年龙口银行倒闭而受拖累、营业持续亏损的第一大连取引所钱钞信托株式会社。合并对第二大连取引所钱钞信托株式会社的经营产生了积极的影响，其各届"业务因之较佳"③，盈余及派发的股利率提高，取得了内在规模经济的效益。

2. 满铁沿线附属地内取引所的合并

1920年世界经济出现大萧条，在中国东北地区活动的日本取引所也遇到了严重的困难。为摆脱困境，相关日本取引所遂组织和参与了多起合并活动，1919年设立的奉天证券商品株式会社实为兼营证券物品买卖的交易所类似组织，该会社在1920年吸收合并（兼并）奉天商事株式会社，组成新的奉天证券商品株式会社，而后在1923年更名为满洲取引所④。1921年10月，奉天取引所信托株式会社吸收合并奉天取引所重要物产信托株式会社，组成规模更大的奉天取引所信托株式会社，作为兼营特产物和钱

---

① 王雨桐：《最近之东北经济与日本》，新中国建设学会，1933，第202页。
② 佚名：《大连交易所案 所谓日本五大疑狱之一 田中时代又一丑事暴露》，《申报》1930年2月11日第20428号第10版。
③ 王雨桐：《最近之东北经济与日本》，新中国建设学会，1933，第202页。
④ 另一种说法是满洲取引所为奉天公株信托株式会社及奉天证券株式会社二家合并而成。

钞的奉天取引所的经营机关。营口、铁岭、辽阳三家官营取引所因为经营管理不善，亏损严重，所以在 1924 年 1 月 31 日被关东厅撤废。奉天、营口、铁岭、辽阳四家取引所附设的信托株式会社则在 1924 年 4 月被合并为新的规模更大的奉天取引所信托株式会社，目的是降低运营成本以渡过难关①。

总体看来，这个时期日本取引所在东北的合并活动，动因就是整合相关取引所的业务和资源，降低彼此的成本以摆脱困境。不过结局有异，日本财阀及一般日商筹划的大连株式商品取引所的合并失败了，而日本关东厅主导的合并取得了成功。

（二）20 世纪 20 年代危机期间青岛、上海、汉口取引所也开展并购活动

1. 20 世纪 20 年代初大阪财阀策划了涉及青岛取引所的合并活动。

1921 年华府会议后，日本被迫将青岛归还中国。既然青岛取引所为官办取引所，在青岛回归中国后，该交易所当然由中国青岛地方政府接收，但是日本人不想将青岛取引所管理权移交中国，遂将该取引所由官营改为商营。1921 年 2 月 21 日，日本民政署取消官办的青岛取引所，命令青岛株式信托会社接办取引所，并将青岛取引所株式会社改称青岛取引所信托株式会社。在青岛株式信托会社接办青岛取引所之后，该所股票的市价从 12.5 日元涨至 42 日元。日本大阪财阀见青岛取引所有利可图，遂在该年内派其代表松井伊助到青岛并在日本青岛民政署长秋山支持

---

① 佚名：《沿线取引所停办》，《申报》1924 年 4 月 6 日第 18355 号第 22 版。

下，取代峰村正三为原官办青岛取引所株式会社理事长。

利欲熏心的松井伊助等日商为了攫取民营化的青岛取引所信托株式会社的控股权及管理权，先是要求将青岛取引所的接办者青岛株式信托会社的股份从 16 万股增加到 30 万股并提高日方股权比例，在该要求因中方股东和经纪人的反对而未能如愿后；又煽动该所的日方经纪人在取引所确定商办之日罢市，酿成交易所风潮，导致股价下跌。而"日人方面股东之以高价取得股票者，自四十二元渐落至三十元以内，均大为恐惶"；随后松井伊助等人又借机鼓动日本人引进外资，招徕大阪方面的资本家设立资本、业务都与青岛株式信托会社相同，但日方控股的青岛企业信托会社。接着松井伊助等日商又在日本官方支持下，强行将中日股权不平均的青岛企业信托会社并入中日股权平均的青岛株式信托会社，将合并后的青岛取引所信托株式会社的股权结构由此前中日双方各占50%的股权比例变为日方持股 65%，中方仅持股 35%，从而攫取了民营的青岛取引所的控制权，继续把持青岛的物券市场。时人评论此次青岛取引所的合并"殊有背机会均等之主旨，使取引所重要之机关基础永不稳固，除操纵股票外，几无其他营业"①。

2. "信交风潮"期间上海取引所吸收合并了上海棉纱交易所。

上海是旧中国信交业的中心，1920 年代的上海信托机构和交易所蓬勃兴起。到 1922 年初，上海一地竟然出现了 140 多家交易所。这些重复设立的交易所在资金募集、交易场地及服务设施的

---

① 佚名：《青岛交易所之现况（续）》，《申报》1922 年 7 月 19 日第 17745 号第 10 版。

购置、物券上市、所员和经纪人的招徕、广告宣传等诸多方面均存在竞争，截至20世纪20年代初，国内尤其是上海等重要商埠形成了竞争性的交易所市场。

1920~1921年世界经济大萧条期间，欧美日本等发达国家通过商品和资本输出向中国转嫁危机。受此影响，至1920年底，一战期间发展起来的中国民族资本主义工业转向衰落。作为中国商业中心和最重要进出口贸易口岸的上海所受的冲击尤其严重。从1920年夏天开始，上海一地"商家之倒闭亏折者，时有所闻，诚商场中罕有之厄运也"。由于危机期间国内可上市交易的合格物券有限，而经营同一标的物的交易所数量又很多，所以此时的交易所严重供过于求，彼此间的竞争非常激烈。为了生存和发展，许多以逐利为动机的公司制交易所遂大肆投机、违法违规经营以致其自身的脆弱性加大。为防患于未然，正当经营的工商业者、银钱业公会、北京政府农商部、上海租界当局均先后要求或采取措施限制信交机构的投机活动、取缔非法经营的交易所。

从1921年开始，国内物券交易所粗放式发展的环境急剧恶化。那些缺乏合格交易筹码、信用不良、资本薄弱、专靠投机炒作生存的交易所，立时陷入了经营困境之中①，并购重组遂成为部分交易所脱困求生的选项。1921~1922年上海共有10宗交易所合并重组的案例，涉及上海的19家交易所、1家银行及1家公司（见表3-26）。其中上海取引所以换股收购的方式，以本所股每1.5股换购上海棉纱交易所股票1股的比例，吸收合并了上海棉纱交易所。

---

① 佚名：《上海交易所调查录》，《银行周报》1922年3月28日第6卷第11号，第23页。

表3-26　20世纪20年代上海交易所合并案例一览

年份	合并涉及的交易所	合并后的企业	合并的方式	合并类型
1921	上海第一物券交易所，上海面粉交易所	上海面粉交易所	现金津贴及换股（10：1）	经营阶段 吸收合并（兼并）
1921	上海星期证券物品交易所，上海面粉交易所	上海面粉交易所	现金津贴及换股（5：2）	经营阶段 吸收合并（兼并）
1921	吴文炳所组织的金业交易所，施兆祥组织的上海金业交易所	上海金业交易所	合股	筹办阶段同意合并 吸收合并（兼并）
1921	上海丝茧业交易所，中国丝茧业交易所	上海丝茧业交易所	合股	筹办阶段合并争议 吸收合并（兼并）
1921	上海华商煤业交易所，上海煤业交易所	上海华商煤业交易所	合股	筹办阶段合并争议 吸收合并（兼并）
1922	申江晚市物券交易所，沪商棉纱交易所	沪商棉纱交易所	换股（2.5：1）	经营阶段 吸收合并（兼并）

续表

年份	合并涉及的交易所	合并后的企业	合并的方式	合并类型
1922	西药交易所合并，江南物券交易所	江南西药物券交易所	合股	经营阶段 创设合并
1922	上海棉纱交易所，上海取引所	上海取引所	换股（1：1.5）	经营阶段 吸收合并（兼并）
1922	上海证券物品交易所，全球货币物券交易所	上海证券物品交易所、全球货币物券交易所	两所各自单独存在，二者的营业合并于上海证券物品交易所。	业务合并，双方理事用合议制执行业务，共同营业，双方损益之分配，各照其已缴资本之比例分受
1922	上海日市交易所，上海夜市交易所，上海日夜银行，大发公司	共发公司	合股	经营阶段 创设合并

资料来源：《申报》1921 年 9 月 3 日第 17433 号第 15 版、1921 年 9 月 26 日第 17456 号第 2 版、1921 年 12 月 22 日第 17543 号第 2 版、1921 年 12 月 23 日第 17544 号第 3 版、1922 年 1 月 16 日第 17568 号第 3 版、1922 年 3 月 20 日第 17624 号第 15 版、1922 年 3 月 28 日第 17632 号第 2 版、1922 年 4 月 3 日第 17638 号第 14 版、1922 年 11 月 8 日第 17857 号第 1 版。

此时的中国仍然实行自由金融的体制，上海 21 家机构之间的合并重组虽然在合并的类型、方式及成效等方面不尽相同，但所有涉及合并的机构均是按照市场经济的原则在自觉自愿的基础上进行的，目的都是要在危机期间增强实力、控制成本、应付竞争、拓展业务以渡过难关。从"信交风潮"过后上海尚在营业的交易所情况看，上海取引所吸收合并上海棉纱交易所的活动取得了阶段性的成功。

3. 汉口取引所对华商交易所的收购

汉口取引所在 1922 年 5 月营业之后，就遭到武汉商民的多方攻击和拼命抵制，因而营业开展不起来，开办未久，即行中止。但是日人变换计策，以 200 万日元收购因亏损而陷于停顿状态的汉口物品等华商交易所，改头换面后，将新汉口取引所的资本金降至日金 200 万日元并于 1924 年 5 月 17 日重新办理了减资登记，重组设立的新汉口取引所从 1924 年 8 月开始营业。武汉商界有识之士对换汤不换药的汉口取引所也持反对的态度，认为，"该取引所，原属投机事业，如同赌博，一入其彀，有死无生，上海等处，因此倾家戕命者，不计其数。今操于日人掌握之中，任其操纵，自属有败无胜。一般贪图厚利者，只顾投机，不惜孤注一掷以互博，将来构害商民，影响市面，不堪设想。"[1] 因此，武汉商界呼吁社会各界援助，设法抵制新开张的汉口取引所。

---

[1] 佚名：《汉口日人收买交易所内容》，《天津益世报》1923 年 12 月 31 日第 2 张第 7 版。

（三）20 世纪 30~40 年代日本取引所在东北进行了政策性合并

1. 1934 年哈尔滨取引所吸收合并滨江货币交易所

1934 年末，伪满洲国统一币制，在东北地区强制使用伪满币，"哈大洋"等其他传统流通货币均被限期收回。东北地区日本取引所和华商交易所此前盛行的"钱钞交易"因"满洲国"统一货币而告萧条。1934 年滨江货币交易所因货币交易业务被取缔而自行解体，株式会社哈尔滨取引所在日伪当局的授意下合并了滨江货币交易所，而后又在 1940 年并入满洲取株式引所。

2. 1939 年后满洲株式取引所成立及合并东北其他取引所

1934~1939 年，伪满洲国政府在经济政策上与日本亦步亦趋，统一货币，实施并强化战时的经济与金融统制，实行资金统制，限制股票的流动，致使取引所的证券交易量逐渐萎缩；实行农产品及特产品的"配给制"，成立特产专管会社，致使日本取引所的钱钞与物品买卖业务先后丧失。物品取引所、钱钞取引所或综合类取引所的商品部与钱钞部纷纷停业或解散，取引所只剩下证券部，蜕变为株式取引所了。1939 年 2 月伪满政府将满洲取引所改组为株式会社满洲株式取引所。1940 年 8 月 1 日又发布《有价证券取缔业法》，① 按照日伪政府的"一国一交易所"的方针，将只剩下有价证券业务的安东取引所、哈尔滨取引所并入满洲株式取引所，使之成为后者在安东和哈尔滨的分所。1941 年 1

---

① 此处的"取缔"意思接近于"管理"。

月间公布"关东州"会社经理统制令，接着又颁布"7·25"限制令，严禁中国人自由买卖，这使得"关东州"尚存的、仍有证券业务的大连株式商品取引所的地位与经营活动大受影响，最终也被并入了满洲株式取引所，成为后者在大连的分所。太平洋战争爆发后，满洲株式取引所因证券交易陷于停顿而名存实亡，最后在 1942 年正式关闭并在 1945 年战争结束后进行清理。

概而言之，近代中国的不同时期，虽然关内外日本取引所合并重组的主导力量、动因、类型、方式、结局与影响不尽相同，但合并涉及的主体都是中资或日资的公司制交易所。可见，无论是在开放和竞争的市场环境下，还是在经济危机期间，或是在动乱的特殊时期，股份公司组织的交易所更易于发动和实现交易所的合并。

第五节　日本取引所的其他不法活动

日本在华取引所尤其是官营取引所是带有政策性职能的非纯粹的商业组织，其在华的活动除了正常的商业活动以外，还涉及操纵行市、商业贿赂、抹黑中伤同业、参与贩毒等非法的商业活动以及资助侵华日军及特务等其他违法活动。

一　放纵投机与扰乱中国金融

北京政府颁布的《证券交易所法》（1914 年）第十四条规定，经纪人关于在证券交易所有公定市价之证券，不得自为买卖；第十八条规定，证券交易所之职员及其他雇员，均不得在证券交易所为证券之买卖；第三十三条规定，伪造公定市价或以不正当之方法扰乱市价者，处千元以下百元以上之罚金。南京国民政府颁布的《交易所法》（1929年）第二十九条规定，证券交易所不得为本所股票之买卖；第四十九条规定，意图变动交易所之市价而散布流言，或行使诡计，或施暴力，或加胁迫者，处二年以下之徒刑，或六千元以下之罚金。然而日本取引所以营利为目的，在华从事物品、钱钞及有价证券的现货与期货交易，将本所股票在本所买卖，放纵投机商从事买空卖空的交易，酿成诸多交易所风潮，扰乱当地金融，坑害中国商民。此类活动不胜枚举，较为典型的事例就是1921年的青岛取引所股票风潮和1926年的奉天取引所奉票投机风潮。关于奉天取引所奉票投机风潮的概况及其危害，前面已有介绍，此处不再赘述，而仅以青岛取引所发生的股票风潮为例，说明日本取引所在华纵容投机、扰乱市场、控制金融、盘剥中国商民的活动。

　　1921年青岛取引所发生的股票风潮是大阪财阀精心操纵、投机牟利而酿成的。青岛取引所营业之初，经营颇为顺利，业务发展很快。日本大阪财阀认为大有可为，便派其代理人松井伊助来到青岛，在日本驻青岛民政署长秋山的支持下，不顾华人理事的反对，取代峰村正三当上了官办青岛取引所株式会社的理事长。松井上台后操纵股价的第一步，就是勾结日本国内及在青岛的日本投机商人，内外呼应，扬言从日本国内来了许多资本家，携来青岛大量资金，准备收买青岛取引所的股票，大造青岛取引所股价看涨的谣言。第二步是在日本官方的支持下，松井招徕大阪等地资本家和部分华商成立青岛企业信托会社，这是一家取引所类似组织。而后松井通过他把持的青岛取引所的理事会，不顾华人理事及青岛总商会的反对，强行做出决议，硬把中日股份不平均的青岛企业信托株式会社合并到接管青岛取引所的中日股份平均的青岛株式信托会社内，并将后者改名为青岛取引所信托株式会社。这样在增大重组后的青岛株式信托会社股本、扩张其声势的同时，还改变了该株式信托会社的股本结构，使得日方股权比例高于中方股权比例，进而削弱中方股东的发言权，取得了民营化中的青岛取引所的支配权。第三步是松井依靠其在民营化的青岛取引所取得的有利地位，故意违反原青岛取引所的规章制度，与局内人合谋，准许交易商以青岛取引所信托株式会社的股票，向该会社抵押借款，并允许交易商在本取引所的证券市场从事青岛取引所信托株式会社股票的现货与期货买卖。此等做法实际上就是为投机商操纵、哄抬青岛取引所股价的投机行为大开方便之门，道德风险昭然若揭。

有了投机炒作的门路，既有资金又有靠山的日本投机商人遂委托青岛取引所的中、日双方经纪人，大肆抬价收买青岛取引所信托株式会社的股票现货与期货。股票买卖的一般惯例是买涨不买跌，"羊群效应"较为明显。青岛当地和外地的中国商民，不明底细，盲目跟风，追高买进，以致青岛取引所信托株式会社的股票行市暴涨，由原来的每股 12.5 日元，涨到每股 40~50 日元，市盈率和投资风险畸高。这种股市火热的不寻常局面持续多日，达到最高峰时，知道内幕的日本商人，又暗中委托中日双方经纪人，将手持的青岛取引所信托株式会社的股票现货与期货卖出套现。大户清仓，散户自然恐慌，彼此竞相低价抛售，致使股价一路下跌。输红了眼的赌徒，为挽回损失，遂大下赌注，孤注一掷去抬拉股价。在投机商的幕后操纵下，青岛取引所信托株式会社的股票行市几经涨落，把人们搞得晕头转向。在日本投机商获利退出后，具有监督之责的青岛取引所管理层，认为时机已成熟，遂揭开黑幕，宣称青岛取引所信托株式会社只承认现物交易、延期交易和定期交易合约中的股票票面价值，不能保证股票的涨价部分。这等同于青岛取引所违背营业规则，不履行其作为公司制交易所应担保本所交易的履约及违约损害赔偿的责任，属于彻头彻尾的失信行为。上述消息披露后，不啻晴天一霹雳，股民大哗，证券市场立时陷入混乱。投机商人争先恐后抛售青岛取引所信托株式会社的股票，以致行市惨跌，该所股价跌破 12.5 日元的票面价值，低至 10 日元大关以下。大阪财阀控制的青岛取引所放纵股票投机可谓害人也害己：一方面中国商民因为股灾而遭受巨额损失，1923 年胶澳商埠督办公署咨财政部的公文就指出，自日本取引所设立以来，华商亏累竟达 350 余万日元，市面纠纷不绝；另一方面青岛取引所的声誉及营业也因此大受打击，此前以该所信托株式会社的股票抵押出去的借款，已无法收回，以致该会社亏损不堪，甚至连已经动工的馆陶路取引所株式会社大楼工程，也被迫停工达 3 年之久。青岛取引所因为股票买卖一蹶不振而被迫关闭了证券市场，而此时松井及其同伙则早已溜之大吉了。

实际上青岛取引所还发生过其他风潮，包括 1921 年松井等大阪财阀为夺取接管青岛取引所的青岛株式信托会社的控制权而制造的取引所经纪人罢市风潮，1931 年因特产物期货交易中日方交易商故意捣乱和侵害中方交易商利益而发生的华商罢市风潮。此类投机操纵问题在上海、天津、汉口、大连、沈阳、安东等地取引所中也都不同程度存在。日本在华取引所违规经营、放纵投机、操纵股价、屡酿交易所风潮并扰乱金融、侵害华商利益的劣行，折射出来的是旧中国经济主权的缺失、对交易所监理的不到位以及华商经营地位的低下。

二　从事商业贿赂及造谣中伤同业的活动

甲午战争以后，日本不断对中国进行经济和军事侵略，其对近代中国领土主权及华人生命财产的戕害尤为严重。国力羸弱的中国反抗日本侵略和压迫的有效举措之一就是抵制日货或对日经济绝交。日本在中国各地设立的取引所是日本经济侵华的有力工具，自然成为中国商民经济抗日运动的焦点。日本取引所在中国各地的筹办和营业总是引起诸多的纠纷和对立，遭到中国多数商民的舆论攻击和行动抵制，但是日本取引所在华的业务如果得不到华人的认可和参与，又无法顺利展开。鉴于此，日本在华取引所不仅以"中日合办"为名，利诱部分华商参股取引所或充任取引所的经纪人、役员，利用这部分华商或华人买办去宣传、推介取引所的业务，招徕部分中国商民参加取引所的物券钱钞买卖，而且还使用商业贿赂、诽谤中伤等不光彩的手段去谋取商业利益或竞争优势。

1921年大阪财阀筹办汉口取引所时，就遭到汉口华商花纱业、银钱业和报业的反对，汉口取引所遂采纳买办宋伟臣、汪惺斋的建议，以极低利率的25万银元存款和8000银元贿赂金分别成功收买汉口 40 多家钱庄和各家报纸①，消弭中国商民与舆论的反对，而后顺利开幕和营业；但是该取引所开业后，仍然遭到华商同业的抵制，以致 1922 年 5 月开幕后营业就不顺利，不久就被迫中止了。

不过，日商设立汉口取引所的念头并未打消，而是在 1923 年调整思路，以 200 万日元去收卖汉口原有的因经营不善和亏损而处在停业清理状态之中的物品证券等五大华商交易所。交易所易手后将由日人控制，但由华人出面主持，以原来的店名去经营，以此降低华人的反感与抵制。起初，作为日商收购对象的汉口物品证券交易所的部分华人股东天良尚未泯灭，不肯将交易所卖给日本人以免遭受社会的唾骂。日本人为达到其收购华商物品证券交易所的目的，遂故伎重演，拿出银洋 12000 元贿赂该交易所原王姓股东，许诺一旦日本人接管该交易所后遂聘王姓股东为重组后新设的汉口取引所的总经理。王姓股东因此竭力奔走，千方百计替日人拉拢、游说物品证券交易所的其他股东，许诺日本人接办物品证券交易所后继续保留华人股东的资格。华商交易所的股东为挽回损失，不得不将就下去，终于抵挡不住利诱而全体签约同意日本人接办其交易所。日人遂在 1924 年重新办理取引所的减资登记并积极筹备新汉口取引所的开幕事宜，但是"惟恐各界反对，仍蹈取引所覆辙。闻日前曾议请某某，愿以巨金，托其运动新闻界，刻正分途接洽"②。

上海取引所在 1918 年设立之初，业务发展较快，大有垄断上

---

① 佚名：《日人在汉口已设立取引所》，《天津益世报》1922 年 5 月 29 日第 2 张第 7 版。
② 佚名：《汉口日人收买交易所内容》，《天津益世报》1923 年 12 月 31 日第 2 张第 7 版。

海市场尤其是花纱市场的势头，这引起了华商的忧虑和警觉。为了抵制日本取引所控制上海市场的图谋，1920 年华商创办了上海证券物品交易所，仿效上海取引所，采用公司组织及综合经营方式。此后，上海华商证券交易所等 140 多家交易所在上海相继设立。在经济抗日热潮影响下，有正义感的华商拒绝加入或退出上海取引所的交易，而转入上海证券物品交易所等华商交易所进行买卖，这对上海取引所的营业活动及股票行市形成不利的影响。上海取引所则通过其喉舌即日本人设立的《经济日报》抹黑、中伤上海证券物品交易所，说上海证券物品交易所与日商中华企业社有关系。北京政府农商部 1914 年颁行的《证券交易所法》第九条规定只有年龄在 23 岁以上的中国人才能充任交易所经纪人，第十七条规定非中国人不得充当交易所职员。换句话说外国人更不能在华创办交易所。如果上海证券物品交易所与外商尤其是日商有关联，那势必会影响该交易所在华人心目中的形象与声誉，其业务发展也必然会遭到华商的抵制。为此，上海证券物品交易所指出《经济日报》是"日资交易所之机关，与本所立于反对之地位，故尝造谣中伤本所，本所曾经致函该报更正（诽谤）"①。

三　取引所及其役员的其他对华犯罪活动

日本取引所在华的活动除了一般的商业活动之外，还涉足贩毒及资助日本军队与特务等对华犯罪活动。制售贩运和吸食毒品在各国都是严重的犯罪行为，近代中国人对于毒品贸易与消费的

---

① 佚名：《上海证券物品交易所致黄议员的复函》，《申报》1920 年 11 月 11 日第 17145 号第 10 版。

危害及影响有切肤之痛，然而日本在华取引所作为有组织的市场竟然涉足贩毒活动。

以大连株式商品取引所理事长河村统治为核心，包括日本田中内阁的某位大臣、关东厅内的多名高官（日本当局秘不宣布犯人姓名）、国会议员白川友一、山松茂、川上虎南、釜野举三郎及乾商、大阪富商竹岛源藏等日本政商界人士，组成秘密贩毒组织。该团伙以大连为本部，以日本政府阁员、国会议员及关东厅高官为保护伞，以大连株式商品取引所为批发和运销机关，以大连、天津、沈阳、石家庄、吉林等地的日本药商为零售商，制定周详的贩毒计划，在 1928 年以前的数年间，先由大阪富商竹岛源藏以 500 万日元向瑞士订购吗啡 2000 基罗；再由白川等议员多次与关东厅诸大官交涉，进行利益勾连，最终达成秘约，后者允许竹岛源藏订购的瑞士吗啡秘密进口到大连，随后该组织又以同样的方式在 1929 年 3 月及 11 月分四次将海洛因从德国秘密输入大连；再由大连运销到天津、沈阳、石家庄及吉林等地，而后由当地日本药商零售。

该贩毒组织贩毒时间较长，在 1928 年以前数年就开始秘密贩运毒品，东窗事发是在 1930 年；贩毒规模巨大，其在 1928 年以前数年间所秘密贩运的吗啡、鸦片、海洛因等运禁品，仅被发现者总价值就达到 460 多万日元。河村统治、白川友一等人与田中内阁的某大臣及关东厅的诸高官联络，"密运吗啡、鸦片、海洛英等毒品，民国十七年间，约值一百三十八万日金"[①]。该组织的

---

① 佚名：《日本取引所参与毒品交易案》，《申报》1931 年 12 月 13 号第 21084 号第 13 版。

贩毒收入在上述成员间分配，关东厅涉毒高官参与了利益分配，有关系者共九人，每人分得 70 万日元，获利可谓丰厚。

该涉毒团伙之所以东窗事发，是因为内部分赃不均。某国会议员未参加利益分配，但了解内幕，遂向关东厅涉毒诸高官索要 7 万日元封口费，双方因此互相嫉视，结果被检察厅觉察和检举，遂引出所谓大连五大疑狱事件之一的大连株式商品取引所贩毒案。1930 年 1 月 27 日大连检察厅开始搜查河村统治、白川友一、山松茂、川上虎南、釜野举三郎及乾商等人的家宅，取得了这些人的诸多犯罪证据，证实大连株式商品取引所理事长河村统治等人"皆系卖药商，以秘密贩毒（为）专业"。

大连株式商品取引所参与贩毒活动，作为其主管机关的关东厅难辞其咎，然而此前关东厅及其官员涉足毒品交易活动已有一段历史。关东厅大连民政署长中野有光等八人曾经秘密贩运烟土，1921 年经旅顺地方法院审讯，属于罪证确凿；另外，拓殖局长官古贺廉造以及某众议院议员因为涉及贩毒案也被检举和查证[1]，此可谓上梁不正下梁歪。此次大连日本取引所涉毒案影响极坏，国人痛斥"日政界之龌龊流毒我国，大连俨然成贩毒总机关"，认为"在此取消不平等修约及收回租界运动声中，对于收回旅大一事，尤当注意也"[2]。

抗战爆发后，日本军费开支不断扩大，其侵华军费的一部分是由日本关东厅支持的。1932 年 3 月 5 日，日本藏相高桥经过天

---

[1] 佚名：《日人贩烟案之尾声》，《天津益世报》1921 年 4 月 21 日第 2 张第 7 版。

[2] 佚名：《1930 年 2 月 9 日关东厅串日商贩毒药》，《申报》1931 年 12 月 13 日第 21084 号第 13 版。

皇敕裁，发出由关东厅特别会计剩余金支出 359989 日元用作
"满洲事件"经费的通告。日本"关东州"及满铁附属地内的取
引所是关东厅下辖的重要产业，获利颇丰。例如，1916 年设立的
官办大连钱钞取引所开业后，钱钞买卖业务很兴旺，每天的成交
额少则千万元，多则上亿元，盈余及派发的股利甚多。自 1917 年
6 月至 1924 年上届为止，大连取引所钱钞信托株式会社所发股
利，最高增至九分二厘，最低也有一分五厘。另据 1929 年 3 月 4
日全国反日大会第三日纪可知，东北地区取引所的收入仅手续费
就有数百万日元。关东厅的收入有一部分来自所辖取引所上缴的
盈利①。日本关东军支付特别费用没有着落时，就由官办大连取
引所供给，而日本关东军是发动"九一八"事变、侵占整个东北
地区的元凶。此外，"七七事变"前日本高级特务土肥原贤二向
关内进行特务渗透的活动经费也是从大连取引所的获利款项中拨
给的②。民国时人对日本取引所的活动及其危害有深刻的感悟，
"观夫我国从前关于满蒙特产大豆油饼之买卖，实权全操于日人
所设之大连取引所、开原取引所、四平街取引所、公主岭取引所
及长春取引所五处，可见民国二十年九月十八日不幸之事件，及
二十六年七月七日之事变，自有其积渐之由来也。"③

从日本取引所涉毒案及其资助日本关东军军费与土肥原贤二
特务活动经费可知，日本取引所确实不是纯粹的商业组织，也不

① 佚名：《日侵华军费由关东厅支持一部》，《天津益世报》1932 年 3 月 6 日第 1
张第 1 版。
② 唐树富、黄本仁：《大连交易所史话》，《辽宁文史资料选辑 第 26 辑 辽宁工商》，辽
宁人民出版社，1989，第 102 页。
③ 吴德培：《交易所论》，商务印书馆，1946，第 68 页。

是守法的公司法人，其与日本官府及军方的关系密切，对中国主权与法律的损害较为严重，是日本侵华的工具，其在中国的活动招致中国商民的强烈反对与抵制就不足为奇了。

小 结

日本取引所在近代中国的活动领域较广，既有商业活动又有非商业活动。其商业活动既包括正常的主营业务和非主营业务，又涉及非正常的投机操纵、商业贿赂、抹黑中伤同业等经营行为。日本取引所在华的主营业务是物品、钱钞、有价证券买卖的场务管理、交易担保、违约损害赔偿、清算交割、对交易商融资垫款、交易保证金的存放与运营等活动，非主营业务是仓库货柜经营、资产租赁、资产买卖与投资并购等经营行为。日本取引所在华的非商业活动主要是参与毒品贩卖，资助日本关东军和日本特务土肥原贤二开展特务活动。

1939年满洲特产专管会社成立以前，日本在华取引所绝大多数都采用日本国内取引所传统的经营模式，实行综合经营，其营业活动涵盖了特产物买卖、非特产物和工业品买卖、金银钱钞买卖、有价证券买卖、仓库货柜经营、资产租赁、资产买卖与投资并购等领域。日本取引所在华大量买卖大豆、高粱、粟米等农特产品，以特产物买卖为其营业活动的重心，这点与日本国内取引所以米谷等农产品为交易的大宗商品颇为类似。日本取引所在华买卖特产物以官营取引所居多，表明日本政府很重视利用官营取引所来控制中国各地的特产物；而非特产物、工业品及有价证券的买卖以民营取引所为主。至于钱钞买卖，则是 1934 年以前日本在华官营与民营取引所共同的主营业务。总体说来，日本取引所在华的营业活动，在 1922 年后逐渐步入下坡路。其钱钞买卖、物品买卖以及有价证券买卖业务依次衰落，这与关内外币制改革、战时经济统制以及战争进程的影响有关。

日本取引所在华买卖物品、钱钞及有价证券，也采用了日本国内取引所惯常使用的直取引（现物交易）、延取引（延期交易）、定期取引（定期交易）三种交易方法。虽然不同的取引所及不同交易对象的买卖主要采用的交易方法存在差异，但一般来看，日本在华取引所对象买卖中远期交易（包括延期交易和定期交易）的成交量较高。日本在华取引所从设立开始就推出现货（现物）交易与期货（先物）交易品种，期货交易（定期交易）属于衍生工具，利弊兼有，在交易中具有"双刃剑"的作用。日本取引所采用公司组织，以营利为目的，推出期货交易品种一方面可以增加交易筹码、活跃交易，增加本所的收入；另一方面也为投机商从事买空卖空的交易提供了便利条件。日本取引所以三种方法在华买卖物券钱钞，虽然其成交量有较大差异，特产物、钱钞买卖的成交情况一般要好于非特产品和有价证券的成交情况，但是各类对象买卖的交割率都普遍较低，表明日本取引所在华的主营业务中买空卖空的成分或违约率较高。日本取引所在华买卖物券钱钞，其计价清算采用的标准货币大多是日本银行发行的金元券或银元券，因而日本取引所的营业活动越发达，则日本纸币的流通量就越大，日本取引所的营业活动成为日本纸币在华流通的重要渠道。

日本在华取引所多标榜中日"合办"，吸引华商入股、出任该所役员或参加其市场买卖，但是"双线监理"体制下的日本在华取引所不受中国法律和官府的监管，日本国内施行的取引所法又不完全适用于中国，日本派驻中国各地总领事对于当地日本取引所的经营给予必要的命令，大体以其国内施行的取引所法及附属命令等为在华交易所监督、管理的方针。实际上，对日本在华取引所进行现场管理的当地日本总领事以及大连关东厅、青岛日本民政署等殖民机构都不是专业的交易所监理机关，其对管下取引所经营活动的管理更多的是保护，甚至是纵容而非监督与约束。再加上华商与日商在取引所中的权利地位不平等，日人控制取引所的经营大权，放纵投机，操纵物券钱钞行市，违规经营，低价贱卖取引所资产给关联日商，侵害中方股东和交易商的利益，酿出多起交易所风潮，坑害中国商民，破坏中国金融稳定。

在有价证券买卖上，日本在华取引所依照东京和大阪株式取引所的做法，在本所上市买卖自己和其他取引所的股票，操纵本所股价；与其他在华交易所相互炒作、相互依靠、抱团取暖。日本在华取引所还与其国内取引所相互上市买卖彼此的股票。例如，上海取引所在本所上市买卖东京和大阪株式取引所的股票，而大阪株式取引所又上市买卖上海取引所的股票，表明两地取引所在营业活动上存在较为密切的关系，日本在华取引所利用中国市场的资金直接支持日本国内取引所发展，间接为日本国内企业融资以及日本政府财政筹款提供帮助。日本在华取引所的证券部买卖公司股票及中日两国的公债票，其证券市场上市交易的股票以日本国内及在华的日本公司股票为主。随着日本侵略战争规模的扩大，日本企业的投资规模以及日本公债的发行规模也不断扩大，日本在华取引所开拍日本公司股票及日本国债，利用中国人的资金去满足日本企业及日本政府的资金需求，在战时扮演战争金融的角色，支持日本对华的经济与军事侵略。

1922年后，日本在华取引所出于摆脱经营困境、降低营业成本、取得竞争优势、获取公司控制权、民营化以提高经营效率等不同原因，在日本官方、财阀的主导或策动下进行了多起政策性或商业性的交易所吸收合并或创设合并活动。这些合并活动有成功的，也有失败的，无论合并的方式、性质与结局如何，其涉事主体都是公司组织的交易所，说明公司组织的交易所更容易发起和实现交易所的并购重组活动。日本在华取引所尤其是官营取引所参与贩毒、资助日军侵华及日本特务对华渗透等非商业活动，损害中国主权与法律，表明日本在华取引所是负有一定政策性职能的非纯粹的商业组织，是日本侵华的经济工具。

战争是政治的延续，政治是为经济利益服务的，经济与政治是相互影响的。甲午战争后日本不断侵略中国，损害中国主权与领土完整，中国人民以抵制日货或对日经济绝交来反抗日本的压迫。中日政治关系的恶化导致中日经济关系的对抗，作为日本侵华工具的取引所及其活动在中国各地遭到大多数中国商民的强烈反对与抵制。为谋取商业发展上的便利、优势与利益，汉口取引所的日人遂采取商业贿赂的不光彩手段去收买当地钱业、报业以及华商交易所的股东，而上海取引所则通过其机关报去造谣中伤中方竞争对手上海证券物品交易所，都表明日本在华取引所并非守法经营和可以公平竞争的公司法人。

中日关系持续恶化、国人对日本取引所抵制增强、关内外货币各自渐趋统一以及战时经济统制强化，使得 1934 年后日本在华取引所的商业活动空间日益受到限制，营业领域日渐缩小，业务规模大幅萎缩。1939 年后许多日本在华取引所丧失了存续的基础，或停业或解散，尚在营业的物券取引所大多变身为株式取引所。1940～1941 年，东北地区的日本取引所迎来了最后一次整合，哈尔滨取引所、安东取引所、大连株式商品取引所被吸收合并到改组设立的满洲株式取引所里，成为后者在当地的分所。1942 年太平洋战争爆发后，日伪政权在东北地区和青岛实施更加严厉的经济与金融统制，使得关内外仅存的青岛取引所和满洲株式取引所的营业活动分别陷入停顿状态和正式关闭的境地。总之，日本在华取引所是助力日本武力侵略中国的经济工具，但又正是日本发动的侵略战争结束了日本在华取引所的生命。

第四章

日本在华取引所与中方交易所的多重关系

日俄战争后进入中国的日本取引所不是纯粹的商业组织，其在华的活动与影响具有两面性，其与中方交易所的关系也是复杂多样的，只有以多维的视角去审视其在华的活动、影响及与中方交易所的关系，才能客观认识历史，汲取有益的经验与教训。

第一节　刺激示范与"师生"关系

从 1876 年株式会社大阪堂岛米谷取引所创办到 1916 年汉口证券物品交易所设立，日本取引所的发展领先中国交易所发展整整 40 年。在日本政府引导、监理和不断整顿下，日本取引所立足本国实际并借鉴欧美发达国家的经验逐渐发展起来，形成了自身的经营模式与特点，对日本"殖产兴业"和产业革命的完成起到了辅助的作用。

甲午战争和日俄战争后，日本崛起为亚洲和世界强国，日本富国强兵之路对中国有示范意义。中国人在转向日本寻求富国强兵之道时，也学习、借鉴了日本的商业制度，其中，日本的取引所制度对民元后中国交易所事业的发展就有较大的影响。

1906 年后，日本取引所在华的设立及其活动对中国人自设交易所产生了刺激与示范作用，日本国内及在华交易所的章程与营业规则、组织形式、内部机构设置、经营方式、交易种类、买卖方法、交易所税制、交易所监理法规及监管机关的确立等都成为中国交易所制度建设借鉴的内容，日本取引所与华商交易所之间形成了一定的"师生"关系。

一　中国交易所制度建设思想受日本取引所制度与实践的启发

1887 年上海《申报》就已经对日本东京商品取引所的资本构成及其来源做了简单介绍。1903 年 3 月由《译书汇编》更名而成的近代中国第一本法学杂志《政法学报》刊登了该杂志社社员参观日本东京株式取引所并采访该所职员渡边亨的访谈录，介绍了日本米谷取引所的起源；日本株式取引所的组织制度、优点及其与欧美交易所制度的关系；日本株式取引所交易的即时、延期、定期三种方式及相关的交易所规费、经纪规费、交易人所费；股票于公司债买卖的交易所规费、经纪规费、交易人所费。

1907 年《申报》以《论商业上贸易公所之地位》为题，介绍了日本取引所的分类及其与中国各商埠普遍存在的菜市的区别，阐述了米谷取引所与株式取引所的商业地位与效用。另以《日人设立取引所之交涉奉天》为题，介绍了日商增田在奉天所筹办的取引所的经营办法及其对华商的影响，并援引日本民政署的提法，称取引所"东京原有此例，嘱与华商合办，俾可两便"①。同年袁子壮、周舜卿、周金箴、叶又新等人倡议仿照各国办法，在上海设立本国交易所，其预定组织，悉仿日本取引所办法。清朝农工商部以其章程尚未完善，而且管理办法也没有订定，如果批准实施恐怕多有窒碍，因而未予核准。

1910 年《申报》刊文，以日本国内沿用的"取引所""米谷取引所""株式取引所"等提法，介绍了交易所的类型及其功用②。清末江苏巡抚程德全奏陈整理财政方法时，认为"至如日本之株式取引所、邮便储金局，亦宜仿行，定期速办"，因为设立这些机构以后，"公债收效较易，即一切公司股票亦赖以流通活泼矣"③。法学家杨荫杭在晚清《商务官报》第 10 册上刊文《各国取引所及中国取引所》，介绍了德、法、英、美、日本的取引所，其中，包括日本取引所组织制度、业务及职能的简要介绍。清朝农工商部认为"日本棉纱布货出入数量皆萃于大阪、神户两埠，其大宗亦与横滨之蚕丝业相伯仲"，这不仅得益于银行的通融周转，而且还得益于"大阪棉纱取引所以主持其集散转输之关键"④。可见，晚清朝野的有识之士已经注意到了日本取引所制度的功用，有了仿办日本取引所的思想与政策建议。

为振兴民族实业，1912 年，民国临时工商会议在北京召开。

---

① 佚名：《日人设立取引所之交涉奉天》，《申报》1907 年 7 月 27 日第 12309 号第 11 版。
② 佚名：《论商业上贸易公所之地位（塞）》，《申报》1910 年 6 月 7 日第 13408 号第 3 版。
③ 朴兴镇、崔文值：《宣统二年九月壬子（1910.10.14）》，《中国二十六史及明清实录东亚三国关系史料全辑》第 5 辑，延边大学出版社，2007，第 1559 页。
④ 农工商部：《日本棉纱布货出入数量》，《棉业图说》卷八，清宣统农工商部本，1910，第 113 页。

会上工商部提交讨论在国内创设交易所的议案。与会人员分成赞成和反对两派意见，其中议员马席珍、冯汝良、沈云沛等结合日本取引所制度运行的经验和教训，认为中国设立交易所的条件尚未完备，建议暂缓设立我国的交易所①。

议员马席珍认为民国临时政府提出设立交易所的议案办法虽好，但是当时设立本国交易所的时机未到，并以日本取引所制度建设的教训为例加以说明。他认为日本在明治七年（1874 年）就发起设立取引所，当时设立的有 113 家，到明治十一年（1878 年）时已经全部失败。究其原因有三：首先是货币不统一；其次是交通不便利；再次是金融机关不完备。明治二十二年（1889 年）日本国会成立，各机关逐次完备后，日本国内又设立 60 多家取引所，到 1912 年已经存续 20 多年。这些取引所专营的股票债券交易颇为发达，但是对于货物买卖所提供的便利不多，因而到 1912 年只存续下来 13 家，专营国债票、棉纱、米谷油等物件。民国草创之初，货币尚未统一，交通不方便，度量衡制没有整齐划一，还有其他很多没有统一的机关。在条件不具备的情况下，贸然设立交易所，恐怕最终被洋货所利用。议员陆梦熊赞成设立交易所并提出建立交易所制度要考虑是选择英美等国的自由主义还是欧洲大陆以及日本的干涉主义。

议员冯汝良认为中国设立交易所必须采取日本和欧洲大陆国家的干涉主义，但是他以日本米谷取引所存在的垄断、价格操纵以及交易商投机破产为例，指出民国初期中国还没有关于货物与

---

① 赵秉钧：《工商会议报告录》，工商部，1913，第 228～231、235 页。

证券买卖的统计工作和详尽报告，货物及证券买卖的价格没有标准，也难以决定。加上工商业又不发达，没有必要仓促设立交易所。

工商部在交易所设立议案中认为，江苏、浙江、湖南、安徽等省米谷出产丰盛，应该仿照日本米谷取引所设立办法，酌量情形在米谷出产最旺盛的地方设立米谷取引所。

议员沈云沛则认为日本有米谷取引所，工商部提议的交易所设立议案也是仿照日本取引所法的规定；但是中国的国情习惯与日本不同，另外米谷种类又非常的多，豆有豆市，米有米市，种类纷繁，品价不一。设立交易所本为监督机关，当下无从调查，也就无从监督。为避免出现纰漏，主张暂缓设立米谷取引所。

会上两派意见激烈争锋，议长主张，"民国甫定，一切行政非仿照外国善政办理，恐难完善。此案再付审查，请审查员参考各国办法。"会议决议认为，交易所有六大功用，在民国草创之初，市面萧条、商情涣散之时，仿照日本等国交易所制度设立中国的交易所"似不容缓"，会议通过了尽快设立本国交易所的议案①。

为便利天津的证券商品交易，1914 年，梁成等商人申请设立天津证券物产交易所，并获得农商部的批准立案，但最终未能运营②。1918 年 5 月 4 日，天津商会联合会开会，与会商人张继宗向会议提交了《中国商务急宜设取引所案》，要求仿照日本取引

---

① 赵秉钧：《工商会议报告录》，工商部，1913，第 228~231、235 页。
② 吕玉忠：《近代天津证券市场的形成及演变》，《产权导刊》2010 年第 11 期，第 36~37 页。

所办法设立交易所，该议案在随后的讨论中获得通过①。

天津商人刘维一等人认为，欲求商业的发达，必须使货物流通起来。各国商人都有物品取引所为其服务，唯独天津为中国通商大埠而货物贸易均操之于牙纪之手，市价也不公布，商业日见滞销。因此仿效日本等国取引所办法，在 1918 年 7 月 30 日招集股本，在天津设立物品交易所。该所内设市场，货物买卖分现物交易及定期交易两种。该交易所经农商部批示准予备案后，在 1918 年 8 月 18 日借江苏会馆召开了成立大会。可见，日本取引所制度建设的经验影响了清末民初中国自设交易所的思想及政策导向。

二　中国以日本 1893 年取引所法为蓝本制订和修订本国交易所法

近代日本法律制度，大多取法于欧洲大陆法系，屡经制定、颁布和修订后，渐趋完备。中国要变法图强，日本是最好的效法对象。近代中国证券立法的基本法规多取法于发达国家的法律制度，尤以日本法为甚。

在清末民国时期，中国即将部分日本法规对照中国国情、稍加修改后予以制定和颁布。中国首部专门的证券法是 1914 年北京政府公布的《证券交易所法》，该法就是以日本明治 26 年（1893年）修正的取引所法为蓝本制定的；而南京国民政府颁布的 1929年《交易所法》和 1935 年《修正交易所法》，又是在《证券交易所法》（1914 年）和《物品交易所条例》（1921 年）的基础上修

---

① 佚名：《天津商会联合会开会十二志》，《申报》1918 年 5 月 8 日第 16243 号第 6 版。

订而成的。

日本取引所法的绝大部分内容，包括交易所的组织制度、设立区域、同一区域可设立的家数、营业期限、最低资本金、交易种类、交易方式、监理机关、干涉主义的监理原则等规定，都被移植到中国的交易所法规之中。例如，日本国内取引所法先后以农商务省和商工省为交易所监理机关，而中国交易所法则先后以北京政府农商部（1912 年后）、南京国民政府财政部和工商部（1927 年后）、实业部（1935 年后）、经济部（1937 年 10 月后）作为交易所的主管机关。

1924 年 8 月 1 日，日本政府派农商务省务官铃木来华调查该国在华各地取引所的营业状况，并兼受外务省委托调查一切，显示日本取引所监理机关有派出巡视官督察外地取引所的制度；而北京政府和南京国民政府也先后颁布法规，设置交易所监理官（1926 年）和交易所监理员（1931 年）制度，作为中央主管机关的派出机构，对各地交易所进行实地的现场督察。

当然，中国方面也并非完全照搬照套日本的取引所制度。例如，日本明治 26 年（1893 年）修订并公布的《取引所法》规定，交易所既可以采用股份公司组织，也可以实行会员制，希望由此从公司制向公司制交易所和会员制交易所并存过渡。考虑到中国国内券商信用和资历不足的现实，北京政府借鉴但并没有完全抄袭日本《取引所法》的此项规定，而是在《证券交易所法》（1914 年）和《物品交易所条例》（1921 年）中规定，交易所需一律采用股份有限公司组织。

而南京国民政府从各地商情有异以及便利交易所长远发展考

虑，在随后颁行的 1929 年《交易所法》和 1935 年《修正交易所法》中又认同日本 1893 年《取引所法》的规定，允许交易所可视不同情况自行选择会员组织或公司组织。

另外，日本 1893 年《取引所法》第十七条规定，日本取引所内部组织应设置商议员会制度，商议员会由取引所的役员与经纪人共同组成，目的是调和公司制取引所经纪人与取引所之间的矛盾，让经纪人参与公司制取引所的管理，以此作为取引所经纪人变身为取引所会员、取引所制度从公司制向会员制过渡的阶梯①。日本商议员会的职权较大，包括变更有关资本、会员、经纪人、商议员或其他交易事项的章程；变更业务规程；会员、经纪人入会与处分的决定；市场临时开闭与停止拍板；上场交易对象品名的决定；经手费、证据金、交易违约、交易所章程或营业细则特别规定事项的变更等。

1929 年中国《交易所法》第二十七条规定，中国的交易所内设评议会，这是仿照日本取引所的商议员会设置的制度，但与商议员会不同，交易所的经纪人或会员不能参加评议会，即不能参加交易所的管理。这反映了中日两国交易所法以及交易所监理机关对交易所发展取向的不同理念。

上海证券物品交易所在筹备时虽然借鉴日本取引所制度与经营办法颇多，但是该所筹备委员会也表示，"吾国自有吾国固有之商习惯，亦非仅抄袭日本之章程而可者"②。

---

① 孔涤庵：《交易所法》，上海商务印书馆，1933，第 34 页。
② 佚名：《上海交易所股份有限公司创立筹备员意见书》，《申报》1918 年 9 月 29 日第 16387 号第 11 版。

三 华商交易所的组织制度以日本取引所为范本选择了公司组织

中国境内的交易所是先有外商，然后才有华商的。1905 年英商改组上海股份公所（1891 年）并依据香港股份公司条例成立的上海众业公所，是中国境内设立的首家证券交易所，采用会员组织。而 1906 年日本人设立的官营牛庄重要物产取引所则是第二家外商交易所，采用公司组织。

华商交易所草创于外商交易所之后，其交易规则多借用外商交易所的现有规则。外商在华从事物券钱钞买卖，是以其本国法律为依据并参酌商事惯例进行的。上海众业公所就标榜其营业宗旨"当为上海之证券市场树一公允无偏之规则"[①]。中国商人虽然对于日人在东北、上海、天津、青岛、济南、汉口等地设立取引所持反对态度，但是也并未拒绝对日本取引所制度方法的借鉴。"查交易所之发起适在前清光绪三十三年。当时创办人为袁子壮、周金箴、周舜卿、郁屏翰、叶又新诸君，其组织悉仿日本取引所办法"[②]，而日本取引的组织制度以股份组织为主。以日本 1893 年《取引所法》为蓝本的《证券交易所法》（1914 年）规定，交易所必须采用公司组织，因而 1918 年设立的北京证券交易所选择了股份有限公司组织。

上海方面，1916 年有日商某洋行大班，看到沪上棉花与棉纱

---

① 更生：《上海西商证券交易所之略史》，《银行周报》1919 年第 3 卷第 34 期，总第 116 号，第 37~41 页。

② 佚名：《组织上海交易所之署历》，《申报》1918 年 7 月 9 日第 16305 号第 10 版。

两个行业的买卖颇为兴旺，但是这些行业的同业市场只有茶会并无公会，感觉很遗憾，所以特意将日本办有成效的取引所章程及各种办法，抄寄来华，赠送给著名纱商吴某等三人，希望后者作为发起人按日本取引所的章程办法从速筹办花纱交易所。吴某等华商也觉得这是个生财之道，当即集众议定，按照日本取引所的章程与制度办法筹办上海花纱交易所，随后修撰交易所设立报告，具词附章，呈请北京政府农商部先行备案。不料农商部的官僚认为众商申请设立的花纱交易所是从事买空卖空交易的赌博机关，批驳不准设立，以致吴某等华商灰心丧气，转由花纱两业组设棉纱公会和棉花联合会等团体，内设交易市场，作为同业交易的场所了事，华商筹组上海花纱交易所的最初尝试失败。

上述日本洋行大班在吴某等华商将有关日本取引所的章程及办法寄回后，遂撇开华商，自行发起，邀集各外商会议，决定在上海招股创办取引所并务求成功。随后北京政府农商部知悉此事，认为取引所有操纵各项商业的能力，对华商权益会有极大的侵害，电令沪海王道尹马上与上海总商会各董事会商，急谋抵制之策以免日商垄断上海市场和相关行业。

为此，虞洽卿、朱葆三等商会董事在上海一家外商酒店宴请沪上各业领袖，讨论补救措施。鉴于当时上海商民认购日本取引所的股票非常踊跃，会议认为"以国家权利之关系及商人命脉之关系，创设交易所实刻不待缓"[①]，抵制日本取引所"除自设机关与对峙外，余无他法，遂由虞君发起，筹集巨款创办一交易所"[②]，1920

---

① 佚名：《棉业续开交易所认股大会》，《申报》1918 年 7 月 18 日第 16314 号第 10 版。
② 佚名：《取引所与交易所之争逐》，《申报》1918 年 9 月 17 日第 16375 号第 10 版。

年前后，直系军阀控制的北京政府农商部在日本取引所扩张的刺激下，"亦以交易所不能不自行组织，遂即批准，饬商赶办"①。但此时上海等地华商草创交易所，"根本之组织未定，进行之规模未具，办事之人才未得"，华商交易所的发起人也自认为"驽钝而薄于才力，即略有所见，亦无术以推行之"，因而希望借境欧美日本取引所的制度与运营管理经验。

上海证券物品交易所筹备委员会认为，该交易所是在中国交易制度及交易组织不完备的情况下发起设立的，必须要有完善的组织与规模。考欧美各国的交易所，多采用会员组织，"其组织乃由历史渐进而成，非卒然可得而计划组织者也。日本所行之保证交易制度，乃仿欧美组织而一变其形式内容者。换言之，则易会员为经纪人，而决算所及建筑公司亦合之为一，以一公司组织而总汇之。"由于日本取引所选择的公司组织具有保证本所交易的优点，比较切合中国的国情，所以上海证券物品交易所声称"本公司创立根本，即取范乎此"。"本交易所之组织，既取公司保证交易制度，则宜派员就近考察日本保证交易制度之组织办法等事以为本公司之参考资料。"随后该交易所筹备委员会从发起人中推举素有研究之人，专程赴日本考察东京、大阪株式、米谷、三品等取引所的组织办法②。

"明治初年，日本政府就搁置其会员组织之成法，而更立股

---

① 佚名：《穆藕初对于华商创办交易所在棉业联合会演讲辞》，《申报》1918年7月23日第16319号第11版。

② 佚名：《上海交易所股份有限公司创立筹备员意见书（续）》，《申报》1918年9月30日第16388号第11版。

份组织之新制。盖亦深知绝无担保之会员组织交易所，于信用尚未十分确实，及自治尚未十分发展之商会社会中，决难有圆满之结果也。"[1] 因而日本国内取引所多采行具有交易担保功能的公司组织，日本在华取引所在 1919 年后也全部采用公司组织。日人利用公司制交易所的优点，在中国各地遍地开花，还吸引华商成为取引所的股东、役员、经纪人或参与取引所的交易，借此壮大取引所的声势。

在近代中国存在买办民族资产阶级化的现象。部分有民族正义感、熟谙日本取引所制度方法的华商转勤于华商交易所，上海总商会会长朱葆三曾任上海取引所监查人，1918 年 12 月辞去该职务，1920 年 2 月 1 日上海证券物品交易所设立后出任该交易所的名誉议董[2]；担任上海取引所专务董事的王一亭则发起创办华商上海面粉交易所并担任该所的理事长[3]。这些人对于华商交易所借鉴和引进日本取引所较为成熟的制度与经营方法起到了桥梁作用。

考虑到中国国内交易商信用和资历不足的现实，北京政府借鉴但没有完全抄袭日本 1893 年《取引所法》的规定，而是规定交易所需采用股份有限公司组织。南京国民政府从各地商情有异以及便利交易所未来发展的角度考虑，在随后颁布的《交易所法》（1929 年）和《修正交易所法》（1935 年）中，又认同日本《取引所法》允许交易所视不同情况，自行选择会

---

① 杨荫溥：《中国交易所论》，上海商务印书馆，1932，第 6～7，15～18 页。
② 佚名：《朱葆三辞取引监查》，《申报》1918 年 12 月 4 日第 3 张第 10 版。
③ 佚名：《交易所一览》，进步书局、文明书局，1922，第 116 页。

员组织或公司组织的规定。尽管如此，华商从近代中国的现实出发，在自办交易所时仍一律选择了公司组织，这反映了日本取引所组织制度选择及中国国情对华商交易所组织制度选择的综合影响。

华商交易所既然采用了日本取引所选择的组织制度，以营利为目的，当然也就承担了日本取引所组织制度内在的道德风险，这对华商交易所的投机性和脆弱性有不利的影响。当时人就评述说 1918 年，日人创立上海取引所以后，"沪上商人之有识者惴惴疑惧，深虑我国重要实业一旦被人垄断，则吾人日用所需之物品悉将仰给于外人而未能自拔。与其补救于日后，不如奋斗于当时，故于民国八九年间以筹备交易所。闻者风起云涌，如春草怒生，竟多至一百四十余家。推其极，几至无一业无交易所，其认缴股本动辄以数百万计"，以致"虚业势力伸涨，达于沸度，其危害于社会经济早为识者所虑及，而今倒闭收歇改组之事，日有所闻，弱点皆己败露"；"迄于今，才六七年而硕果仅存者，只有物品、金业、纱布、证券、面粉、杂粮等六家矣！"

为什么中方交易所发展的势头会发生如此迅速的逆转？考其原因就是——"半由国人富于摹仿性，一见有利可图，即如蚁附膻，争前恐后，至前途之利害如何？成败如何？概有所不计。半由于不知本业性质，是否需要交易所以调剂市面，途贸然组织以期获利。"① 由于华商交易所供过于求且趋利投机和非审慎经营，所以开办未久即相继夭折。

---

① 侠士：《滨江交易所改组之现状》，《申报》1922 年 1 月 4 日第 17556 号第 10 版。

四 华商交易所借鉴日本取引所的经营方式开展综合经营

中国商界部分人士认为物券综合经营是日本国内取引所经营的惯例之一，而且日本在华设立的诸多取引所也兼营物券买卖，具有范围经济的竞争优势。有鉴于此，中国自设的交易所要有效抵制日本在华取引所的扩张，也有必要综合经营。上海证券物品交易所就以上海取引所实行综合经营，便于垄断上海物券钱钞市场为由，坚持要求北京政府农商部准许其综合经营以利于和上海取引所竞争。1920年北京政府农商部批准上海证券物品交易所设立，该交易所在实际筹办中聘请了日本顾问，效法日本取引所，兼营证券与物品以取得范围经济的收益及竞争效果。随后各地华商又援引上海证券物品交易所的综合经营为例，违法自设综合经营的物券交易所，截至1922年，各地设立的物券综合经营的交易所竟达86家之多①。

华商交易所仿效取引所，普遍综合经营，这是一个存在争议的问题。因为日本取引所法以及中国交易所法都不允许交易所综合经营以避免交叉竞争和妨碍市价的平准，但是前者不完全适用于中国的情况，而后者又无法约束在华日本取引所。

日本取引所在华实行综合经营，目的是取得范围经济的竞争优势与利益，更好地控制中国各业市场。华商交易所如果依法专营，确实难以抵制日本取引所的扩张，但是如果也综合经营，则

---

① 孙建华：《近代华商证券交易所的脆弱性及其原因探析》，《经济管理学刊》2014年第3卷第1期，第3页。

又违法且不利于交易所履行其平准市价的职能，这反映了旧中国经济主权缺失和交易所监理难以到位的窘境。

另外，旧中国的华商交易所与日本取引所一样都采用公司组织，以营利为目的，也存在为追逐利益而放纵物券投机的道德风险。在 20 世纪 20 年代初经济萧条、交易所供过于求、缺乏可上市交易的物券现货情况下，华商交易所为增加交易筹码和营业收入，遂步日本取引所的后踵，在成立之初即推出了物券现货与期货两种交易。

可以肯定地说，华商交易所较早推出的物券期货并不是物券现货市场充分发展及物券交易者规避现货投资风险的产物，而恰恰是在物券现货市场发育迟缓情况下，华商交易所为活跃市场、满足少数人投机敛财目的而推出的交易品种。很多利益集团当时在交易所并不从事物券现货与期货的套期保值交易，而是单纯买卖物券期货，甚至是买卖本交易所的股票期货来操控市场，例如，1921 年 2 月设立的天津证券花纱粮食皮毛交易所就在本所买卖其自家的股票期货，谋取投机利润，酿出交易所风潮，损人害己，寿命仅 8 个月。

五 华商交易所仿效日本取引所将本所股票在本所市场买卖

日本国内东京和大阪株式取引所以及在华日本取引所多将本所股票在本所市场上市买卖。上海证券物品交易所等华商交易所也仿效日本取引所的做法，在本所买卖自己的股票。

上海证券物品交易所办事员李孤帆致函《大陆报》，批驳江苏省议员黄申锡指斥该所将自己的股票在本所买卖为违法行为时就以日本取引所也有类似行为为本所申辩。"交易所股票在本所自行买卖，为股份组织之交易所之通例，东京株式取引所与上海取引所皆然。即华商证券交易所之股票亦在市场买卖以价路公布于众。甚至面粉交易所本不以证券买卖为营业亦以其股票在该所许人买卖，故本所股票在（本所）市场买卖决不违法也。"[①] 李孤帆在与黄申锡的论战中实际上披露了华商交易所步日本取引所后尘，买卖本所股票的普遍现象。

《证券交易所法》第十四条规定，经纪人关于在其证券交易所有公定市价的证券，不得自为买卖；第十八条规定，证券交易所职员及其他雇员均不得在证券交易所从事证券买卖。上海证券物品交易所理事串通本所经纪人买卖本所股票，操纵本所股价，将该所每股实收价为大洋 12.5 元的股票市价，在 1 日之内哄抬到每股 70 元，而在跌落时每股的价格竟不满 50 元。另外，该交易所原定总股份为 10 万股，其中 6 万股掌握在外人之手，须 10 年期满方能流通于社会，也就是说当时该交易所可流通股票仅有 4 万股，但是其股东在 1 月之内买卖的本所股票成交量竟然达到 49 万股之多，而且没办理注册和过户手续。

1920~1922 年各地的华商交易所一哄而起，供过于求。许多华商交易所因可上市交易的物券现货不足，遂违规将本所股票在本所上市交易以增加交易筹码，通过操纵本所股价上涨来吸引投机者，借此扩大营业规模。实际上 1921~1922 年上海设立的 140

---

① 佚名：《交易所李孤帆致大陆报函》，《申报》1920 年 11 月 11 日第 17145 号第 10 版。

多家交易所几乎都违规炒作本所的股票，这表明华商交易所与日本取引所一样存在较为严重的操纵本所股价以牟利的问题，属于违法经营，害人也害己。

民国时人对此评论说，1918年上海取引所设立后，华商设立交易所，"皆法日本，行股份制……吾国自采股份制，种种流弊，亦遂于此发生，如买卖本所股票，此种制度，是否相宜，本为彼邦人士訾议，乃我国不论长短，群起效尤。于是创办者，只求股票买卖上收得操纵之利益……，曾几何时，情态毕露，倏起倏落"。大批交易所倒闭搁浅，"以致洋厘银拆，涨落无常，金融紊乱，商民交困，与社会以创痛之创伤，贻人民以极恶之印象"①。总之，在买卖本所股票、操纵本所股价的问题上，日本取引所既非良师，华商交易所亦非贤徒。

六 华商交易所按照日本取引所的组织架构设立自己的内部组织

交易所有序经营并有效履行其职能有赖于其建构的组织系统的严密与健全。日本取引所的内部组织结构由取引所法和取引所章程规定。日本农商务省和外务省虽然声称日本国内施行的取引所法不适用于"双线监理"体制下的日本在华取引所，但是大体上还是以其国内施行的取引所法及附属命令等为在华取引所监督、管理的方针。

鉴于此，日本在华取引所的内部架构与其国内取引所的内部

---

① 贡乙青：《交易所对于生产及民生之关系》，《南洋季刊》（经济号）1926年第3期，第305~306页。

组织结构大体一致，也是以股东会或会员大会为最高权力机关，下设理事会作为决策机关，理事会由理事长、常务理事、理事构成；另外，与理事会并列，设立监查人和商议员会。在理事会下设立顾问、参事员、文书处或秘书处、场务课、计算课、会计课、总务课；场务课总理取引所一切买卖及交割事务，计算课总理取引所一切市价差额、证据金、经手费的核算事务，会计课总理取引所现金票据的出纳、账簿分录、过账、结算、保管等事务，总务课总理取引所文书、报告及内部一切杂务。在场务课下设立商品、证券、钱钞等交易市场。

在华外籍交易所以日本取引所数量最多，分布最广，扩张最快，对中国主权、法律及华商权益的损害最大，酿出的交易所风潮、丑闻及引起的纠纷也最多。与此同时，在日本取引所参股、履职、充任经纪人和参与交易的华商也不少见。

上海取引所有 60 个华人股东，持有该所 4000 股，该所 30 多个经纪人中也有华商。哈尔滨取引所则有张玉堂等大批华人股东，华商方翰不仅是该所股东，还是该所理事；孙纯如等华商则充任该所股票商品部的经纪人[1]。安东取引所也有刘其英等华人股东，华商徐铁珊不仅参股而且出任该所理事，华人孙德堃充任该所监查人。1931 年青岛取引所有股东 383 人，持股 36000 千股，其中华人股东有 169 人，持有该所 17430 股，略少于 214 名日本股东持有的 18570 股，华人徐青甫任

---

[1] 佚名：《哈尔滨取引所株主名簿》，《各国取引所关系杂件·哈尔滨取引所·营业报告》，外务省外交档案，大正 11 年（1922 年）3 月 31 日；亚洲历史资料中心，B11090131900；日本外务省外交史料馆，3-3-7-39-12-1。

该所副理事长①，这部分华商对日本取引所的制度、组织、经营方式与办法及其他内幕均有相当多的认识。

华商要自设交易所来抵制日本取引所的扩张，最有效的办法就是知己知彼，师夷长技以制夷。例如，1931年青岛取引所发生华商罢市风潮以及"九一八"事变爆发后，青岛取引所的部分华人股东、职员、经纪人出于义愤而退出取引所，另组青岛物品证券交易所，时任青岛取引所常务理事叶春墀就率先从取引所退股，转而支持由中国人创办的青岛物品证券交易所。

由于青岛华商交易所的部分股东、管理人员及经纪人的履历与青岛取引所有关，熟谙青岛取引所的组织、制度、运营方法，所以华商青岛物品证券交易所的组织形式、规章制度、经营方式、交易方法等，也大多取法于青岛取引所，青岛物品证券交易所的内部组织架构悉仿效青岛取引所。华商交易所的最高权力机关也是股东大会，在股东大会下设立理事会作为决策机关。理事会有理事25人，由股东大会选举产生，再由理事中选出理事长1人，常务理事4人；另外从理事中选出监事3人，同时设立评议会，与理事会并列。在理事会下设立土产部、纱布部、证券部、会计科。会计科办理会计（计算、结算、财务）、庶务（场务）、文牍（总务）事宜。凡属交易所的重大事项，必须经过理事会决议后，再交理事长执行。理事长主持交易所的一切事务，四个常务理事协助理事长工作，分管土产部、纱布部、证券部、会计

---

① 佚名:《青岛取引所株主名簿》,《本邦取引所关系杂件·在外ノ部青岛取引所·第二卷》,昭和6年（1931年）6月24日；亚洲历史资料中心，B08061490700；日本外务省外交史料馆，E-2-4-0-1-1-6-002。

科。三位监事则负责检查账目及业务活动是否违反规章制度。青岛物品证券交易所仿照青岛取引所成熟的组织架构来建立自己较为健全的内部组织，对于维持该所业务的有序运营发挥了组织保障的作用。

七　仿照日本取引所税法建立本国交易所税制

交易所是市场的核心，其健康发展对于辅助工商业成长及维持财政具有积极的意义。交易所税种、税率及其调整对交易所的发展又有较大的影响。民国时人认为："我国目前情形，其经济发达之程度，既不及日本远甚；交易所基础之恐固，亦不如日本；而一切经济之情况，尤不若日本。故今日我国若果而必须征收交易税，则日本现行之征税法，比多可以采取之处。"既然要借鉴日本的取引所税制，首先就要了解日本取引所税法，"考我国交易所之组织与夫立法，大都采自日本，兹姑引日本交易税率以供参考"①。

日本取引所税法（1922年4月改正）第五条规定，凡是交易所内的买卖交易，可以依照往来差金援受而后清算的，对其买卖的约定金额，依所列出的税率，课以交易税，交易所的交易税按三种交易征收。第一种是地方债券或公司债券买卖的交易税，其税率分甲乙两种情况。甲、合约履行期在七日以内的债券买卖的交易税率为万分之零点六；乙、其他履约期的债券买卖的交易税率为万分之一。第二种是股票等其他有价证券买卖的交易税，其

---

① 佚名：《五交易所经纪人公会呈政府文请暂缓征收交易所税》，《申报》1934年12月12日第22145号第10版。

税率也分甲乙两种情况。甲、合约履行期在七日以内的其他有价证券买卖的交易税率为万分之一点五；乙、其他履约期的有价证券买卖的交易税率为万分之二点五。第三种是商品买卖之交易税，其税率为万分之二点五；买卖合约解除时，其税金也不能免除。第七条规定，国债证券买卖的交易税率为零，即不课征交易税。

中国商界人士在研究日本取引所税法的相关条款后，将该法的意图归纳为以下几个方面。

第一是交易所的现物交易不课征交易税，交易税仅向期货买卖（约期买卖或定期买卖）征收。因为交易所内的现货买卖与交易所外的现货买卖，并无二致，场（所）外现货交易既然不课税，场内现货交易也不应该有异；而场内的期货买卖之所以要课征交易税者，那是为了适当控制投机色彩较重的期货交易，使得交易所市场趋向坚实。

第二是有价证券的定期买卖，虽然征税，但是短期交易征收的交易税较轻，而长期交易征收的交易税较重，目的是鼓励证券交易从投机和风险较高的长期交易转向投机和风险较低的短期交易。

第三是交易所商品买卖的交易税率一律与证券长期买卖的交易税率相同，这是因为交易所商品期货买卖中的短期交易，在交易所中并没有重大的意义，所以没有必要减轻其税率以奖励这种交易的发展。

第四就是交易所的国债交易不课税，目的是鼓励国债买卖，让更多的国民投资和持有国债，使得国债流通市场保持灵活性，进而支持国债的发行；另外，国债的本质也决定了政府没有必要向国债买卖征收带有抑制投机的高税率。

第五是地方债及公司债买卖适用的交易税，其税率比股票等其他证券买卖的交易税率要低，目的也是要鼓励地方债及公司债买卖，鼓励民众投资和持有这两类证券，活跃与扩大地方债与公司债市场。

第六是交易所的交易税是针对买卖成交后的约定金额课征的，所以对于利用反向交易例如回购交易在进行清算对冲时前后两个交易合约的约定金额都征税，实行交割时，按照对冲交易额的半数征税；而掉期交易，因为不属于新的交易，所以不另行课税。

国人在借鉴日本取引所税法时也强调要结合本国的国情来建立中国特色的交易所税制，认为："所须注意者，以目前我国工商业之萧条，自应暂缓征收或力求税率之减低。换言之，在我国今日经济不振之时，必须以后述四点为征收交易税之原则。一、国债及地方公债之买卖应免税。二、证券（包括股票、公司债及其他）之定期买卖，短期税轻，长期税重；前者之税率不得超过万分之零点二五，而后者之税率不得超过万分之零点五。三、商品买卖不分近远期，税率不得超过万分之零点五。四、商品买卖应从买卖约定额抽税，不应从量征税。"20 世纪 20 年代初，商界人士认为交易所税率是调控经济的重要杠杆，从振兴中国经济的角度考虑，应该实行低税率政策，因为，"在我国经济危机四发之今日，全国朝野，实有培养其元气，而使其于短期中趋于恢复之必要。交易税征收过重，恐将酿成意外之经济恐慌。"①

民国成立后，中央与地方政府财政都很困难。北京政府财政部为了开辟税源、缓解财政困难遂"仿照日本取引所税办法办理"，进行税制改革，将传统的牙行改组为交易所，由征收牙税、牙捐转为开征取引所税。

牙行是宋朝以后中国长期存在的官府特许商人经营的商行，经营牙行的特许商人叫牙商或官牙，其持有的官府特许经营证书叫牙帖，取得牙帖的牙商可以垄断性经营买卖中介、买卖代理、代商人支付和储存货款、代发货物、设立仓库存储商人的货物、代官府管理市场与商业、代官府向商人收税等业务。牙商可以获得高额的垄断利润，但要向官府缴纳牙税与牙捐。

按照分税议案，牙税与牙捐划入国税范围之内，但是按照前清的旧例，官府依照发放的牙帖所征收的捐税为数甚微，不敷财政急需。因而北京政府财政部接受顺天、保定府两处商人开办牙行的呈请，先行批准试办货牙即货物买卖商行，但是"加以条件并取销从前之牙纪，化散为整，用公司组织即日本所谓株式取引所"。政府向交易所性质的新货牙收取营业保证金，允许新货牙用公债票券充抵该营业保证金。国家特许该货牙"为货物卖买之媒介，抽取用费（即佣金），国家即对于用费取几成为牙税。有私相卖买者课以罚金。货牙之区域、货物之种类，须为规定"。

财政部本来打算向国会提交该税制改革的议案，等后者通过后再实施；但是唯恐延搁时日，难以济急，因而仍然使用牙税的

---

① 佚名：《五交易所经纪人公会呈政府文请暂缓征收交易所税》，《申报》1934 年 12月 12 日第 22145 号第 10 版。

名称，略做整顿后作为交易所税开征，并将办理的办法，抄寄各省财税部门，要求后者"察度地方情形，参酌仿照试办，以裕税源"①。

按照财政部的指令，江苏国税厅训令镇江市丹徒县知事杨文开，依照财政部公函，会同商会查明境内牙行营业种类，以什么货物为交易的大宗商品，每年各行业行用大约有多少数额，牙行改组为公司组织交易所有无垄断把持市场等情弊，开查牙税与牙捐，而后推进交易所税制的改革与实施，努力增加财政收入。可见，日本取引所税法也是中国交易所税制建设的学步之师。

第二节　同业往来、人事参与、业务合作及合并关系

日本在华取引所与中方交易所或取引所涉及各业华商之间存在同业联谊与事务磋商、人事参与、业务合作、资金借贷、合资经营、合并重组等商业关系。

一　同业联谊、磋商与公共关系

同业联谊、磋商与社会公关可以增进彼此了解与互信，降低敌意，缓和竞争与矛盾，营造商业合作的契机，因而日本在华取引所也注意开展与中方交易所及业务关联行业华商的联谊、磋商与公关活动。

---

① 佚名：《镇江仿办取引所税》，《申报》1913 年 11 月 13 日第 14645 号第 6 版。

1916 年和 1917 年日商两次发起设立上海取引所失败后，奥繁三郎、岛德藏、志方势七、藤野龟之助、宫崎敬介等日本政商界人士又在 1918 年发起成立上海取引所，这引起了上海华商的忧虑与抵制。为降低华商的敌意，便于日本取引所在上海设立和展业，日商遂通过邀宴上海华商来联络感情。

1918 年 2 月 5 日午后 6 时，日商藤野龟之助、宫崎敬介、奥繁三郎、志方势七等人做东，遍邀上海各业知名华商赴虹口日本人俱乐部聚餐。日商对外宣称举办此次宴会的目的是"为促进中日两国经济关系之发达，并弥补互相交易上之缺憾起见，特在上海设立有限公司上海交易所，以为有价证券、棉纱、绵花以及各种商品之交易机关"，恳请相关行业的华商"务希格外照拂，俾两国商民共沾利益，发达事业"，所有上海取引所的营业方针等详情将另外呈告各业华商。此次"在日本人俱乐部敬具粗餐，以图畅叙"①。1918 年 7 月 4 日午后 6 时，上海取引所又在日本人俱乐部宴请中国新闻界记者，席间由奥繁三郎发表演说，再次提及为了"促进中日两国经济关系之发达，特在上海设立取引所，以为有价证券、棉纱、棉花以及各种商品之交易机关，务望赞助"。为了活跃气氛，日本取引所举办的公关宴会上还有音乐、奇术、舞蹈等表演，达到了"宾主尽欢而散"的效果②。

东京交易所委员长南波礼吉、委员德用昂平、山本久显与早川千吉郎等日本巨商筹办在华营业的五国银公司国际交易所，得到日本国内取引所的援助，专程赴中国进行实地的市场调查。

---

① 佚名：《日商联络华商》，《申报》1921 年 10 月 4 日第 17464 号第 11 版。
② 佚名：《日本上海取引所之招待会》，《申报》1918 年 7 月 27 号第 16158 号第 11 版。

1921 年 5 月 9 日南波礼吉等中国市场调查团成员一行三人到达天津后，与天津交易所的数名职员接洽、商讨交易所创办事宜后，又在 5 月 14 日共赴北京，继续到各工场及各商界做实地调查[①]。

1921 年 10 月 3 日下午 2 时，由直系军阀首领曹锟的弟弟曹钧任理事长的华商天津物券交易所举行开幕典礼，天津政商学绅各界人士及外宾约二三千人到所参观。该所全体职员及各经纪人依次入场后，由副理事长边洁卿代理理事长宣读训词，宣称交易所与商业有密切的利益关系，希望该交易所各经纪人本着平准物价的宗旨，开展确实交易，以促进天津市面活跃并充当各交易所的模范。随后参加典礼的日本来宾、天津取引所常务理事板仓兴太郎致贺词，希望双方相互提携、寻机合作、互相辅助[②]。

1922 年 4 月 27 日，全球金币物券交易所与上海证券物品交易所开展业务联营后，受困于交割风潮的上海证券物品交易所"遂得转危为安"。全球金币物券交易所的理事是交易所的前辈，经验丰富，刻正"与物品理事和衷共济，稳健进行，交易已日有起色，棉纱一部尤见发达，故各经纪人异常乐观，金谓将来胜利可操左券"[③]。全球金币物券交易所的理事长日人林茂如为谋求中日感情的团结，遂在法租界高乃依路八号住宅内特开游园及网球大会，并备下午膳，邀请两所经纪人及职员参会，以联络友谊。

---

① 佚名：《日商团联袂抵京（拟在华设立取引所）》，《申报》1921 年 5 月 15 日第 17322 号第 7 版。
② 佚名：《天津物券交易所开业，日本取引所祝贺》，《申报》1921 年 10 月 4 日第 17464 号第 11 版。
③ 佚名：《两交易所合并后之近况》，《申报》1922 年 5 月 9 日第 17674 号第 16 版。

同日，吸收合并了华商上海棉纱交易所的上海取引所理事会也在其日人理事住宅内特设盛筵，招请新近加入该所的上海棉纱交易所的经纪人赴宴，以表示亲善而资联谊。

二 人事参与关系

民国时期，日本在华取引所之间、日本取引所与华商交易所之间还存在互兼职员与经纪人等人事参与关系。由于中国的交易所法规不允许外国人成为中国交易所的职员和经纪人，所以日本取引所与华商交易所之间存在的人事参与关系主要是部分华商同时兼任中日双方交易所的职员或经纪人。上海总商会会长朱葆三曾任上海取引所监查人，1918 年 12 月辞去该职务，1920 年 2 月 1 日上海证券物品交易所设立后出任该交易所的名誉议董[①]；上海取引所专务董事王一亭则发起创办华商上海面粉交易所并担任该所的理事长[②]。上海取引所中方经纪人吴麟书则担任后来设立的上海华商纱布交易所的理事，而另一名中方经纪人邵声涛则担任上海证券物品交易所的名誉议董，还是上海华商纱布交易所的第32 号经纪人[③]。

三 业务合作关系

日商主持的交易所与华商主持的交易所之间存在业务合作关系。1922 年"信交风潮"期间，日本人林茂如任理事长的全球金

---

① 佚名：《朱葆三辞取引所监查》，《申报》1918 年 12 月 4 日第 3 张第 10 版。
② 佚名：《交易所一览》，进步书局、文明书局，1922，第 116 页。
③ 佚名：《上海取引所今日开幕》，《申报》1918 年 11 月 30 号第 16449 号第 10 版。

币物券交易所因为营业场地尚未落实，为了能够尽快营业，遂与虞洽卿任理事长的上海证券物品交易所沟通、协商，双方开展业务合作，全球金币物券交易所将其业务并入上海证券物品交易所，利用后者的营业场所共同营业。双方理事用合议制执行业务，共同营业，双方损益的分配，各照其已缴资本的比例分受。这次中日双方交易所的合作属于业务联营，还不是涉及产权交易的交易所合并活动，两家交易所仍各自保留独立的法人地位而各自单独存在。

四　资金借贷关系

民国前期，日本人认为汉口位于华中腹地，商人程度尚属幼稚。"取引所一物足引起商民之兴味，曾于民国八九年之交证立出张所于英租界"，设在英租界的这家日本取引所的分所专营日本大阪三品（棉花、棉纱、疋头）的贸易，其抛盘、定价都是仅凭上海来电报告市价的涨跌，一时间汉口洋纱业者对此项投机买卖趋之若鹜，不过数月，该日本取引所的分所就营利达到 60 多万元。1916 年，为满足股票、彩票、地方公债、棉花等商品交易的需要，汉口证券业同业公会在其内部设立物券交易所，但营业不佳，很快关闭。受上海信交热潮的影响，1921 年华商在汉口河街开办五交易所后，上述日本取引所的投资人又出资 85 万元，在汉口"组织某某银行以为投资于五交易所之机关"。不料，历时未久，此巨额资本就因为五交易所经营不善而尽行亏蚀。随后日本取引所的投资人又出资 20 余万元，帮助某华人政客设立华商汉口物券交易所，但该交易所同样营业不佳，

"未几，又倒闭"①。这表明日人不仅在汉口直接投资设立取引所，还通过对汉口的华商交易所或其重要股东借款的方式介入中方交易所的经营活动之中。

五 产权收购与合并关系

日本取引所与华商交易所之间存在商业合并关系。华商上海棉纱交易所1921年开幕以后，业务进展本来极为顺利，但是后来遭遇信交风潮的冲击，以致该所的营业及股价同受影响。在法租界工部局迫于舆论压力，颁布取缔交易所条例以限制投机后，上海市面益加恐慌，上海棉纱交易所的业务急剧萎缩。为渡过难关，该所管理层在与上海取引所接洽、协商后，于1922年3月29日临时召集全体股东，开紧急大会，提议将该所归并上海取引所。

会上该所理事长项惠卿报告了开会的宗旨，声明该所股份数额为20000股，开业以来，经费节省，营业上还算不坏。但是市场情势急剧恶化，为减少损失，顾全各股东血本起见，不得已面议并入上海取引所营业的事宜。合并办法是上海取引所以换股收购的方式吸收合并上海棉纱交易所，换股比例是上海棉纱交易所"以本所股两万股换取引所新股现股两万股又收条一万股（收条十月份起更换正式上取新股票）"，也就是说上海取引所以其新股每1.5股换上海棉纱交易所1股的收购价兼并上海棉纱交易所。此次股东大会到会股东二百余人，共计持有16080投票权，表决

---

① 佚名：《日人设立汉口取引所之反对》，《申报》1922年5月25日第17690号第7版。

的结果是以 15995 权赞成对 85 权反对，通过合并提议。会议决定从 1922 年 4 月起实行与上海取引所的合并工作，所有棉纱交易所所员及一切办事人员，除应予淘汰者外，其余都转入上海取引所继续工作，如不愿去上海取引所工作的，由上海棉纱交易所酌给三个月的薪水退职，自谋出路①。会后上海棉纱交易所与上海取引所着手实施两家交易所的合并工作，顺利完成了此次商业合并。

上海棉纱交易所归并上海取引所、成为后者的分市场后，华商入所买卖者甚多。上海取引所总理事长岛德藏在 1922 年 5 月 12 日与日本贵族院议员一同抵沪，前往欢迎者颇多。由于商界许多人都认为岛德藏是日本大资本家，执企业家之牛耳，此次抵达上海，对于上海取引所营业的振兴将会有相应的举措，所以交易商纷纷参与重组后的上海取引所的买卖，使得该所市场更形热闹②。

在汉口，日本取引所与华商交易所之间也存在产权并购关系。汉口取引所从 1922 年 5 月营业开始，在其设立地方就遭到中方的激烈反对，产生种种纠纷，营业不振，开办未久，即行中止，但是日人在汉口设立取引所的意图仍未取消，只是变换计策，通过被其买通的并购对象华商汉口物券交易所的王姓股东开展劝诱活动，许以华人股东有利的条件，而后以 200 万日元的价格收购因亏损而限于停顿状态的华商汉口物券交易所。随后在 1924 年 5 月 17 日办理该取引所的减资登记，将资本金降至日金

① 佚名：《棉纱交易所并归取引所》，《申报》1922 年 3 月 30 日第 16434 号第 15 版。
② 佚名：《日本资本家抵沪》，《申报》1922 年 5 月 14 日第 17679 号第 14 版。

200万日元。改头换面后，汉口取引所从1924年8月开始重新营业。

六 合资合办关系

在华南的广州，日本人也积极参与广东证券商品交易所的筹办。1921年广东国民政府为了解决财政困难，拟效法上海设立交易所的做法，设立广东证券商品交易所，该所采用股份有限公司组织，资本定为1000万元，先收1/4即250万元后开业。表面上该交易所依照中国法律向中国官厅注册为中国公司，由广州、香港、上海的若干巨商主持一切，但实际上该所是中日合办。

在该交易所筹办过程中，以日本宪政会议员山田纯三郎为首，包括菊地良一、马越恭平、山本条太郎、白岩龙平等组成的山田派，与华人陈中孚、正友会议员岛实太郎、上海取引所理事秋野芳藏、宫崎虎藏（滔天）、茅野长知、东京株式取引所经纪人铃木圭三和川又贞次郎等组成的另一派日本势力展开了激烈的竞争。双方都向广东政府提出了设立交易所的申请，并各自活动广东政府高层人士。日本驻广东总领事认为两派争斗会破坏广东官方与日方的关系及利益，遂出面调和。最后双方让步，山田派撤回申请书，而岛实派让出若干优先股给山田派，双方达成妥协。广东证券商品交易所在1921年9月筹备就绪，经广东国民政府批准立案，1921年10月2日在广州举行开幕礼。开业后，广东证券商品交易所的股票在上海证券物品交易所等市场挂牌上市①。

---

① 佚名：《广州证券物品交易所来电》，《申报》1921年10月2日第17462号第11版。

从广东证券物品交易所的筹办过程也可以看出，日商包括日本国内的交易所势力以中日"合资""合办"形式介入了中国的交易所事业，对于中国各地市场的争夺是非常激烈的。

综上所述，可以知悉即使是在中日关系交恶、中国商民经济抗日浪潮此起彼伏的情况下，中日双方交易所在若干方面也还是存在某些较为正常的商业往来关系。

第三节　商业竞争与抵制关系

在中日关系持续紧张、中国商民经济抗日运动此起彼伏的背景下，日本在华取引所与中方交易所之间更多的是商业竞争与矛盾的关系。无论是在关内还是在关外地区，日本取引所从设立到营业都普遍遭受中国商民的强烈反对与抵制。华商对日本取引所的抵制有两种方式：一是经济绝交，不入日本取引所去从事买卖活动；二是自设交易所与之竞争，而后者成为华商抵制日本取引所最有效的办法，也是华商自办交易所的原因之一。上海华商纱布交易所的理事长穆藕初在1927年12月22日上海交易所联合会欢迎各省商会代表的宴会上发表演说，强调设立交易所的目的主要就是"（一）平准物价，（二）辅助实业，（三）反对外人之垄断把持，（四）流通现金"[1]，反对外国交易所的垄断把持就是华商交易所的主要使命。

---

[1]　佚名：《各省商会联合会复电日本神户商业会议所鹿岛会头鉴敝》，《申报》1922年12月22日第17901号第7版。

一 上海取引所与上海证券物品交易所的竞争关系

上海证券物品交易所发起设立的原因较为复杂，但其中一个很重要的原因就是抵制上海取引所垄断上海市场及各相关行业的图谋。1918 年日商在上海创办取引所，华人认购取引所股票很踊跃，该所开业后营业颇为兴旺，对华商形成极大的刺激。华商纷纷呼吁自办交易所以便抵制。北京政府农商部知悉上海取引所设立的事情，"以取引所有操纵各项商业之能力，与华商主权大有关碍，始电令沪海王道尹迅即会商总商会各董，急谋抵制以免垄断"。朱葆三、虞洽卿等华商宴请上海各业领袖，讨论对策，认为"除自设机关与对峙外，余无他法"，会商结果就是由虞洽卿等华商发起，筹集巨款，创办上海证券物品交易所，而且要像上海取引所一样开展综合经营，以取得范围经济的竞争优势，有效地抗衡日本取引所。朱葆三、虞洽卿等商董还疾呼："外人所组之取引所开办在即，所有我华商自创之交易所自应积极进行，以保权利。"①

1918 年 7 月 18 日，在上海中华棉业联合会续开上海证券物品交易所认股大会上，留美农学硕士、上海德大与厚生两纱厂经理穆藕初鉴于上海取引所筹备工作进展顺利，华人认股非常踊跃，也大声疾呼"以国家权利之关系及商人命脉之关系，创设交易所实刻不待缓"，吁请上海棉业七团体"群策群力认定股份，宁多毋少，庶不致利权外溢"，并且当场认购上海证券物品交易

---

① 佚名：《取引所与交易所之争逐》，《申报》1918 年 9 月 17 日第 16375 号第 10 版。

所股份一百股以表示赞成之意。1918年7月23日，穆藕初在上海中华棉业联合会上发表演讲，指出："日人设在上海之三品取引所，内部组织一切职务均由日人主持，无我人插足之余地，将来贸易情形，因细章未见，无从揣测。惟大权操诸外人手中，我国商人但受其垄断，仰其鼻息，如大连埠之豆市而已。"

1918年华商为抵制日本取引所而筹办上海证券物品交易所并积极开展募股集资活动，原计划向上海棉业中的华商招募五千股，但是穆藕初演讲当日仅招得了三千余股。与此不同的是沪上华人却争先恐后地购买日本三品取引所的股票，认股金额很快就超过百万元，以致日本取引所的股票供不应求。"日人方面以为止能以十分之一之股份售与华人，故愿购千股者仅得一二百股，一种缺望情形常接触吾人耳目间"，穆藕初认为沪上华人此种认股情形，实属"可怜亦可叹"。为此他呼吁上海华商"推诚相与，坚结团力，共谋挽救"①，积极认购华商交易所的股份以求自卫。穆藕初自己不仅是上海证券物品交易所的股东和理事，而且还充当上海华商棉业交易所的发起人并担任上海华商纱布交易所的理事长，积极发起和参与筹办华商交易以抵制日本取引所在华的扩张。

经过努力和争取，北京农商部终于在1920年批准上海证券物品交易所设立并开展综合经营。上海证券物品交易所成立后，产生了显著的示范效应，上海及沪外华商交易所的设立是风起云涌，到1922年初约有200家，其中上海就有140多家。虽然华商

---

① 佚名:《穆藕初对于华商创办交易所在棉业联合会演讲辞》,《申报》1918年7月23日第16319号第11版。

交易所的设立存在供过于求、违规经营、投机操作、规模不经济、脆弱性高等问题，但其声势、活动及竞争对于日本取引所尤其是上海等关内日本取引所的营业状况、股票市价、经营策略等都产生了不利的影响，"闻自华商交易所设立以来，该取引所营业上受影响颇巨"[①]。不仅日本在华取引所的营业受到冲击，而且日货在华的销售也受打击。"试以棉纱一业论，日本对华贸易，当以棉纱占十分之七，从前交易所取引，多是日货。五九抵制之后，国人渐知自振，华商交易，改用人钟云鹤标纱。日货遂一落千丈，受了极大打击。"[②]

日商乌大五郎等人曾在 1917～1918 年参与筹办上海取引所，乌大五郎本人还担任上海取引所的监查人，一度获利颇为丰厚，后来上海取引所因为华商的抵制而停办。进入 1936 年以后，在沪日商的营业远不如前。一部分日商鉴于经营取引所可以获利，遂在 1936 年 8～9 月分头与上海的中国商界领袖包括华商交易所的高层人士接洽，商讨在上海复活取引所的办法。在沪日商也积极活动，筹备复活取引所的事宜，企图扰乱我国金融，控制上海市场；但日商的计划招致中方人士的极力反对，不予合作，致使该计划最终流产。由此可见，各业华商及华商交易所对于日本取引所在华设立与营业等活动保持高度的警惕，视取引所为侵华的经济工具和华商交易所的竞争对手而不予合作。没有华商的配合，日本取引所在华的许多计划与活动都很难进行。这种情况在哈尔滨、沈阳、天津、汉口、青岛等其他地方也都存在。

---

① 佚名：《上海取引所决算消息》，《申报》1921 年 1 月 4 日第 17198 号第 10 版。
② 佚名：《嘲笑和讽刺的论调》，《申报》1928 年 5 月 9 日第 19018 号第 12 版。

二　青岛取引所与青岛物品证券交易所的竞争关系

1920 年第一次侵占青岛后的日本军队批准日商设立官办的青岛取引所，另外成立中日合资的商办青岛株式信托会社，作为青岛取引所的运营机关，经营土产、纱布、面粉等期货交易及日本金票、股票的买空卖空交易。青岛取引所成为日本帝国主义垄断青岛市场，掠夺山东省资源的一个垄断性机构。

青岛取引所在筹办时就遭到代表青岛华商权益的青岛总商会的强烈反对。1922 年华盛顿会议后，日本被迫将青岛归还中国，但日本殖民当局在 1922 年 3 月将青岛取引所民营化并改名为株式会社青岛取引所，使得青岛取引所不受中国政府管理，而继续由日本人操纵，不断侵害华商权益。日商不仅主导了 1922 年的青岛企业信托会社与接管青岛取引所的青岛株式信托会社的合并，夺取民营的青岛取引所的控制权，而且还制造了 1922 年的青岛取引所经纪人罢市风潮和股票风潮。1931 年 5~6 月，青岛取引所又发生日商在交易中侵害华商权益而导致双方争执、斗殴直至华商罢市抗议的风潮。"全体土产华商，激于公愤，自（风潮发生）次日起，遂脱离取引所，改在齐燕会馆交易，专讲现货，不订期货。"[①] 1931 年 "九一八" 事变爆发后，在全国反帝爱国运动影响下，青岛民族工商业者为维护国权与商权，在青岛总商会领导下，群起抵制青岛取引所。华商决定将钱钞交易到当年 9 月 15 日，物产交易在当年 9 月 20 日交收完清，即一齐退出青岛取引

---

① 佚名:《青岛取引所中日商之纠纷》,《申报》1931 年 6 月 22 日第 20910 号第 8 版。

所，不再到取引所进行交易，并另组青岛物品证券交易所，该交易所在市政府的暗中支持下，仿效青岛取引所的组织制度、内部结构、经营方式、交易种类、交易方式，于 9 月 19 日在青岛齐燕会馆开业，经营土产、棉纱期货交易。青岛物品证券交易所开业后，营业额蒸蒸日上，而日本人把持的青岛取引所的营业额则一落千丈。

三　天津取引所与北京证券交易所的公债业务竞争

1921 年天津日租界内的日本取引所开幕以后，专做日金"老头票"等钱钞买卖，营业异常发达。后来该取引所注意到短命的天津证券花纱粮食皮毛交易所在 1922 年倒闭后，天津不存在买卖有价证券的中方交易所，天津当地人士参与国内有价证券的投机买卖，都是靠长途电话委托北京的银行号来代做的，而京津之间进行电话联络需办理挂号手续，京津之间证券委托买卖还存在银钱行号等经纪人的吃盘（报多报少，从中渔利）问题，给天津的证券投资人带来诸多不便和烦恼，天津取引所认为这其中存在拓展业务的商机。1924 年北京证券交易所因公债投机而发生"二四公债风潮"，并为此陷入诉讼纷争和停业状态。天津取引所遂乘北京证券交易所停业之际，竟欲攫取买卖中国公债的权利，为此特设中国证券部，在该所内部设立买卖中国公债的交易市场，并将开办中国公债买卖业务的申请呈报其监管机关天津日本总领事馆审批。在获得日本驻天津总领事核准后，该取引所聘定邵昌言为经理，周墨林为副经理，并招请京津两地的银钱行号充当证券买卖的经纪人，只要经纪人约定，就当开业①。显然，天津取引所买卖中国公债就是要与北京证券交易所在证券业务上展开竞争。

不过，天津取引所的计划没有成功，其买卖中国公债的业务难以开展，因而很快就中止进行了。原因是北京为政治中心，政府机关林立，金融业尤其完备，公债买卖一向以北方为最大市场，而且政客的投机性买卖又居其中的大部分，因而在北京买卖公债比在天津更为便利。何况"近日债价涨落极微，获利无多。而运送反须亏耗，将来绝难发达，故经纪人咸抱怀疑态度"。挂号者寥寥无几，其中还大都是天津商人，北京方面的商人都持观望态度。另外，天津取引所延聘的中国证券部经理邵昌言起初为拓展此项业务积极活动，拉拢经纪人，准备一切。后来，"邵昌言因北京交易所之非难，北京金融界之不肯帮忙，知非易举，遂改变宗旨，运动天津造币厂厂长与直隶省银行行长之位置。邵本津人，在津埠金融界原有相当地位，上述两位置，将来或有一处可以成功。故邵对于取引所一部份之经理，当然已弃之如敝屦。而津商人之加入该所，原属情面，勉强充数。邵既退缩，众亦瓦解矣。"② 最后北京证券交易所已经在1925年1月4日开市，暂做公债现货买卖，而公债期货买卖延后恢复。因此，北京的证券经纪人已经有事可做，天津方面更无开展中国公债买卖经纪业务的必要。"此亦交易所抵制取引所之法也。因上述种种原因，日商取引所之计画，遂归于失败。"③

---

① 佚名：《日本取引所攫取京津证券交易云月》，《申报》1924年12月22日第18615号第6版。
② 佚名：《取引所做公债难望成功》，《天津益世报》1924年12月25日第11版。
③ 佚名：《日本取引所计划之失败》，《天津益世报》1925年2月3日第11版。

第四节　超经济的敌对关系

日本取引所是在日本不断侵华的背景下、在日本政府及军方的保护下在华开展活动的，其在华活动不接受中国政府与法律的管辖，严重侵犯了中方的国权与商权。日本取引所不是纯粹的商业组织，其在华的活动超越了一般的商业范畴，诸如商业贿赂、抹黑华商交易所、参与贩毒、资助侵华日军及特务等活动，可谓劣迹斑斑。中国人大多视取引所为日本侵华的经济工具，是来者不善，因而对取引所采取不合作或自设交易所加以抵制的态度。

日本取引所总是处在中国商民经济抗日运动的风口浪尖之上，例如，1931 年 5~7 月日本军警和特务制造了"万宝山流血事件"和朝鲜人排华暴动后，青岛各界就组织反日援侨运动，通电全国，呼吁一致对日经济绝交，抵制日货，华商退出取引所，另组交易所。日商也深刻感受到中国人抵制日货、对日经济绝交等行动带来的寒意和痛楚。因此，日本取引所才注意开展针对中国商民的公关活动，利诱华商成为取引所的股东、职员、经纪人，吸引中国人参加日本取引所的交易，以示中日合作、互利亲善，借此降低中国人的敌意以利其在华开展活动。例如，1919 年日商三井、大仓等洋行为与英美商人竞争，维持商业优势与利益，拟在沈阳设立货物取引所。日商草拟该取引所章程后提交奉天日本商业会议所讨论，后者召集董事会议，一致同意设立该取引所；但日本人董事中有任职某家银行的主任认为，"此项事业应由中日两国商人合办，方无扦格之虞。"有的日商发起人认为

华商没有远大见识而且处处听命于官署，如果有人指斥取引所的
买卖为类同买空卖空的的行为，华商绝不可能与日商合办该取引
所。大部分日本人董事都认可其说法，但是上述日本银行主任则
坚称："此为极有利益之营业，如华商见不及此，不愿入股，我
等固可自行举办。惟当此筹设之始，不妨向华商提议以符两国亲
善之主旨。此系互相提携事业，倘彼否认，则我自行开办，将来
华商亦不能有所籍口。"① 奉天日本商业会议所采纳其建议，呈请
奉天日本领事致函奉省中国公署交涉，要求后者转达奉天华商商务
总会，摒弃成见，派人定期与日商讨论货物取引所的合办办法。

华商交易所不仅通过业务竞争直接抵制日本取引所在华的活
动，而且还大力援助中国人民的反帝抗日斗争，间接抵制日本取
引所的扩张。例如，1925年"五卅运动"爆发后，中国人民罢
工、罢市、罢课，掀起抵制日货、英货等运动，拒绝与日商往
来。哈尔滨"粮食货币两交易所奋捐援沪"，其中哈尔滨粮食证
券交易所的交易人为支持"五卅运动"向上海捐款1380元；而
哈尔滨货币交易所的交易人则援助上海780元②。上海华商证券
交易所在第四批捐款中有31户捐款银100两及大洋2735元，在
第七批捐款中该交易所又捐款大洋1000元。其他华商交易所也有
类似义举。正因为这样，日商尤其是日本取引所也将华商交易所
视为经济抗日组织，中日双方交易所的矛盾在抗战爆发后，从商
业上的竞争对手关系恶化为超经济的敌对关系，这在青岛取引所

---

① 佚名：《奉天日商拟设取引所》，《天津益世报》1919年4月28日第2张第7版。
② 佚名：《上海总商会经收五卅事件报告第七批捐款诸公台衔》，《申报》1925年8月6
日第18834号第9版。

与青岛物品证券交易所的关系上体现得淋漓尽致。

1931年"九一八事变"前后，东北局势日趋紧张。受此影响，日本人在东北的取引所均告停业，而青岛取引所却因此活跃起来。到1932年，该所交易额竟达到7.239亿元，大有垄断青岛商品及货币市场之势。1931年青岛取引所发生华商罢市风潮，紧接着"九一八"事变爆发，青岛取引所的部分华人股东、职员、经纪人出于义愤，退出取引所。在青岛市总商会领导下，华商不再到青岛取引所进行交易以抵制日商的盘剥。

为抗议日本侵占中国东北以及抵制取引所独占青岛市场的企图，1931年青岛市长沈鸿烈在英国驻青岛领事的鼓励下，暗中支持怡和洋行买办宋雨亭和广东商人黄汉樨、陈朋初等21家工商业大户发起成立青岛物品证券交易所，并在馆陶路13号齐燕会馆设临时市场，先行营业。由于中方经纪人及其他华商纷纷退出青岛取引所并转入青岛物券交易所，以致物券交易所生意兴隆，而青岛取引所的营业则转趋萧条。1935年币制改革后，青岛取引所的交易更显清淡，青岛物券交易所的营业则达到鼎盛时期。

青岛日商对青岛物券交易所的经营业绩是眼红心恨。早在华商交易所筹办之时，日本人就对中方交易所的发起人屡加胁迫，试图阻挠该交易所成立。在胁迫失败后，日本商人又在日本驻青岛领事馆的唆使下，制造借口，寻衅闹事。他们雇用日本浪人为打手，袭击赴青岛物券交易所交易的商号代表；煽动日本居留民团集合，游行示威，扬言要放火烧掉华商交易所大楼；日本海军也以登陆占领青岛相威胁。局面最紧张的时候，青岛物券交易所里只有几个职员上班，理事们都吓得不敢露面。当时的青岛市政当局出面与日本驻青岛领事进行谈判，谋求和平解决的办法。谈判的结果，青岛市政当局屈服于日本帝国主义的压力，承认以下条件：第一是允许日商化名进入华商交易所做经纪人，因为国民政府 1929 年颁布的《交易所法》第十条规定以及该交易所向中国政府注册的章程不允许外国人充任中国交易所的经纪人或会员，故有此变通办法。第二是青岛物券交易所要将每年所得到的纯利分给日本取引所 40%。第三是将青岛物券交易所的部分商品买卖业务转让给青岛取引所。青岛物券交易所为求能够继续经营下去，被迫接受这些无理且屈辱的条件。这是近代中国国力孱弱、主权和尊严丧失以致日商欺凌华商、肆意践踏中国法律和权利的悲惨写照。

1937 年"八一三事变"爆发后，青岛物品证券交易所遵照国民政府的停业令而歇业。12 月 31 日，青岛国民党军政当局撤离青岛。1938 年 1 月 10 日，日军重新占领青岛，随即借口青岛物券交易所是反日机关而对其实施没收政策。日军先是将该所交易大楼占据，毁坏或搬走所有的设备、器具、文件，扣押并没收该所 36 万余元的库存现款及银行存款，致使青岛物券交易所名存实亡。紧随日军返回青岛的日本商人很快就恢复了青岛取引所的营业。随后，青岛取引所通过日本占领军胁迫滞留在青岛的华商物券交易所理事刘宾廷等人，开了一场两所理事联席会议。日方代表在会上迫令刘宾廷等人同意将青岛物券交易所并入以安藤荣次郎为首的青岛取引所。至此，青岛取引所靠刺刀吞并了青岛物券交易所，再次完全控制了青岛的物券市场。不过，以非经济手段兼并华商交易所的青岛取引所再也没有出现 1932 年以前营业兴旺的景象。因为日本取引所在华没有中国人的民意作为营业的基础，加上日本侵华战争消耗的物资过于巨大，战时经济统制的强化和限制，市面上可流通的物资极度缺乏，所以青岛取引所的营业处于萧条状态，势难维持下去，只好停业。以后几年，只有依靠出租交易大楼的收入，维持开支，1942 年被迫停业。1944 年 6 月 26 日，青岛取引所临时股东会议议决解散该所。1945 年 5 月青岛取引所正式停业，5 月 8 日，青岛取引所理事长安藤荣次郎致函青岛市商会称：青岛取引所解散的清算方法是将公司（青岛取引所）原有的不动产即坐落在馆陶路的取引所大楼，及天津路交易所大楼两处房产，呈请官厅作价，以现物出资之方式，由取引所原有全部股东，另行创立新公司，继续承受。新设立的公司称为青岛兴产株式会社，设立于 1945 年 4 月 20 日，法人代表仍然是安藤荣次郎。这样安藤荣次郎等日商就轻而易举地把青岛交易所的资产及青岛取引所的华人股东权利，作了转移，从而结束了青岛取引所。

小 结

日本在华取引所不是纯粹的商业组织，其在华的活动面较广，影响具有两面性，这决定了日本取引所与中方交易所的关系也是错综复杂的，具有两面性。

首先，日本取引所与华商交易所之间存在刺激示范与拜师学艺的"师生"关系。日俄战争后，日本取引所在华的活动及其扩张对中国人自设交易所产生刺激与示范作用，第一是中国交易所制度建设的思想受到日本取引所制度与实践的启发，清末民初，中国人就不断地考察、了解和介绍日本取引所的起源、类型、组织制度、特点、业务、功用、交易方式、交易规费等事宜，酝酿了仿效日本取引所制度来设立中国交易所的思想与主张。第二是中国交易所立法及监理体制的选择取法日本较多，中国以日本1893年取引所法为蓝本，结合本国的实际来制订和修订本国的交易所法，日本取引所的章程与营业规则、组织形式、内部机构设置、经营方式、交易种类、买卖方法等都成为中国交易所制度建设所借鉴的内容。另外，中国参照日本以农商务省、商工省为交易所主管机关的体制，先后确立了以农商部、工商部、实业部、经济部为交易所监理机关的体制。第三是华商交易所的组织制度以日本取引所主流的组织形式为范本选择了股份有限公司组织，继承了日本取引所保证交易、设立容易、便于合资、合营及并购重组等制度优点，但也传承了日本取引所以营利为目的的道德风险高等缺陷。第四是华商交易所借鉴日本国内及在华交易所综合经营的方式也开展综合经营，既便于取得范围经济的优势与利益，便于与日本取引所竞争，又存在违反交易所法、不利于平准市价、交易所竞争过度和违规经营等问题。第五是华商创办交易所的动机不纯，都有趋利性，在可上市买卖的合格物券不足的情况下，为活跃交易，增加收入，仿效日本取引所从一开始就经营期货尤其是本所股票的期货买卖，将本所股票在本所上市交易，同样存在投机操纵的严重问题，给予国人交易所即为投机大赌场的观感，纯属学艺不良，自我矮化。在操纵本所股票买卖这个问题上，可谓彼非良师，此亦非贤徒。第六是华商交易所按照日本取引所的组织架构设立自己的内部组织，但也有自己的特色，这主要体现在两国交易所法规定的商议员会制度与评议会制度的异同上。第七是中国仿照日本取引所税法建立本国交易所税制，确立了调控交易所市场的税收杠杆、原则与操作思路，但是结合中国的国情倾向于降低交易所税率。在拜师学艺方面中国并非照搬全抄。

其次，日本取引所与中方交易所或其他华商之间存在同业联谊与事务磋商、人事参与、业务合作、资金借贷、合资经营、合并重组等商业关系。在中日关系持续恶化、中国商民抵制日货、对日经济绝交成为经济关系主流的背景下，双方交易所之间相对正常的商业往来关系依然存在，但较微弱且不稳定。由于中国交易所法禁止外国人充任中方交易所的经纪人或会员，所以双方交易所的人事参与主要是华商兼任中日双方交易所的股东、职员或经纪人；而日本取引所的日方经纪人、日人股东等化名进入中方交易所作为经纪人则属于特殊情况。人事参与、正常的业务联营与商业合并对于双方交易所的经营都有裨益。人事参与对于日本取引所来说，可以利用中国人的资金，利用华人股东、职员、经纪人的人脉关系，改善日本取引所在中国商民心目中的恶劣形象及民意基础，有利于其拓展业务。对于中方交易所而言，日本取引所的中方参与人员是日方为中国交易所事业的发展客观上培养出来的人才。尤其是日本取引所中高层的华人职员即买办，思想较为开明，拥有一定的资金实力和社会影响力，了解日本取引所的内幕，熟悉取引所的制度、规则、组织结构、经营方式、买卖种类、交易办法，更是不可多得的交易所人才，中方交易所通过取引所买办可以偷师学艺。部分买办也有民族感情和正义感，在中方国权与商权受到严重侵害时也会激于义愤而退出外国交易所，转而支持或自办华商交易所。买办民族资产阶级化是近代中国的普遍现象，这在交易所领域也同样存在，上海取引所专务董事王一亭、青岛取引所常务理事叶春墀等华商就是鲜明的例证。

再次，日本在华取引所与中方交易所之间更多的是商业竞争与矛盾的关系。无论是在关内还是在关外地区，日本取引所从设立到营业都普遍遭受中国商民的强烈反对与抵制。华商对日本取引所的抵制有两种方式：一是经济绝交，不入日本取引所去从事买卖活动；二是自设交易所与之竞争。华商及华商取引所的经济抗日行动对抵制日本取引所扩张、促使日本取引所尤其是关内日本取引所走向衰落起到了显著的作用；但是即使在对日经济绝交达到高潮的时期，仍有部分中国人在日本取引所参股、任职、充任经纪人，参加日本取引所的交易。这看似是助纣为虐，助力日本取引所在华活动，弱化对日经济绝交运动的效果。实际上华商参股日本在华取引所是普遍现象，而且在上海华商呼吁抵制上海取引所设立并发起筹办华商交易所与日本取引所分庭抗礼时，华人还踊跃认购上海取引所的股票，以致该所股票对于华人投资者而言是一票难求。反之，华商上海证券物品交易所的募股集资活动却遇到困难，以致穆藕初等华商交易所发起人悲叹愤慨，这背后的原因值得深思。资本的本性和人性都是追逐利益，中日两国的资本与商人概莫如此。只要有商业利益，哪怕是在中日政治关系严重对抗的时期，两国商人与交易所之间就仍然有合作的需要与空间，这是商业与政治的不同之处。不过，政治与经济又是相互影响的，交易所是商业组织，是有特定使命的组合起来的人群，而人是有国籍、国格和民族感情的，中日两国间的政治对立必然导致经济上的疏远和对抗。1915 年、1919 年、1921 年、1925 年、1928 年、1929～1932 年中国此起彼伏的经济抗日运动，将交易所置于风口浪尖和政治风暴的旋涡之中，中日双方交易所之间的商业竞争与矛盾难免因掺杂进了政治与民族感情等因素而变得更加复杂难解。例如，1922 年 5 月 22 日汉口各界设立取引所研究会，散发传单，反对日人创办汉口取引所，认为该所执行日本对华的经济侵略政策，警告华商勿与交易。交易所是企业，是市场的核心，企业过多涉入政治活动，政治过度干扰市场，必然导致交易所市场沦为政治或政策性市场，不利于交易所审慎经营和平稳发展，其辅助经济发展的功能也难以正常发挥。近代日本在华取引所与中方交易所的经营总体说来都不成功，二者的脆弱性都很高，并在政治和战争的影响与驱策下走向衰亡。

最后，日本取引所在日本政府及军方的保护下在华开展活动，其在华的活动不接受中国政府与法律的管辖，严重侵犯中方的国权与商权。日本取引所在华的活动超越一般的商业范畴，诸如商业贿赂、抹黑华商交易所、参与贩毒、资助侵华日军及特务等活动，可谓劣迹斑斑。中国人大多视取引所为日本侵华的经济工具，并非善类，因而对取引所采取不合作或自设交易所加以抵制的态度。华商交易所不仅通过业务竞争直接抵制日本取引所在华的活动，而且还大力援助中国人民的反帝抗日斗争，间接抵制日本取引所的扩张。因此，日商尤其是日本取引所也将华商交易所视为经济抗日组织。抗战爆发后，中日双方交易所的矛盾从商业上的竞争对手关系恶化为超经济的敌对关系，这在青岛取引所与青岛物品证券交易所的关系上体现得淋漓尽致。总体看来，日本在华取引所与中方交易所的关系以"师生"关系和矛盾关系为主，华商交易所对待日本取引所就是"师夷长技以制夷"了。

第五章

日本取引所在华活动的历史评价与启示

日本取引所是适应明治维新后日本国内殖产兴业和产业革命发展的需要，在日本政府引导和干预下，仿效西方的交易所制度，结合本国的实际而建立并发展起来的。从 1876 年 9 月 25 日株式会社大阪堂岛米谷取引所创设开始，到 1945 年日本株式取引所被取缔为止，二战结束前的日本取引所走过了 69 年的发展历程，其中 39 年与中国交易所市场及制度建设相关。日本取引所在华活动的历史是其交易所国际化发展早期历史的重要组成部分，也是日本在殖民地和半殖民地的经济活动的历史见证，是中日两国政治关系最为恶劣和激烈对抗时期的经济关系的缩影。日本取引所在华的活动、影响及其与中方交易所之间的关系是复杂多样的，重新审视和反思这段历史，客观评价日本取引所在华的活动、影响及其与中方交易所之间的关系，才能拨云见月，更好地汲取历史经验与教训，得出若干有益于现实中国交易所组织制度变革、交易所国际化发展、面向未来的中日交易所合作关系再塑造的启示。

第一节 历史评价与反思

一 日本取引所在近代中国的活动违法殊甚

（一）日本取引所设立违法

交易所是有组织的市场，是市场体系的核心，因而是一国重要的商业辅助机关。任何一个主权国家都不会允许外商未经本国政府允许、不接受本国法律约束而在本国境内设立交易所。北京政府农商部以日本1893年取引所法为蓝本而颁布的《证券交易所法》（1914年）第二条规定，设立证券交易所须经北京政府农商部批准；第九条规定，非中华民国商人不得充任证券交易所经纪人；第十七条规定外国人不能担任证券交易所的职员。南京国民政府整合《证券交易所法》（1914年）及《物品交易所条例》（1921年）并在1929年颁布《交易所法》：第一条规定，设立交易所须经南京国民政府工商部批准；第十条重申外国人或外国法人不能充任交易所的经纪人或会员。既然法律不允许外国人或外国法人充任交易所经纪人、会员及职员，那就更不容许外商在华设立取引所了；日俄战争之后进入中国的日本取引所与西商上海众业公所一样，也是违反中国法律而强行设立的。

1906年12月1日开业的株式会社牛庄取引所是日商宫川辰藏、辻寿次郎、木村吉辅、矶野良吉、桃井以一等人发起筹办，由中日两国商人合资并经由日本驻营口兵站司令部军政部批准而创办的，该取引所归属日本在牛庄的殖民机构日本民政署管辖。

1905 年日本侵占大连后，为掠夺东北的经济资源，将大连辟为自由贸易港，大连工商业有了较快发展。在大连港湾桥一带形成了特产物临时交易市场，由于交易秩序混乱，所以大连华商公议会将该市场迁入公议会内并禁止日商直接参加交易。日商若要参加交易必须委托华商代办并支付佣金。日本在大连的殖民机构关东厅为维护日商利益，借口维护正常的交易秩序，与日本财阀及日商大连商工会议所策划后，在 1913 年 6 月设立官办的大连取引所并撤销华商举办的交易市场。大连取引所位于日本在东北的殖民地"关东州"内，直接由日本关东厅依据日本关于重要物产取引市场的文件（敕令）和关东厅取引所规程、大连取引所规程、取引担保会社取缔规则（厅令）批准设立和经营。继大连取引所之后，关东厅及日本驻开原、长春、哈尔滨的使领馆又批准日商依照日方的法律或政令，在开原（1915 年）、长春（1916 年）、哈尔滨（1918 年）等满铁沿线附属地及东北其他地方的重要城市设立取引所。1919 年日本政府依据 1893 年交易所法制定和公布"关东州"交易所令，规定关东厅为"关东州"及满铁附属地内交易所的监理机关。关东厅及日本驻安东总领事又分别批准在公主岭（1919 年）、铁岭（1919 年）、四平街（1919 年）、奉天（1919~1921 年）、辽阳（1909~1920 年）、营口（1920 年）和安（丹）东（1920 年）等地设立取引所。日本人在东北地区设立的这些取引所只遵照日方法规，向日本关东厅以及日本在东北各地的使领馆注册登记。

在关内，1918 年 12 月开业的上海取引所是由大阪株式取引所理事长岛德藏等日人发起筹办，并经由日本驻上海总领事有吉明的营业许可而创办的。1920年2月成立的官办青岛取引所是日本人峰村正三、田边郁太等人代表青岛日本民政署发起、经由日本派驻青岛的守备军司令部批准成立的。1920年2月获准营业的天津取引所是由岛德藏等日商发起、经由日本驻天津总领事官批准而设立的。1922年5月21日开始营业的汉口取引所是岛德藏等日商发起、经由日本驻汉口总领事官批准而设立的。现有的史料表明，在华日籍取引所都无视中国商民反对，未经中国政府许可，未依照中国法律向中国政府注册登记，属于违法设立。

（二）日本取引所的综合经营违法

日本1893年的取引所法第一条规定，交易繁盛地区的商人经农商务省许可，可以设立买卖一种或数种对象的交易所。第二条规定，买卖同种对象的交易所，每一区域以设立一所为限①。中国以日本1893年取引所法为蓝本而颁布的《证券交易所法》（1914年）第三条规定，证券交易所的设立以一区一所为限；而在《证券交易所法》（1914年）基础上颁布的《交易所法》（1929年）第二条重申，证券交易所或买卖同种物品交易所的设立以一区一所为限。

日本在华取引所为取得范围经济的竞争优势和利益而引进日本国内部分取引所综合经营的方式，在中国普遍进行物券钱钞的

① 农商务大臣伯爵后藤象二郎：《取引所法ヲ定ム》，《公文类聚·第十七编·明治二十六年·第三十三卷·产业·农事·商事·工事·矿山·博览会共进会·杂载》，农商务省档案，明治26年（1893）3月3日；亚洲历史资料中心，A15112687200；日本国立公文书馆，类00664100。

综合经营。另外部分日本在华取引所将总所设在日本国内，中国的交易场所只是其分所，但又是其主要的营业场所。日本取引所在华分所面对中国政府和舆论的监督压力时，可以辩称要听命于其在日本国内的总所；可是中国政府和法律对日本国内总所的监管又是鞭长莫及的，日本取引所借此来规避中国政府和法律的管辖。

日本取引所在规避中国法律约束时却又违背了日本的法律。大阪株式取引所内部关系人参与了上海取引所、天津取引所和汉口取引所的创办，大阪株式取引所理事长岛德藏同时兼任上海、天津、汉口三家取引所的理事长，四家取引所构成关联企业，大阪与上海、天津、汉口等地的商业关系密切。上海、天津取引所的总所最初都设在大阪，而大阪本地已有大阪株式取引所、大阪堂岛米谷取引所、大阪三品取引所，前两家取引所采用综合经营方式，业务范围与后三家取引所的经营范围重叠，违反日本取引所法关于买卖同种对象交易所的设立以一区一所为限的规定。天津取引所后来将天津分所升格为总所而降大阪总所为分所，这又与美籍、日商参股其中且综合经营的五国银公司国际交易所以及华商天津证券花纱粮食皮毛交易所的经营范围重叠。1921 年五国银公司国际交易所将总所从北京改设上海，这使得该所与上海取引所在经营范围上又有重叠。青岛取引所总所设在济南，而主营分所设在青岛；1921 年初东京取引所委员长南波礼吉等日商又发起设立株式会社济南信托取引所，在东京设立总所，在济南设立分所，经营山东省出产的花生类物产及棉花；而东京已设有米谷商品取引所。显而易见，济南信托取引所的设立与青岛取引所、

东京米谷商品取引所、济南当地华商交易所的经营范围存在重
叠，违反中日两国交易所法关于买卖同种对象交易所的设立以一
区一所为限的规定。

（三）日本取引所在华的诸多活动非法

日本取引所在日本驻华殖民机构及日本军方保护下从事商业
贿赂活动。汉口取引所在1921~1922年筹办与开业之时遭到汉口
华商花纱业、银钱业和报业的反对，该所采纳买办宋伟臣、汪惺
斋的建议，以极低利率的25万银元存款和8000银元贿赂金分别
收买汉口40多家钱庄和各家报纸，消弭中国银钱业和新闻界的
反对，而后得以顺利开幕和营业①。该所在1922年5月开业后
不久，因为营业不振而中止，但是日商又通过被其买通的并
购对象华商汉口物券交易所的王姓股东，劝诱华商汉口物券
交易所的华人股东以200万日元的价格将陷于停顿状态的该
交易所卖给日商。汉口取引所在此基础上改头换面后，在
1924年8月开始重新营业。

日本取引所从事诽谤、抹黑中方竞争对手的活动。1920年
后，上海证券物品交易所等华商交易所纷纷设立，有正义感的华
商退出上海取引所的交易，而转入华商交易所进行买卖，这对上
海取引所的营业活动及股票行市产生不利影响。上海取引所为打
击中方竞争对手，则通过其喉舌即上海日人设立的《经济日报》
抹黑、中伤上海证券物品交易所，说上海证券物品交易所与日商

---

① 佚名：《日人设立汉口取引所之反对》，《申报》1922年5月25日第17690号第
7版。

中华企业社有关系，企图败坏上海证券物品交易所在华人心目中的形象与声誉，阻碍其业务发展①。

日本取引所及其经纪人从事非法交易。中国《证券交易所法》（1914 年）第十八条规定，证券交易所的职员及其他雇员不得在证券交易所买卖有价证券；《交易所法》（1929 年）第二十九条规定，证券交易所不能买卖本所股票。而日本在华取引所违反中国上述法律规定，沿袭东京和大阪株式取引所的做法，普遍在本所上市买卖自己和其他取引所的股票，操纵本所股价，投机牟利，坑害中国投资者。例如，1921 年青岛取引所纵容大阪财阀松井伊助等日本投机商在本所大肆炒作、哄抬青岛取引所信托株式会社的股票，套现后溜之大吉，酿成青岛取引所股票风潮，给华商造成惨痛的损失。

1931 年青岛取引所华商罢市风潮和"九一八"事变发生后，爱国华商退出日本取引所，另组青岛物品证券交易所与前者对抗。1932 年后尤其是 1935 年青岛取引所与青岛物品证券交易所的营业由此冰火两重天。日本取引所的日商眼红华商交易所的营业与收益，不断借助日本浪人、日本驻青岛总领事、日本海军向青岛中国当局以及华商交易所施压，胁迫华商交易所同意青岛取引所的日本经纪人化名进入前者的市场交易，悍然违反中国《交易所法》（1929 年）第十关于外国人或外国法人不能充任交易所经纪人或会员的规定，其交易属于不能成立的非法交易。

日本在华取引所作为有组织的市场竟然涉足贩毒等犯罪活

---

① 佚名：《上海证券物品交易所致黄议员的复函》，《申报》1920 年 11 月 11 日第 17145 号第 10 版。

动。以大连株式商品取引所理事长河村统治为核心，包括日本田中内阁的大臣、关东厅的高官、白川友一等国会议员、大阪富商竹岛源藏等日本政商界人士，组成秘密贩毒组织，以大连为本部，以日本政府阁员、国会议员及关东厅高官为保护伞，以大连株式商品取引所为批发和运销机关，以大连、天津、沈阳、石家庄、吉林等地的日本人药商为零售商，制定周详的贩毒计划，从1928年以前的数年间至1930年，长期大规模地贩毒，毒害中国人，罪恶昭彰①。

日本取引所在近代中国的活动可谓劣迹斑斑，严重践踏中国的法律尊严，这是旧中国积贫积弱，国家无力维权，无法建立统一、有力和有效的交易所监理体制的必然结果。只有富国强兵，实现中华民族的伟大复兴，恢复国家主权，才能建设有效的交易所监理体制，避免屈辱的历史重演。

二 日本取引所在华的活动严重侵犯中国主权与商权

（一）日本在华取引所的双线监理体制破坏中国政府的市场监督权

日本在华取引所的双线监理体制与其国内取引所的单线监理体制不同。近代日本取引所法先后规定其国内取引所的监理机关为农商务省和商工省。中国交易所法取法日本，结合本国实际，先后以北京政府农商部（1912～1928年）、南京国民政府财政部、

---

① 佚名：《1930年2月9日关东厅串日商贩毒药》，《申报》1931年12月13日第21084号第13版。

工商部（1928 年至 1935 年）、实业部（1935 年至 1937 年 9 月）、经济部（1937 年 10 月后）、财政部与经济部（1945 年后）为交易所的中央主管机关；另外，还先后以上海交易所监理官（1926 年 9 月至 1928 年）、南京国民政府金融监理局（1928 年至 1931 年 6 月）、上海交易所监理员办公处（1931 年 7 月后）作为中央主管机关的派出机构；以各省实业厅、上海特别市社会局、京兆实业厅为各省、上海、北京交易所的地方主管官厅；以公司制交易所及其附属的经纪人公会为交易所自律组织，由此构建中国交易所的三级监理体制。1918 年 3 月 27 日，日本农商务大臣仲小路廉和外务大臣本野在答复森田茂等众议员关于上海取引所设立的领事审批权质询时，声称日本国内实施的交易所法不适用于中国，认可日本驻华总领事对于当地日资交易所的经营可以给予必要的命令，大体以当时日本实行的取引所法及其附属命令等作为监管在华交易所的方针。这实际上就是赋予日本在华使领馆管理在华交易所的权力，挑战中国政府的市场监理权。日本在华取引所分为官营与民营两种类型。官营取引所由日本在华殖民当局派员管理，听命于官署，负有政策性职能，与日本官方的联系较为密切，不是纯粹的商业组织。日本在华官营取引所集中于"关东州"及"满铁"附属地内，由"关东厅"依照相关日本法规进行管理。青岛取引所在 1922 年民营化之前为官营，归青岛日本民政署管辖。1922 年青岛归还中国、日本民政署撤销以及青岛取引所民营化之后，青岛取引所以及其他在华的民营交易所由日本外务省派驻中国各地的总领事馆管辖，从而形成了"关东厅"和外务省共同监理在华交易所的双线体制。中国政府对"关东州"及

"满铁"附属地内的日本取引所没有管辖权，"关东州"及"满铁"附属地外日本取引所的设立与经营却得到日本驻当地总领事的"保护"，每当日本取引所的设立与经营遭到中国商民与中国地方政府抵制时，日本在当地的总领事就出面与中国当局交涉、施压，迫使中国当局屈服。这是对中国政府监管交易所主权的公然破坏。

（二）阻挠中国政府对涉及日本取引所的金融投机的整饬与管理

日本取引所出于牟利、便利日商拓展日中货物贸易以及操纵金融、推广日本金票等目的而在华从事金银钱钞的交易。1926 年第二次直奉战争期间，中日两国的钱钞投机商利用期货交易，在沈阳的奉天取引所和华商奉天钱币交易保证所内大做买空卖空的钱钞交易，抛售奉票，抬拉现洋的市价，导致奉票严重贬值和市面恐慌，酿成金融风潮。奉票被日本人捣乱后信誉大跌，日本正金银行的钞票遂得以畅行于东北境内，这不符合中国政府的利益。张作霖随即指示奉省中国当局和奉天商务总会严厉整顿金融业，改组奉天钱币交易保证所，禁止钱钞期货交易，打击钱商投机倒把活动。奉省中国官厅派人调查和逮捕参与钱钞投机的华商，枪毙了天合盛钱铺长春、哈尔滨、公主岭分店经理三人及会元公掌柜二人。而日资交易所则乘此时机"在各报纸上大登紧要广告，谓本取引系关东厅官立营业，经日本政府公许之合法商业机关。凡来本所遵章取引之商人，日本官厅及本所罔不认为合法商人而保护之"，拟收渔人之利。鉴于此，原在奉天钱币交易保证所等中国界内交易所买卖的钱商遂转入奉天、长春等日本附属地内的取引所继续交易。奉省中国当局则派警员进入日本附属地内继续密查投机钱商，并寻机捕去若干华人投机钱商以及奉天取引所日本经纪人雇用的华人伙计。这些整顿措施对华人投机商产生极大的震慑作用，当时奉天等地的华人钱商不敢再去取引所从事钱钞买卖，以致日本取引所的交易急剧冷落并因此而停业。奉天取引所的理事长、日方经纪人不满奉省中国当局整顿金融的举措，遂经由日本关东厅、日本驻奉天总领事吉田出面向中国官厅交涉和抗议，声称"中国官府用武力取缔经济，此种政策意指殊难索解，日本方面颇疑中国官府对日有其他用意"，还有"中国官府以武力羁押附属地日商雇用之华人，显系违反中国协议条约"①，要求中方撤销整顿金融的举措，释放被逮捕的参与取引所钱钞投机的中国投机商。另外，奉天日本官方为抵制中国当局打击钱钞投机的整改举措，继续破坏中国金融，还在 1929 年度结束时以金杯、座表、挂钟等为五等奖品，依次奖励在日本取引所做钱钞投机买卖金额最高的中日钱商即远洲银号、祥隆银号、成恭祥银号、振源长银号、干亨达银号。这五家钱商在领取奖品后，还曾经扬扬自得地召集同业，举行欢宴，招摇过市，以示夸耀，公然挑战中国官厅的监管权威。

（三）日本取引所在华活动侵害中国的主权

青岛归还中国时，官办的青岛取引所移花接木，拒绝中国政府接管。1922 年华盛顿会议后，日本政府被迫将青岛交还中国；

---

① 佚名：《奉天金融案之中日交涉，长春钱商议决罢业》，《申报》1926 年 8 月 28 日第 19213 号第 10 版。

但作为交换条件，日本在鲁案善后条约上，还保留了一些不符合国际公约的条款，例如，规定中国政府不得干涉青岛取引所，中国商人必须到青岛取引所交易，华商不得在青岛另行设立同样的交易所；等等。不仅如此，青岛归还中国后，官办的青岛取引所理应由青岛中国当局接管。但是日方玩弄手腕，在中国政府收回青岛前夕，就匆忙将青岛取引所民营化。日方将官办青岛取引所的监督、管理权，交给了中日商办的青岛株式信托会社，并将官办的株式会社青岛取引所改称青岛取引所信托株式会社，以青岛取引所民营为由，拒不将该交易所交由青岛中国当局管辖。因此，1921年后的青岛取引所仍由日本人操纵，日本人得以利用青岛取引所从事特产物、股票及日本金票对中国银元的投机买卖，继续兴风作浪，既盘剥中国商民又推广日本的钞票，力图扰乱中国金融，侵害中国的主权。

大连取引所利用其在华经营的利润，多次向日本关东军和日本高级特务土肥原贤二提供特别经费，资助其对华开展军事侵略及特务活动。官营取引所作为日本侵华的经济工具以及日本在华殖民机构、关东军及特务筹款的工具，对中国主权的侵害很大。民国时人对此也有痛彻心脾的感悟，"观夫我国从前关于满蒙特产大豆油饼之买卖，实权全操于日人所设之大连取引所、开原取引所、四平街取引所、公主岭取引所及长春取引所五处，可见民国二十年九月十八日不幸之事件，及二十六年七月七日之事变，自有其积渐之由来也。"[①]

---

① 吴德培：《交易所论》，上海商务印书馆，1946，第68页。

（四） 日本取引所在华的活动严重侵害华商的权益

近代中国是半殖民地国家，国力孱弱，主权缺失，华商与日商的权利地位严重不平等，以致日本取引所及日商在华的活动屡屡侵害华商的权益，这在青岛取引所的经营活动中体现得淋漓尽致。1920 年青岛取引所营业之初，经营颇为顺利。日本大阪财阀见有利可图，遂想控制该所，于是在 1921 年派其代理人松井伊助到青岛。松井伊助在青岛日本民政署支持下，不顾华人理事的反对，取代峰村正三当上了官营青岛取引所株式会社的理事长。1921 年华盛顿会议上日本被迫同意将青岛归还中国，但是日本人不甘心，为了不将青岛取引所移交给中国官厅管辖而炮制了该所的民营化改组，决定将官营青岛取引所的管理权移交给中日资本平均的青岛株式信托会社。松井伊助等日商希望增加青岛株式信托会社的股本以取得该会社的控股权，但华人股东反对，日商借此获得青岛取引所控制权的图谋未遂。但这部分日商控制青岛取引所的决心未变，随后就有预谋地鼓动青岛取引所的经纪人在该所确定商办之日罢市，酿成 1921 年的青岛取引所经纪人罢市风潮。

青岛取引所经纪人罢市风潮导致青岛取引所的股价下跌，引起日本股东的恐慌。松井伊助等日商一方面趁机鼓动日本股东支持引入外部资金来支撑本所股价；另一方面又在日本官方支持下，招徕大阪等地资本家和部分华商成立了日商控股的青岛企业信托会社，经营与青岛取引所类似的业务。而后松井伊助通过他把持的青岛取引所的理事会，不顾华人理事及华商青岛总商会的反对，强行做出决议，硬把中日股份不平均的青岛企业信托株式会社合并到接管青岛取引所的中日股份平均的青岛株式信托会社内，并将后者改名为青岛取引所信托株式会社。日商通过改变青岛株式信托会社的股本结构，获得了该会社的控股权，进而取得了民营青岛取引所的支配权。

不仅如此，松井伊助还依靠其在民营青岛取引所取得的有利地位，故意违反原青岛取引所的规章制度，与局内人合谋，准许交易商以青岛取引所信托株式会社的股票，向该会社抵押借款，并允许交易商在本取引所的证券市场从事青岛取引所信托株式会社股票的现货与期货买卖。此等做法为日本投机商操纵、哄抬青岛取引所股价的投机行为大开了方便之门。在日商的操纵下，青岛取引所的股价爆涨。当股价涨至最高峰时，知道内幕的日本商人，又暗中委托中日双方经纪人，将手持的青岛取引所信托株式会社的股票现货与期货卖出套现。在日本投机商获利退出后，青岛取引所管理层则宣布青岛取引所信托株式会社只承认现物交易、延期交易和定期交易合约中的股票票面价值，不能负责股票的涨价部分。此消息一出，证券市场立时陷入混乱，投机商争先恐后地抛售青岛取引所信托株式会社的股票，以致行市惨跌，酿成 1921 年的青岛取引所股票风潮。中国商民因为股灾而遭受巨额损失，许多商号倒闭。

1928 年青岛取引所决定转让其油柜资产和业务时，华人股东主张以 12 万日元卖给英商宝隆洋行，但是日本人股东反对并瞒着华人股东和理事，将该所的油柜仅以万元的低价私自卖给日商东京旭电化会社。青岛取引所的日本人股东将油柜资产转让给其他日商，不仅作价极低而且还是赊销。日商之间这种赤裸裸的关联交易和利益输送，严重侵犯华人股东的利益。1931 年青岛取引所又因日方交易商在特产物期货交易中故意捣乱和侵害中方交易商的利益而发生斗殴及华商罢市风潮。华商在标榜为中日"合办"的取引所中的经营地位及权利之低下，由此可见一斑。

1935 年币制改革后，青岛物品证券交易所的营业达到鼎盛，而青岛取引所则是门庭冷落。为此，青岛取引所的日商借助日本浪人、日本驻青岛总领事以及日本海军胁迫青岛中国当局和青岛物品证券交易所接受其提出的屈辱条件，即允许日商化名进入华商交易所做经纪人，将青岛物品证券交易所每年所得纯利的 40%分给日本取引所，将青岛物品证券交易所的部分商品买卖业务转让给青岛取引所。1938 年 1 月日军重新占领青岛后，借口青岛物品证券交易所是反日机关而对其资产实施没收。随后，青岛取引所又通过日本占领军胁迫滞留在青岛的华商物品证券交易所理事刘宾廷等人，召开两所理事联席会议，迫令刘宾廷等人将青岛物券交易所并入以安藤荣次郎为首的青岛取引所。可以这么说，青岛取引所的历史，其实就是一部日商凌辱华商、肆意侵害华商权益的血泪史。国弱民卑，千古道理！国人不自强，外敌必视我如草芥。唯有富国强兵，华商才能重拾尊严。

三 日本取引所在华的活动客观上刺激了中国交易所的发展

鸦片战争以后，中国人一直在寻求富国强兵之道。强兵必先富国，富国务须振兴商业。交易所是有组织的市场，是商业发展必需的重要交易制度和辅助机关，在欧美日本资本主义经济发展和大国崛起的过程中发挥了不可替代的作用。日本的取引所起源于明治维新前国内原有的米谷期货制度，但其办法实际上仿效于泰西各国。在日本政府推动下，日本取引所的发展在 1874 年后取得了长足的进步。从 1874 年明治政府颁布日本取引所法到 1914 年北京政府颁布中国证券交易所法，日本取引所制度的建设整整领先中国 40 年。从 1876 年大阪堂岛米谷取引所设立至 1916 年汉口证券物品交易所设立，日本取引所的发展也已经领先中国 40 年。

日本资本主义经济的强势崛起及对外扩张必然导致其取引所的国际化发展，1906 年后日本取引所在华的活动就是其交易所国际化发展的重要组成部分。日本在华取引所与其国内取引所之间存在诸多联系，第一是日本国内取引所的关系人参与了在华交易所或"中日合办"交易所的筹办。例如，1916 年东京取引所委员山本久显等人参与筹办上海取引所，1917 年参与筹办上海东洋信记保证取引所。1917~1921 年大阪株式取引所理事长岛德藏参与上海、天津、汉口取引所的筹办。1920 年东京取引所委员楠濑幸彦、山本久显等人参与筹办中美英法日五国银公司交易所。1921 年东京取引所委员长南波礼吉参与筹办济南信托取引所。1921 年东京株式取引所经纪人铃木圭三和川又贞次郎等日商参与了广东证券商品交易所的筹办。第二是日本国内取引所及其关系人出资创办在华交易所。例如，1920 年日本关东厅批准奉天、铁岭、辽阳、营口取引所之外的其他交易所依据 1919 年的"关东州"取引所规章，以合股形式设立大连株式商品取引所时，以东京为首的日本国内几家地方证券交易所也出资参股该取引所。第三是日本国内取引所的关系人出任在华交易所的职员。例如，大阪株式取引所理事长岛德藏同时兼任上海、天津、汉口取引所的理事长，四家取引所构成了关联企业。第四是日本国内取引所与在华交易所相互上市买卖彼此的股票，抱团取暖。例如，上海取引所在本所买卖日本大阪株式取引所的旧股和新股、东京株式取引所的旧股和新股、大阪三品取引所的股票，而上海取引所的股票也在东京和大阪株式取引所上市交易。第五是日本在华取引所在中日两国同设总分支机构，与两地市场保持联系。例如，上海、天津取引所的总所设在日本大阪，而主营分所设在中国上海与天津。济南信托取引所的总所设在东京，而主营分所设在济南。哈尔滨取引所也在东京京桥区弓町二十五番地设有东京出张所①。

正因为日本在华取引所与其国内取引所存在密切联系，所以日本国内取引所组织、运营及管理的模式、方法等也被植入在华交易所的经营与管理之中。例如，日本在华取引所与其国内取引所一样，也以米谷食粮为交易的重心，以股份制为主要的组织形式，采用其国内取引所的内部组织与综合经营方式，沿用直取引、延取引、定期取引三种交易方法，开办现货与期货交易品种，买卖本所股票，与官方联系较多，等等。日俄战争后日本取引所挟其制度、组织、技术、人才、营业经验上的优势，在华咄咄逼人地扩张，对华商自办交易所形成了强烈的刺激。

---

① 佚名：《哈尔滨取引所株主名簿》，《各国取引所关系杂件，哈尔滨取引所，营业报告》，外务省外交档案，大正 11 年（1922 年）3 月 31 日；亚洲历史资料中心，B11090131900；日本外务省外交史料馆，3-3-7-39-12-1。

对于清末民初的中国而言，交易所是舶来品，是新生事物，国人对此新型商业组织或交易制度了解并不多。华商要自设交易所，自然要学习借鉴外国交易所及其制度建设与运营的经验。而甲午战争和日俄战争之后，日本崛起为亚洲和世界强国，日本富国强兵的成功之道包括其商业制度自然成为清末以降中国有识之士学习和借鉴的对象。国人要师夷长技以制夷，最简便的办法就是以近邻日本国内及在华交易所为参照来构建本国的交易所制度。日本取引所制度及运营经验对中国自设交易所思想的产生、交易所组织制度的选择、交易所的综合经营、交易所内部组织的构建、交易所立法及监理体制的建设、交易所税制的建立等都有直接的影响。"民国六年，日人创立上海取引所（即交易所）以后，于是沪上商人之有识者惴惴疑惧，深虑我国重要实业一旦被人垄断，则吾人日用所需之物品悉将仰给于外人而未能自拔。与其补救于日后，不如奋斗于当时，故于民国八九年间以筹备交易所，闻者风起云涌，如春草怒生，竟多至一百四十余家。推其极，几至无一业无交易所，其认缴股本动辄以数百万计。"① 到1922 年初，中国各类交易所发展到 200 多家。

四　中日双方交易所存在既合作又对抗的复杂关系

（一）正常的业务联营与商业合并对中日双方交易所均有利

日本取引所是在日本不断侵略中国、中日关系持续恶化的背景下在华活动的，而且是违法经营。另外，日本取引所与中方交

---

① 佚名：《各省商会联合会复电日本神户商业会议所鹿岛会头鉴敝》，《申报》1922 年12 月 22 日第 17901 号第 7 版。

易所本质上都是营利性的商业组织，都要在商言商，因而双方交易所之间存在既合作又竞争对抗的关系。在抵制日货、对日经济绝交成为 1915 年后中国对日经济关系主流的情况下，中日双方交易所之间的关系主要是竞争与敌对关系；但是双方交易所仍然存在商业往来的空间与意愿，同业联谊、业务合作、资金借贷、商业合并等相对正常的商业往来关系依然存在，只是这类关系较为微弱而且不稳定。单纯从商业经营的角度来说，正常的业务联营与商业合并，例如，1922 年全球金币物券交易所将其业务并入上海证券物品交易所，利用后者的营业场所开展共同营业；上海取引所以换股收购的方式吸收合并华商上海棉纱交易所，对于中日双方交易所营业的拓展和度过危机起到了积极的作用。

（二） 中国商民对待日本取引所持抵制与参与的矛盾心态

大多数中国商民对日本取引所及其在华的活动持抵制的态度，但即使是在对日经济绝交达到高潮的时期，也仍有部分华人在日本取引所参股、任职和参加交易，而且就算是后一部分华商，在日本取引所内部与日商也存在合作与冲突的关系。实际上日本在华取引所大多标榜"中日合办"，华商参股日本在华取引所是普遍现象，青岛取引所和哈尔滨取引所就有许多华人股东。1926 年 11 月 30 日青岛取引所股东名簿上有中日股东 466 人，其中，华人股东有 212 人，持有该所 20515 股，持股数超过日本人股东。另外，在近代中国，"华人附股"外商公司而不愿意认购华商公司股票是一个不争的事实，在交易所投资领域也存在这个问题。例如，在上海华商呼吁抵制上海取引所设立并发起筹办华商交易所与日本取引所分庭抗礼时，上海的华人还踊跃抢购上海取引所的股票，以致该所股票供不应求，对于华人投资者而言是一票难求。反之，华商上海证券物品交易所的募股集资活动遇到困难，以致上海证券物品交易所理事、上海华商棉业交易所发起人、上海华商纱布交易所理事长穆藕初大发悲叹，"我国人投资于外人所组织之公司，较华人所组织之公司反为踊跃"，"皆因崇拜外人之心太深，而中国公司之信用亦太弱"①。至于华人踊跃认购上海取引所股票的原因则是日中双方交易所的权力地位不平等，日本取引所有日本官方和军方保护，不受中国军阀政府和兵痞流氓的骚扰，投资者看好日本取引所的经营前景及盈利，竞相将日本取引所的股票视为有升值趋势的优质资产来投资。日本人利用华人附股将中国人的储蓄转化为日商公司资本，将华人股东发展为服务日商企业的买办，借力中国人在华扩张，这确实是令华商悲哀的事情。国人应该反思华人踊跃附股外商公司而不愿意投资华商公司背后的原因。总之，资本的本性和人性都是追逐利益的，中日两国的资本与商人也概莫能免。只要有商业利益，哪怕是在中日政治关系严重对抗并导致经济关系恶化的时期，两国商人及交易所之间仍然有合作的需要与空间，这是在商言商与政治的不同之处。

（二）中日双方交易所的人事参与和买办的民族资产阶级化

中日双方交易所存在人事参与关系。由于近代中国的证券交易所法（1914 年）和交易所法（1929 年）禁止外国人充任中方

---

① 佚名：《棉业续开交易所认股大会》，《申报》1918 年 7 月 18 日第 16314 号第 10 版。

交易所的职员、经纪人或会员，所以中日双方交易所的人事参与主要是华商兼任中日双方交易所的职员或经纪人；而诸如青岛取引所的日方经纪人、日本股东化名进入中方青岛物品证券交易所，作为经纪人参加华商交易所的买卖，属于特殊情况而且违法。

商业上的人事参与对于中日双方交易所开展营业活动也是有所裨益的。对于日本取引所来说，利用人事参与，吸纳一些在商界有影响力的华商出任日本取引所不太重要的职位，充任日本取引所的经纪人，可以对外宣扬"中日合作"与互利亲善，利用华人职员、经纪人的社会声望与人脉关系，改善日本取引所在中国商民心目中的恶劣形象及客户基础，降低华商对日本取引所营业的抵制程度以利于其业务的拓展。例如，大连取引所处在日本关东厅的严格控制之下，其最高领导人是常务董事，完全由日本人担任，但是为了体现"日支一体""中日亲善"，粉饰表面，也委任大连华人工商界头面人物、大连华商公议会会长、伪大连市议员、关东厅参事、福顺栈经理郭学纯为董事。华商方翰出任哈尔滨取引所理事，孙纯如等华商则充任该所股票商品部经纪人。对于中方交易所而言，华商在日本取引所的人事参与应该一分为二来看。一方面，在中国商民为抗议日本侵华或取引所侵害中国主权、商权而掀起抵制日货、对日经济绝交等运动时，少数华商对日本取引所的人事参与似有分化团结、抵消经济抗日效果，甚至是助纣为虐之嫌；另一方面，华商对日本取引所的人事参与又可以产生偷师学艺的正效应。参与日本取引所的中方人员可以说是日方为中国交易所事业发展客观上培养出来的人才。尤其是参与日本取引所的中高层华人职员即取引所买办，思想较为开明，拥有一定的资金实力和社会影响力，了解日本取引所的内幕，熟悉取引所的制度、规则、组织结构、经营方式、买卖种类、交易办法，更是不可多的的交易所专业人才。部分买办也有民族感情和正义感，在中方国权与商权受到日方严重侵害时也会激于义愤而退出外国交易所，转而支持或自办华商交易所。买办的民族资产阶级化是近代中国的一种社会现象，这在交易所领域也同样存在，例如，上海取引所专务董事王一亭就发起创办了华商上海面粉交易所并担任该所的理事长①。

五　日本取引所在近代中国的经营总体说来不成功

1906~1945年日本取引所在华的活动经历了扩张、整顿和衰亡三个阶段。39年间，日本在华取引所的数量从1922年高峰时期的至少20家减少到1945年的1家；日本取引所的分布区域也从东北、华北、华中、华东与华南的诸多商埠收缩至哈尔滨、沈阳、安东、大连和青岛；日本取引所的钱钞买卖、物产买卖、证券买卖业务先后取消或中止，钱钞部、物产部先后解散，取引所从物券钱钞综合经营演变为证券专营。除了安东、满洲、大连株式商品、青岛取引所之外，日本在华的民营取引所以及部分官营取引所的寿命都不长，脆弱性也很高。1937年后，日本在华取引所因战争的影响而走向衰亡，总体说来其在华的经营并不成功。

---

① 佚名：《交易所一览》，进步书局、文明书局，1922，第116页。

日本取引所在华经营不成功，有几个主要原因。

第一是没有良好的中日关系和中国商民的善意作为基础。政治与经济是相互影响的，交易所是商业组织，是有特定使命的组合起来的人群，而人是有国籍、国格和民族感情的，中日两国间的政治对立必然导致经济上的疏远和对抗。1915年、1919年、1921年、1925年、1928年、1929~1932年中国人民此起彼伏的经济抗日运动，将交易所置于风口浪尖和政治风暴的旋涡之中。由于日本取引所在华活动违法且对中国主权与商权伤害极大，所以中国人将其视为日本侵华的经济工具而加以抵制。无论是在关内还是在关外地区，日本取引所从设立到营业普遍遭到中国商民的强烈反对。华商对日本取引所的抵制有两种方式：其一是经济绝交，不入日本取引所去事买卖活动；其二是自设交易所与之竞争。在日本侵华及中国人民抗日活动不断加剧的情况下，中日双方交易所之间的商业竞争与矛盾难免会掺杂进政治与民族感情等因素而变得复杂难解。例如，1922年5月22日汉口各界设立取引所研究会，散发传单，坚决反对日人创办汉口取引所，认为该所是执行日本对华经济侵略政策的工具，警告华商勿与之交易。华商及华商交易所的经济抗日行动，对抵制日本取引所扩张、促使日本取引所尤其是关内日本取引所走向衰落有显著的作用。

第二是日本取引所的经营活动受日本官厅及其政策的影响较大。日本政府对取引所的发展实行干涉主义，对取引所的活动施加较大的影响。日本人在华设立的取引所分为官营和民营二种方式。官营取引所主要集中在日本"关东州"和"满铁"日本附属地内，青岛取引所在1922年民营化之前也属于官营取引所。官营取引所内设有所长、主事、书记等职员，由日本官厅指派，掌理常务；另外，依照日本取引所法或"关东州取引所令"设有商议员会，而商议员由关东厅长官任命，负责审议政策允许的交易方法及其在具体交易上履行情况等重要事项。官营取引所负有政策性职能，其经营活动要接受日本在华殖民官厅的干预或指导，例如，在日本官厅主导下开展撤并活动，资助日本侵华军队和特务的活动等。无论是官营还是民营取引所，其营业活动都受到日本官厅政策的较大影响。日本关东厅、青岛日本民政署、日本驻华使领馆的官员以及日本军方较多地涉入奉天、大连、青岛等日本取引所在华的活动之中，这也强化了中国商民关于日本在华取引所就是日本政府侵华工具的不良观感。交易所是商业组织，是市场的核心。商业组织与政府的联系过于密切，过多涉入非商业活动，背离在商言商的原则，容易造成政治对市场的过度干扰，导致交易所市场沦为政治或政策性市场，不利于交易所审慎经营和平稳发展，交易所辅助经济发展的功能也难以正常发挥。

第三就是币制改革以及战时经济统制的影响。日本取引所在华的业务重心是特产物和钱钞买卖，但是 1934 年末伪满洲国统一币制以及 1935 年国民政府推行法币政策，使得日本取引所的钱钞买卖业务和钱钞取引所首先被撤销。1937 年全面抗战爆发后日伪政权强化经济统制，尤其是 1939 年满洲特产专管会社的成立，使得日本取引所的物产买卖业务和商品取引所走向瓦解。1941 年太平洋战争爆发后，日伪政权加强了资金管制，致使日本取引所的证券买卖业务及株式取引所也被迫中止。可以这么说，日俄战争促使日本取引所进入中国，日本发动的全面侵华战争又葬送了日本在华取引所的生命。

第二节 史海钩沉的启示

日本取引所在华的活动历时 39 年，期间发生的故事也可谓跌宕起伏。回溯历史，是为了以史为鉴，更好地把握现在，展望未来。史海拾贝，虽然案牍劳形，但也悟得些微启示。

一 因地制宜、与时俱进地选择或改革中国交易所的组织制度

交易所是重要的商业辅助机关，其职能的正常发挥有赖于组织制度的合理选择。交易所的组织制度主要有会员制与公司制两种形式，各有利弊，也各有其设立的约束条件；前者适合于垄断程度高或交易商信用良好的市场，后者适合于竞争度高或交易商信用欠佳的市场。近代欧美国家经济发达成熟，市场垄断程度高，交易商实力和信用较好，所以多选择交易商（会员）自律性高的会员组织。近代日本经济后发，不够成熟，市场竞争度高，交易商实力和信用欠佳，所以多选择具有竞争性、开放性、成长性和保证交易功能的公司组织，但也有少部分取引所选择会员组织，例如，到 1937 年 5 月 6 日，日本国内有小樽、丰桥、名古屋、福井、大阪砂糖、谷肥 6 家会员组织交易所，经营米谷等物品买卖。1943 年战时经济统制高度强化时期，新成立的日本证券交易所则采用营团特殊法人组织。1906 年后在华活动的日本取引所沿袭其国内主流的做法，基本上采用公司组织，期间虽有个别

取引所采用过信用合作组织和会员组织，但不长久。二战结束后，日本取引所的组织制度一度向会员制方向发展。

民国时期中国发展交易所的市场环境与条件与日本早期的情况类似，虽然中国交易所法（1929 年）与日本取引所法（1893年）一样允许交易所自行选择会员制或公司制，但是所有的华商交易所实际上都选择以营利为目的，具有保证交易功能，设立门槛低的公司组织。这一方面促进了华商交易所的发展，有助于抵制日本取引所的扩张；另一方面也产生了许多规模较小的交易所，违规经营，竞争过度，道德风险和脆弱性很高。今天，经济与金融已全球化发展，各国市场也在深度开放，市场的竞争度不断提高，这对交易所的竞争力、成长性和开放性都提出了新的要求。公司制交易所制度安排上的特点使其更富有竞争力、成长性和开放性，能够适应产业经济发展和市场竞争的需要，因此欧美日本等国交易所的组织制度又出现公司化的趋势。

第二次世界大战结束以后至 20 世纪 90 年代以前，全球的证券交易所几乎都是以会员制的形式发展起来的。但是以 1993 年瑞典斯德哥尔摩股票交易所的公司制改革为起点，全球开始了由会员制改组为公司制，并通过股份化实现公开上市的浪潮。芬兰的赫尔辛基股票交易所（1995 年）、哥本哈根股票交易所（1996年）、阿姆斯特丹股票交易所（1997 年）、澳大利亚股票交易所（1998 年）、巴黎股票交易所（1999 年）、多伦多股票交易所（1999 年）、伦敦股票交易所（1999 年）、纳斯达克市场（1999年）、新加坡交易所（1999 年）、香港联合交易所（1999 年）都完成了公司制改造。会员制的东京证券交易所根据 2001 年修订的日本《证券交易法》，在当年 11 月 1 日改组为股份有限公司组织。2004 年美国费城证券交易所也实行了公司化改造。到 2011 年 3 月 1 日，在加入世界交易所联合会（WFE）的 52 家交易所（集团）中，38 家完成了公司化改造，其中上市的有 25 家，例如，澳大利亚股票交易所（1998 年 10 月）、香港联合交易所（2000 年 6 月）、新加坡交易所（2000 年 12 月）就分别在各自的市场上市，全球交易所的公司化和上市趋势明显增强。

可见，历史上不同国家、同一国家不同时期、同时期一国不同地区的交易所视地方商业情形及买卖物品种类而选择的组织制度不尽相同。

既然会员制与公司制的交易所各有利弊，分别适合于不同环境条件下的市场，那么我国监管部门和交易所也可以审时度势，从中国物券市场国际化发展以及竞争日益激烈的趋势去认识国内交易所的改制问题。监管部门可以借鉴国内外交易所组织制度选择和变迁的经验与教训，允许国内交易所根据市场竞争及交易商的信用状况，与时俱进地变革交易所的组织制度。交易所通过公司化和上市，可以明晰产权，解决我国会员制交易所存在的"所有者缺位"问题。早期中日双方交易所都采用股份有限公司组织，负有保证本所交易的职责。为履行该职责，公司制交易所须向政府缴纳营业保证金，经纪人则要向交易所缴纳身份（元）保证金和交易保证金（证据金）。公司制交易所为降低自身担保交易的风险，需要对本所的交易商及其交易进行管理，因而公司制交易所及其附属的经纪人公会成为市场的自律组织。交易所的公司化有助于改善其治理结构，强化市场的自律管理。交易所利用公司化和上市，还可以优化交易所的人事、薪酬、盈余分配制度，通过股票溢价、股权激励、股权收购等市场手段来重塑其激励机制，在此基础上提升交易所的经营效率，降低交易成本，更好地服务于产业经济。不过，在推进交易所制度变革时也不应该"一刀切"，要允许交易所视商业情形、信用环境、自身条件与需要去选择组织制度，没必要更不应强求所有的会员制交易所都进行公司化改组。另外，对于公司化改组的交易所还要依法加强监管，控制公司化交易所因营利而内生的道德风险，避免近代中日双方公司制交易所普遍存在的过度投机和高脆弱性等问题再生。

二　交易所可在公司化和上市的基础上开展业务联营与商业并购

交易所联合是两家或两家以上的交易所以资产或业务整合、交易渠道的相互联接、股权的现金收购或换股等方式开展的战略性资本运作或联营行为，包括吸收合并（兼并）、创设合并、业务联营、组建交易所集团等类型。20 世纪 20～30 年代，日中双方的交易所为应付市场竞争、摆脱经济危机的冲击、适应官方政策变迁的需要，已经有了业务联营与商业合并等活动。

1920 年代初，奉天、铁岭、辽阳、营口取引所之外的其他日籍交易所，奉天证券商品株式会社与奉天商事株式会社，奉天、营口、铁岭、辽阳四家取引所附设的信托株式会社，第二大连取引所钱钞信托株式会社与第一大连取引所钱钞信托株式会社，率先在东北开展官方主导或日商自主进行的交易所吸收合并与创设合并活动，有效地整合了业务资源、厚积了资本、降低了成本、维持了竞争优势，最终摆脱了经营困境并获得了重生与发展。1921 年大阪财阀代表松井伊助策划了青岛企业信托会社与接管官办青岛取引所的青岛株式信托会社的吸收合并活动，使得日本大阪财阀得以成功攫取青岛取引所的经营管理大权，控制了青岛的市场。1920~1921 年世界经济大萧条期间，欧美日本等发达国家纷纷通过商品和资本输出向中国转嫁危机。从 1921 年开始，国内物券交易所粗放式发展的环境急剧恶化，并购重组遂成为部分交易所脱困求生的选项。1921~1922 年上海共有 10 宗交易所合并重组的案例，涉及上海的 19 家交易所、1 家银行及 1 家公司；其中，1922 年"信交风潮"期间，上海取引所以本所新股 1.5 股换购上海棉纱交易所股 1 股的比例吸收合并了后者。日本人林茂如任理事长的全球金币物券交易所将其业务并入虞洽卿任理事长的上海证券物品交易所，利用后者的营业场所共同营业。双方理事用合议制执行业务，共同营业，双方损益的分配，各照其已缴资本的比例分受。上述 21 家上海机构之间的合并或业务联营虽然在联合的类型、方式及成效等方面不尽相同，但所有涉事机构都是按照市场经济的原则在自觉自愿的基础上进行的。从信交风潮过后上海交易所剩余的情况看，涉及上海取引所、上海证券物品交易所、上海金业交易所、上海面粉交易所的五宗吸收合并及业务联营活动取得了阶段性的成功。1930~1934 年上海证券物品交易所被国民政府依法强制分拆和并入上海华商证券交易所与上海金业交易所。1934 年伪满政府实施统一币制的政策后，哈尔滨取引所吸收合并了滨江货币交易所。1938 年日商青岛取引所强行兼并华商青岛证券物品交易所。1939 年伪满政府设立满洲特产专管会社后，满洲株式取引所成立而且合并了安东、哈尔滨、大连株式商品等取引所。1946 年上海华商证券交易所改组并入新成立的上海证券交易所。总之，民国时期中日双方交易所合并或联营的主导力量、动因、类型、方式、结局与影响不尽相同，但合并的主体都是中资或日资的公司制交易所。换句话说，在开放和竞争的市场环境下、在危机期间、在动乱的特殊时期，股份有限公司组织的交易所更易于发动和实现交易所的合并，更便于开展交易所之间的深度合作。

在当前物券市场日益开放以及国际市场竞争日趋激烈的背景下，中国内地交易所、港澳台交易所、外国交易所之间也有开展业务联营与商业并购的需要与空间。例如，香港联合交易所主席夏佳理曾指出，如果沪深港三家证券交易所之间能够互换股权的话，将有助于加强两地市场之间的联系，也有助于三家交易所的发展。鉴于此，我国会员制交易所可以考虑在公司化改革以及上市的前提下，本着互利共赢的市场经济原则，依法开展境内或跨境的交易所合作经营活动。在业务联营等低层次合作基础上，以吸收合并、创设合并、换购式收购、要约式收购、混合式收购等方式开展涉及产权融合的高层次合作，提升我国交易所的实力、国际竞争力与声誉，更好地支持产业经济发展。

三　中国可在"一带一路"框架下推进交易所的国际化发展与合作

近代日本经济的崛起促进了日本取引所早期的国际化发展，而当下中国经济的强势崛起以及"一带一路"国家构想的实施也给中国交易所的国际化发展注入了动力。随着中国经济实力的增强，国内涌现出了越来越多的优质企业，这些企业可以选择在境内或境外交易所上市。境外主要的交易所市场也将目光聚焦到吸引中国企业到本所上市和交易上来。例如，为了与上海、香港、深圳、新加坡、孟买等亚洲证券交易所争夺亚洲头号交易所和金融中心的地位，2013 年 1 月 1 日东京证券交易所与大阪证券交易所合并为日本取引所集团。合并后的日本取引所集团专设中文网页和"中国企业在东交所上市"信息专栏，以"满足中国企业的资金需求"为其市场开拓的重心之一，并"积极进行中国企业上市的准备工作"。这意味着重组后的东交所与中国沪深港证券交易所、纽约证券交易所、纳斯达克市场、美国证券交易所、伦敦证券交易所、德国法兰克福证券交易所、加拿大多伦多证券交易所、澳大利亚证券交易所、新加坡证券交易所等境外交易所在吸引中国企业上市方面的竞争会加剧。中国的交易所为扩展业务、增加收入以及提高国际知名度，也要积极吸引境内外的优质企业到本所来上市和交易。另外，中国境内外的投资者也可以透过 QDII、RQFII、QFII、沪港通、深港通、债券北向通等投资渠道或类似的制度安排来选择投资场所和配置资金。因此，未来中国境内外交易所之间的竞争必然会加剧，而竞争又是促成中国境内外交易所合作的重要推手。

2015 年上海证券交易所、中国金融期货交易所与德意志交易所集团三方就共同建设离岸人民币金融工具交易平台达成战略合作协议，同意在法兰克福成立合资公司，作为该交易平台的运营机构，并于 2015 年第 4 季度正式投入运营，这是中国交易所国际化发展及中外交易所业务合作的有益尝试。随着彼此利益关系的加深，未来中外交易所出于竞争和发展的需要而开展涉及产权并购的深度合作并非不可能。他山之石，可以攻玉。日本取引所早期的国际化实践即日本取引所在华的活动给我们提供了有益的经验和反面的教材。近代日本在华取引所与当地中方交易所及日本国内取引所之间存在诸多联系，这些联系方式包括同业往来、合资参股、人事参与、业务联营、吸收合并与创设合并、现金收购与换股收购、相互上市买卖彼此股票、学习借鉴其他交易所的组织制度与经营良方等，似可成为中国交易所未来国际化发展与合作的参考。日本取引所在华经营的不成功也警示我们，依托"一带一路"国家合作倡议而循序渐进地推动中国交易所的国际化发展与合作，必须要以良好的中外双边关系以及东道国人民的善意为基础；必须尊重彼此国家的主权、商权与法律，依照平等互利的原则，携手推进；交易所是商业组织，应该保持经营的独立性和自主性，秉持在商言商的原则，少涉足政治，以免民族主义情绪左右的国际政治变化干扰交易所的国际化经营与合作。

四　以中日两国交易所的合作为抓手去改善两国的经济与政治关系

中日两国互为重要邻国，又同为亚洲和世界主要的经济体。两国关系是和则两利且有利于地区的繁荣与发展，抗则两伤且不利于维护亚洲的和平与稳定。战争是政治的继续，政治是为经济利益服务的。中日两国应该本着勿忘历史、以史为鉴、面向未来、求同存异的原则，在平等互利的基础上开展务实的经济合作，确立并扩大双方共同的经济利益，以互利共赢的经济关系及厚实的经济利益作为中日政治关系的压仓石。中日两国都实行市场经济体制，而交易所是有组织的市场，是市场的核心及重要的商业辅助机关，对两国经济和金融发展均有重大影响。日本取引所在华活动的 39 年，是中日两国关系史上最为恶劣的时期。但即使是在两国严重对抗的情况下，双方商人或交易所仍有一定的商业往来与在商言商的合作。由此推之，在现今中日两国关系"政冷经冷"的表象之下，肯定也存在两国交易所可以互利共赢的合作空间与可能。中方交易所可以在公司化、上市、建立证券市场国际板的前提下，本着自愿互利的原则，借鉴历史经验，与日方交易所进行营业观摩、人员培训、人事参与、产品共同开发、交易平台共建、业务联营、相互向对方市场的投资者或交易商部分开放本所市场、相互上市交易对方交易所的股票、组建合资企业等合作关系。双方交易所通过携手合作去支持两国间互利共赢的经贸往来，扩大两国间共同的经济利益，可以为两国间政治关系的改善创造条件。

参考文献

书籍

[1]〔日〕波形昭一:《日本殖民地金融政策史研究》，早稻田大学出版部，1985。

[2]〔日〕东晋太郎:《欧洲经济通史》，熊得山译，上海商务印书馆，1936。

[3]〔日〕付岛八十六编《开国五十年史》，开国五十年史发行所，1909。

[4]〔日〕高山林次郎编《日本维新三十年史》，古同资译，华通书局，1931。

[5] 高伯时:《日本侵略东三省之实况》，文艺书局，1932。

[6] 国立东北大学编《东北要览》，国立东北大学出版组，1944。

[7] 侯厚培、吴觉农:《日本帝国主义对华经济侵略》，黎明书局，1931。

[8] 何炳贤:《中国的国际贸易》，上海商务印书馆，1937。

[9] 洪葭管、张继风:《近代上海的金融市场》，上海人民出版社，1989。

[10] 佚名:《交易所一览》，进步书局，1922。

［11］贾士毅：《民国续财政史》，商务印书馆，1932。

［12］孔涤庵：《交易所法》，上海商务印书馆，1933。

［13］柳亚之：《暴日最近之经济侵略与东北》，东北研究社，1935。

［14］〔美〕雷麦：《外人在华投资论》，上海商务印书馆，1937。

［15］李洛之、聂汤谷：《天津的经济地位》，经济部冀热察绥区特派员办公处结束办事处驻津办事分处，1948。

［16］刘淑兰：《主要资本主义国家近现代经济史》，中国人民大学出版社，1987。

［17］庞宝庆：《近代日本金融政策史稿》，吉林大学出版社，2010。

［18］日本工业化学会满洲支部编《东三省物产资源与化学工业》（上、下册），沈学源译，上海商务印书馆，1936。

［19］〔日〕神原周平：《日本经济与中国东北问题》，殷师竹、潘文安译，文艺书局，1932。

［20］〔日〕守屋典郎：《日本经济史》，周锡卿译，三联书店，1963。

［21］孙承：《日本资本主义国内市场的形成》，东方出版社，1991。

［22］孙玉琴：《中国对外贸易史》（第二册），对外经济贸易大学出版社，2004。

［23］投资周刊社：《证券交易所》，中国文化服务社，1947。

［24］王雨桐：《最近之东北经济与日本》，新中国建设学会

出版社，1933。

［25］伪满国务院统计处编《第2次满洲帝国年报》，伪满国务院统计处，1935。

［26］伪满国务院总务厅统计处编《第3次满洲帝国年报》，伪满国务院总务厅统计处，1937。

［27］伪立法院编译处编《立法院专刊 第1-2辑》，伪立法院编译处，1939。

［28］伪满洲国通信社编《大满洲帝国年鉴》，伪满洲国通信社，1944。

［29］吴德培：《交易所论》，上海商务印书馆，1945，第68页。

［30］王渭泉等编《外商史》，中国财政经济出版社，1996。

［31］王志华：《中国近代证券法》，北京大学出版社，2005。

［32］许兴凯：《日帝国主义与东三省》，昆仑书店，1930。

［33］许宅仁：《中日的旧恨与新仇》，中华印书局，1932。

［34］伊兰编《交易所要览》，文明书局，1921。

［35］杨荫溥：《中国交易所论》，上海商务印书馆，1931。

［36］赵秉钧：《工商会议报告录》，工商部，1913。

［37］中国银行总管理处编《东三省经济调查录》，中国银行总管理处，1919。

［38］郑爱诹：《交易所法释义》，世界书局，1931。

［39］周伯棣编《商业法规辑要》，中华书局，1935。

［40］诸尚一：《交易所会计》，上海商务印书馆，1947。

［41］朱彤芳编《旧中国交易所介绍》，中国商业出版社，1989。

报纸

［1］力士：《哈埠商民反对取引所》，《申报》1922 年 7 月 29 日第 2 张第 7 版。

［2］予觉：《1920 年大连取引所粮豆先物出来高统计》，《天津益世报》1927 年 10 月 24 日第 2 张第 7 版。

［3］佚名：《日本上海取引所之招待会》，《申报》1918 年 2 月 5 日第 3 张第 10 版。

［4］佚名：《取引所与交易所之争逐》，《申报》1918 年 9 月 17 日第 3 张第 10 版。

［5］佚名：《再志上海取引所之布置》，《申报》1918 年 10 月 21 日第 3 张第 10 版。

［6］佚名：《上海取引所开幕纪》，《申报》1918 年 12 月 1 日第 3 张第 11 版。

［7］佚名：《取引所售开东洋股票市》，《申报》1918 年 12 月 4 日第 3 张第 12 版。

［8］佚名：《朱葆三辞取引所监查》，《申报》1918 年 12 月 4 日第 3 张第 10 版。

［9］佚名：《上海取引所》，《申报》1918 年 12 月 10 日第 3 张第 12 版。

［10］佚名：《阻止设立取引所之动议》，《天津益世报》1918 年 12 月 20 日第 2 张第 7 版。

［11］佚名：《奉天日商拟设取引所》，《天津益世报》1919 年 4 月 28 日第 2 张第 7 版。

[12] 佚名：《日人在汉口已设立取引所》，《天津益世报》1922 年 5 月 29 日第 2 张第 7 版。

[13] 佚名：《鄂人反对汉口取引所之坚决》，《天津益世报》1922 年 6 月 6 日第 2 张第 7 版。

[14] 佚名：《汉口日人收买交易所内容》，《天津益世报》1923 年 12 月 31 日第 2 张第 7 版。

[15] 佚名：《汉口取引所利害研究会警告》，《天津益世报》1922 年 6 月 22 日第 2 张第 6 版。

[16] 佚名：《哈尔滨取引所开业》，《天津益世报》1922 年 7 月 25 日第 2 张第 6 版。

[17] 佚名：《奉天棉系布归取引所之争执》，《天津益世报》1923 年 2 月 28 日第 3 张第 10 版。

[18] 佚名：《取引所做公债难望成功》，《天津益世报》1924 年 12 月 25 日第 3 张第 11 版。

[19] 佚名：《取引所计划之失败》，《天津益世报》1925 年 2 月 3 日第 3 张第 11 版。

[20] 佚名：《银钱冷峻抵抗取引所》，《天津益世报》1925 年 5 月 5 日第 3 张第 10 版。

[21] 佚名：《上海取引所自动清理》，《申报》1927 年 6 月 22 日第 3 张第 10 版。

[22] 佚名：《满洲之取引所》，《天津益世报》1927 年 10 月 22 日第 2 张第 7 版。

[23] 佚名：《满洲货币之取引所》，《天津益世报》1927 年 11 月 21 日第 2 张第 7 版。

［24］佚名：《日人取引所又乱我钱法 估低现大洋票价值》，《大公报》1929 年 11 月 13 日第 2 张第 6 版。

［25］佚名：《大连取引所发生侵占公款事》，《大公报》1930 年 2 月 11 日第 1 张第 4 版。

［26］佚名：《大连之疑狱案商品取引所事件》，《天津益世报》1930 年 2 月 11 日第 1 张第 4 版。

［27］佚名：《山东日人设立钱币取引所》，《天津益世报》1930 年 2 月 11 日第 2 张第 10 版。

［28］佚名：《三品取引所最近概况》，《申报》1930 年 3 月 8 日第 5 张第 20 版。

［29］佚名：《青岛取引所中日商纠纷解决》，《大公报》1931 年 6 月 21 日第 1 张第 4 版。

［30］佚名：《青岛日取引所停市》，《申报》1933 年 3 月 8 日第 2 张第 6 版。

［31］佚名：《棉业取引所，终于解散》，《申报》1940 年 8 月 8 日第 2 张第 8 版。

［32］佚名：《行政院山东青岛区敌伪产业处理局清查株式会社青岛取引所青岛兴产株式会社产权债权债务公告〔算字第一四三号〕》，《大公报》1946 年 12 月 25 日第 1 张第 1 版。

［33］佚名：《反对取引所之呼吁》，《大公报》1922 年 5 月 31 日第 3 张第 10 版。

［34］佚名：《日本取引所攫取京津证券交易 现正邀请京津银行号充经纪》，《申报》1924 年 12 月 24 日第 2 张第 6 版。

［35］佚名：《日侵华军费，由关东厅支出一部》，《天津益

世报》1932年3月6日第1张第1版。

［36］佚名：《日人贩烟案之尾声》，《天津益世报》1921年4月21日第2张第7版。

［37］佚名：《大连交易所案》，《申报》1930年2月11日第20428号第10版。

［38］佚名：《日人设立取引所之交涉奉天》，《申报》1907年7月27日第12309号第11版。

［39］佚名：《论商业上贸易公所之地位（塞）》，《申报》1910年6月7日第13408号第3版。

［40］佚名：《组织上海交易所之意见书与概略》，《申报》1918年4月1日16206号第10版。

［41］佚名：《农商部之临渴掘井》，《申报》1918年7月7日第16303号第10版。

［42］佚名：《组织上海交易所之署历》，《申报》1918年7月9日第16305号第10版。

［43］佚名：《棉业续开交易所认股大会》，《申报》1918年7月18日第16314号第10版。

［44］佚名：《奉天金融案之中日交涉，长春钱商议决罢业》，《申报》1926年8月28日第19213号第10版。

［45］佚名：《沿线取引所停办》，《申报》1924年4月6日第18355号第22版。

［46］佚名：《日人向莫德惠建议整理金融策》，《申报》1926年11月3日第19280号第9版。

［47］佚名：《江苏阻止设立取引所之动议》，《天津益世报》

1918 年 12 月 12 日第 2 张第 7 版。

［49］佚名：《天津日取引所计划之失败》，《天津益世报》1925 年 2 月 3 日第 3 张第 11 版。

［50］佚名：《湖北取引所问题之近讯》，《天津益世报》1922 年 9 月 5 日第 2 张第 7 版。

［51］佚名：《取引所做公债难望成功》，《天津益世报》1924 年 12 月 25 日第 3 张第 11 版。

［52］佚名：《取缔汉口取引所问题》，《天津益世报》1922 年 8 月 1 日第 2 张第 6 版。

［53］佚名：《上海取引所开幕后之所闻》，《天津益世报》1918 年 12 月 8 日第 2 张第 7 版。

［53］佚名：《汉口取引所仍在积极反对中 经济破产的警告》，《天津益世报》1922 年 9 月 21 日第 2 张第 6 版。

［54］佚名：《交易所均停市》，《天津益世报》1936 年 2 月 28 日第 1 张第 2 版。

［55］佚名：《本埠新闻交易所之黑幕》，《天津益世报》1922 年 8 月 28 日第 3 张第 11 版。

［56］佚名：《奉天日商拟设取引所》，《天津益世报》1919 年 4 月 28 日第 2 张第 7 版。

［57］佚名：《反对取引所之呼吁》，《天津益世报》1922 年 5 月 31 日第 3 张第 10 版。

［58］佚名：《青岛日取引所停市》，《申报》1933 年 3 月 8 日第 2 张第 6 版。

［59］佚名：《棉业取引所终于解散》，《申报》1940 年 8 月 8

日第 2 张第 8 版。

［60］佚名：《青岛取引所中日商之纠纷》，《申报》1931 年 6 月 22 日第 2 张第 8 版。

［61］佚名：《三品取引所最近概况》，《申报》1930 年 3 月 8 日第 5 张第 20 版。

［62］佚名：《大连取引所发生侵占公款事》，《大公报》1930 年 2 月 11 日第 1 张第 4 版。

［63］佚名：《哈埠取引所协议成立》，《申报》1923 年 1 月 19 日第 2 张第 7 版。

［64］佚名：《东京株式取引所股价》，《申报》1922 年 8 月 6 日第 4 张第 14 版。

［65］佚名：《取引所售开东洋股票市》，《申报》1918 年 12 月 5 日第 3 张第 12 版。

［66］仲瑜：《滨江通信：反对日本取引所之激烈情形》，《天津益世报》1922 年 8 月 4 日第 2 张第 6 版。

期刊

［1］沧水：《日本取引所调查录（一）》，《银行周报》1918 年第 2 卷第 39 号，第 18~20 页。

［2］沧水：《上海取引所之近况》，《银行周报》1918 年第 2 卷第 41 号，第 26~28 页。

［3］沧水：《日本取引所调查录（二）（附表）》，《银行周报》1918 年第 2 卷第 42 号，第 20~25 页。

［4］沧水：《论上海取引所》，《银行周报》1918 年第 2 卷第

46 号，第 8~10 页。

［5］沧水：《大连取引所信托株式会社之概况》，《银行周报》1919 年第 3 卷第 25 号，第 46~47 页。

［6］沧水：《可惊可惧之上海取引所》，《安徽实业杂志》1919 年续刊第 28 号，第 14~18 页。

［7］沧水：《大阪三品取引所调查录（上）》，《银行周报》1920 年第 4 卷第 17 号，第 27~31 页。

［8］沧水：《大阪三品取引所调查录（下）》，《银行周报》1920 年第 4 卷第 49 号，第 35~38 页。

［9］沧水：《东京株式取引所与大阪株式取引所之比较观》，《银行周报》1921 年第 5 卷第 1 期，第 56~59 页。

［10］东北新建设杂志社：《东北日人之商业》，《东北新建设》第 5 册。

［11］冯次行：《美国交易所概况》，《东方杂志》1936 年第 17 期，第 125~137 页。

［12］郭凤山：《民国十九年东北交易所概况》，《中东半月刊》1932 年第 2 卷 23、24 号合刊，第 10~12 页。

［13］管怀琮：《统制经济与证券交易所》，《中国工业月刊》1944 年第 2 期，第 9~10 页。

［13］怀方：《吾国证券交易所之简史与股票市场之演进》，《中国工业杂志》1943 年第 10 期，第 6~10 页。

［14］家珂：《上海设立外商取引所》，《钱业月报》1936 年第 16 卷第 6 期，第 9~10 页。

［15］敬之：《日本证券交易所制度之改革》，《中央经济月

刊》1943年第6期，第24~65页。

[16] 刘仲廉：《日本证券交易所法之概要》，《银行周报汇编》1943年第21~22期，第9~26页。

[17] 穆藕初：《中国交易所之历史及其价值》，《交易所周刊》1935年第1卷第1期，第2页。

[18] 莫祖绅：《最近日本之金融与产业》，《留东学报》1936年第2期，第7~78页。

[19] 绵翼：《日本证券交易所及交易方式》，《企业周刊》1943年第1卷48期。

[20] 璞：《交易所与取引所》，《中国商业月报》1918年第6期，第4~5页。

[21] 彭望栋：《伦敦股票交易所概况（一）》，《中国工业杂志》1943年第10期，第32~39页。

[22] 彭望栋：《伦敦股票交易所概况（二）》，《中国工业月刊》1944年第1期，第19~23页。

[23] 沈麟玉：《论交易所之本质与功能》，《中国工业杂志》1943年第10期，第44~47页。

[24] 王雨桐：《产业证券交易所与金融之关系》，《中国工业月刊》1944年第1期，第6页。

[25] Warshow，R.J.：《美国交易所发展史话》，《中华月报》1945年第4期，第76~79页。

[26] 絮非：《日本维新三十年史》，《中国新书月报》1932年第4~5期，第10~11页。

[27] 杨荫杭：《参考资料：欧美各国取引所之组织》，《商

务官报》1906 年第 19 期，第 26~30 页。

[28] 杨荫杭：《论说：各国取引所及中国取引所》，《东方杂志》1907 年第 1 期，第 157~162 页。

[29] 佚名：《上海取引所营业近况》，《银行周报》1919 年第 28 号，第 39~40 页。

[30] 佚名：《日本扩充取引所》，《银行杂志》1924 年第 5 期，第 70~73 页。

[31] 佚名：《大连股票取引所本期决算案》，《银行月刊》1928 年第 8 卷第 10 号，第 11~12 页。

[32] 佚名：《大连钱钞取引民营》，《银行月刊》1928 年第 8 卷第 10 号，第 11 页。

[33] 佚名：《沈阳日站交易所公定货币行市调查表》，《东三省官银号经济月刊》1930 年第 12 期，第 170~171 页。

[34] 佚名：《大连商工概况》，《东省经济月刊》1931 年第七卷第 2 号，第 150~152 页。

[35] 佚名：《南满铁路沿线之工商业》，《东省经济月刊》1931 年第 7 卷第 1 号第 4~6 页；第 4、5 合号，第 88~89，167 页；第 6 号，第 66~67 页。

[36] 佚名：《安东商工述略》，《东省经济月刊》1931 年第七卷第六号，第 77~78 页。

[37] 佚名：《东三省之中日中俄合办事业概况》，《东省经济月刊》1931 年（六周年纪念）专号，第 224~225 页。

[38] 佚名：《沈阳经济概况》，《东省经济月刊》1931 年第 7 卷第 10 号，第 46~50 页。

［39］佚名：《开原取引所钱市复活》，《东省经济月刊》1931年第8卷第8号，第17页。

［40］佚名：《日本证券交易所之一瞥》，《工商半月刊》1931年第11期，第25~65页。

［41］佚名：《日议员倡议东京设白银交易所》，《银行周报》1933第25号，第55~66页。

［42］佚名：《美统制交易所》，《银行周报》1933年第43号，第52~72页。

［43］佚名：《日纱布交易所将一律停业》，《银行周报》1941年第36号，第22~29页。

［44］佚名：《日本受国际打击交易所停业》，《华商报》1941年第134期，第1页。

［45］子明：《对于天津取引所买卖内国公债之感想》，《银行周报》1925年第9卷第1号，第37~39页。

［46］郑干强：《纽约证券交易所史话（上）》，《证券市场》1946年第2期，第18~21页。

［47］郑干强：《纽约证券交易所史话（下）》，《证券市场》1946年第3期，第15~19页。

档案

［1］《本邦取引所关系杂件/在外ノ部/开原取引所》，外务省档案；亚洲历史资料中心，B08061487700；外务省外交史料馆，E-2-4-0-1-1-4-001。

［2］《本邦取引所关系杂件/在外ノ部/天津取引所》，外务省

档案；亚洲历史资料中心，B08061488600；外务省外交史料馆，E-2-4-0-1-1-5-001。

［3］《本邦取引所关系杂件/在外ノ部/汉口取引所》，外务省档案；亚洲历史资料中心，B08061492100；外务省外交史料馆，E-2-4-0-1-1-9-001。

［4］《本邦取引所关系杂件/在外ノ部/上海取引所》，外务省档案；亚洲历史资料中心，B08061491600；外务省外交史料馆，E-2-4-0-1-1-8-001。

［5］《本邦取引所关系杂件/在外ノ部/青岛取引所　第一卷》，外务省档案；亚洲历史资料中心，B08061489200；外务省外交史料馆，E-2-4-0-1-1-6-001。

［6］《本邦取引所关系杂件/在外ノ部/青岛取引所　第二卷》，外务省档案；亚洲历史资料中心，B08061490300；外务省外交史料馆，E-2-4-0-1-1-6-002。

［7］《本邦取引所关系杂件/在外ノ部》，外务省档案；亚洲历史资料中心，B08061481700；外务省外交史料馆，E-2-4-0-1-1-001。

［8］《本邦取引所关系杂件/在外ノ部/奉天取引所》，外务省档案；亚洲历史资料中心，B08061484300；外务省外交史料馆，E-2-4-0-1-1-2-001。

［9］《长春取引所　长春信托株式会社/分割1》，《取引所关系杂件/长春取引所》，外务省档案，大正四年（1915）12月18日；亚洲历史资料中心，B11090105200；外务省外交史料馆，3-3-7-39-1。

［10］《东洋信托保证取引所》，《取引所关系杂件/在支取引所杂之部》，外务省档案，大正九年（1920）8月7日；亚洲历史资料中心，B11090121700；外务省外交史料馆，3-3-7-39-8。

［11］《大连株式商品取引所》，《取引所关系杂件/在支取引所杂之部》，外务省档案，大正十一年（1922）8月12日；亚洲历史资料中心，B11090121400；外交史料馆，3-3-7-39-8。

［12］《大连钱钞取引所》，《取引所关系杂件/在支取引所杂之部》，外务省档案，大正十年（1922）4月11日；亚洲历史资料中心，B11090123000；外务省外交史料馆，3-3-7-39-8。

［13］《大连官营取引所八今回ノ整理ニヨリ废止セラレス》，《公文别录·行政整理关系书类·大正十三年~大正十五年·第一卷·大正十三年~昭和三年》，内阁档案，大正十三年（1924）11月27日；亚洲历史资料中心，A03023326500；日本国立公文书馆，别00216100。

［14］《大连取引所民营问题》，《本邦取引所关系杂件》，外务省档案，昭和二年（1927）11月25日；亚洲历史资料中心，B08061481400；外务省外交史料馆，E-2-4-0-1-001。

［15］《第3章 在满本邦有价证券取引所》，《国币证券の本邦取引所上场案》，防卫省防卫研究所档案，昭和九年（1934）1月；亚洲历史资料中心，C14010001100；防卫省防卫研究所，中央-军事行政经理-2。

［16］《关东州及南满洲铁道附属地ニ于ケル取引所ニ关スル件ニ关シ关东长官へ通牒ス》，《公文类聚·第四十三编·大正八年·第二十五卷·产业·农事·商事》，内阁档案，大正八年

（1919）12 月 9 日；亚洲历史资料中心，A01200172700；日本国立公文书馆，类 01327100。

[17]《广东株式商品取引所》，《取引所关系杂件/在支取引所杂之部》，外务省档案，大正十年（1921）4 月 29 日；亚洲历史资料中心，B11090122300；外务省外交史料馆，3-3-7-39-8。

[18]《各国取引所关系杂件》，外务省档案；亚洲历史资料中心，B08061492500；外务省外交史料馆，E-2-4-0-2-001。

[19]《关东州及南满洲铁道附属地并二领事馆管辖区域内取引所》，《取引所关系杂件/在支取引所杂之部》，外务省档案，大正十年（1921）9 月 20 日；亚洲历史资料中心，B11090122800；外务省外交史料馆，3-3-7-39-8。

[20]《华盛顿会议参考资料（通商局监理课调书第十四号）大连重要物产取引所金建问题》，《准备/准备参考资料附属 第四卷》，外务省档案，大正十年（1921）10 月 1 日；亚洲历史资料中心，B06150947400；外务省外交史料馆，2-4-3-0-3-1-006。

[21]《济南取引所》，《取引所关系杂件/在支取引所杂之部》，外务省档案，大正七年（1918 年）6 月 12 日；亚洲历史资料中心，B11090121300；外务省外交史料馆，3-3-7-39-8。

[22]《取引所关系杂件/奉天取引所（改满洲取引所）附奉天商品证券交易所》，外务省档案；亚洲历史资料中心，B11090132000；外务省外交史料馆，3-3-7-39-13。

[23]《取引所关系杂件/辽阳取引所及附属信托会社》，《3门通商3类商业7项取引、信用》，外务省档案；亚洲历史资料中心，B11090133700；外务省外交史料馆，3-3-7-39-15。

［24］《取引所关系杂件/安东取引所》，《3 门通商 3 类商业 7 项 取引、信用》，外务省档案；亚洲历史资料中心，B11090128100；外务省外交史料馆，3-3-7-39-11。

［25］《取引所关系雑件/长春取引所》，《3 门通商 3 类商业 7 项 取引、信用》，外务省档案；亚洲历史资料中心，B11090104900；外务省外交史料馆，3-3-7-39-1。

［26］《取引所关系杂件/在支取引所杂之部》，《3 门通商 3 类商业 7 项取引、信用》，外务省档案；亚洲历史资料中心，B11090121000；外务省外交史料馆，3-3-7-39-8。

［27］《铁岭奉天营口各取引所信托会社整理援助二关スル件》，《取引所关系杂件/牛庄取引所》，外务省档案，大正十三年（1924）2 月 16 日；亚洲历史资料中心，B11090112900；外务省外交史料馆，3-3-7-39-4。

［28］《新京取引所》，《本邦取引所关系杂件/在外ノ部》，外务省档案，昭和十年（1935）10 月 25 日；亚洲历史资料中心，B08061482600；外务省外交史料馆，E-2-4-0-1-1-001。

［29］《御署名原本·大正八年·敕令第四百九十四号·关东州取引所令》，《敕令》，内阁档案，大正八年（1919）12 月 13 日；亚洲历史资料中心，A03021223499；日本国立公文书馆，御 12064100。

［30］《芝罘贷币取引所二于ケル金票取引状况》，外务省档案，大正十二年（1923）10 月 19 日；《取引所关系杂件/各国二于ケル取引所ノ部 第二卷》，亚洲历史资料中心，B11090110100；外务省外交史料馆，3-3-7-39-2-002。

[31]《株式会社满洲取引所》，《取引所关系杂件/在支取引所杂之部》，外务省档案，大正十三年（1924）9月25日；亚洲历史资料中心，B11090123800；外务省外交史料馆，3-3-7-39-8。

[32]《支那及殖民地二于ケル日本取引所调查关系（含满洲）》，《本邦取引所关系杂件/在外ノ部》，外务省档案，昭和三年（1928）3月12日；亚洲历史资料中心，B08061482300；外务省外交史料馆，E-2-4-0-1-1-001。

[33]《支那二于ケル本邦人取引所二关スル件》，《第57回帝国议会说明参考资料》，外务省档案；亚洲历史资料中心，B13081542500；外务省外交史料馆，议TS-18。

索 引

后 记

《近代日本在华交易所研究：（1906-1945 年）》一书的写作是中央财经大学史学系列丛书撰写项目的子项目之一。本书的立意是以近代日本在华取引所的活动为切入点，以日俄战争后至二战结束这段时间日本在华取引所的活动、影响及其原因为研究主线，梳理日本在华取引所与中方交易所之间的关系，管窥中日邦交严重恶化时期两国交易所之间的矛盾、合作及其背后的原因。希望能从"故纸堆"中撷取和凝炼出若干思想的精粹，以利于现在和未来中国交易所的改制重组、国际化发展与合作及中日经济关系的改善。迄今为止，本书稿的写作及其准备工作已历时三秋。虽然书稿杀青在即，但著者心中没有如释重负的感觉，反倒是平添了几分愧疚和惶恐！

一者，治史是一项慢工出细活的工作，史料的准备费时颇多，影响了书稿的写作进度，给团队同仁和出版社造成不便，心中不安，在此深表歉意！二者，著者学识能力有限，许多日文档案资料未能善加利用，以致书稿涉及的相关研究只能是浅尝辄止，是为该书写作一大憾事！三者，该项目的实施虽历时三年，但著者仍感时间仓促，书稿杀青也不过是草创之作。书稿中定有疏漏和浅薄不当之处，每念及此，心中惶然，深恐贻笑大方！无奈定稿在即，只能寄望学界诸贤及阅者日后不吝批评和指正！有鉴于此，著者以为本书稿的撰成并非此项研究的终结，而仅是研究暂告一段落而已，著者将在日后继续相关的专题研究以弥补现有研究的不足。

在浮华喧嚣的时代，治史是一件很清苦的事情，要长期坚持就更不容易。著者在此感谢中央财经大学的领导和科研处的老师对史学系列丛书撰写项目的资助及为此所做的工作；感谢社会科学文献出版社及责任编辑对我校史学系列丛书出版的支持及为此付出的劳动。在此，著者要特别感谢夫人曾茵女士和女儿孙颖姝给予的理解、关心、鼓励和支持，没有她们，我将一无所成！另外，我的几名研究生李舜峰、张亮、樊晓璐、吕冰清、唐国舜、康超、李晓萱、姜玉姗、周利强、楚晗等参与了项目的研究，其中楚晗等同学做了许多有益的工作，在此一并感谢！

图书在版编目（CIP）数据

近代日本在华交易所：1906-1945年／孙建华著
. -- 北京：社会科学文献出版社，2018.9
（中外经济比较研究）
ISBN 978-7-5201-2948-0

Ⅰ.①近… Ⅱ.①孙… Ⅲ.①商品交易所-商业史-研究-中国-1906-1945 Ⅳ.①F729.5

中国版本图书馆 CIP 数据核字（2018）第 134089 号

·中外经济比较研究·
近代日本在华交易所(1906~1945 年)

著　　者／孙建华

出 版 人／谢寿光
项目统筹／陈凤玲
责任编辑／宋淑洁　单远举　吕心翠

出　　版／社会科学文献出版社·经济与管理分社（010）59367226
　　　　　地址：北京市北三环中路甲 29 号院华龙大厦　邮编：100029
　　　　　网址：www.ssap.com.cn
发　　行／市场营销中心（010）59367081　59367018
印　　装／三河市东方印刷有限公司

规　　格／开　本：880mm×1230mm　1/32
　　　　　印　张：13.25　字　数：297 千字
版　　次／2018 年 9 月第 1 版　2018 年 9 月第 1 次印刷
书　　号／ISBN 978-7-5201-2948-0
定　　价／78.00 元

本书如有印装质量问题，请与读者服务中心（010-59367028）联系